W0465556

ÉPARGNER MIEUX POUR VIVRE MIEUX

Avertissement au lecteur

Le présent ouvrage a été réalisé sur la base des dispositions législatives, réglementaires, fiscales et économiques en vigueur à la date de sa publication. L'auteur et l'éditeur déclinent toute responsabilité quant aux conséquences de modifications ultérieures susceptibles d'affecter le contenu ou l'interprétation des informations fournies. Les éléments relatifs aux stratégies ou produits d'investissement présentés dans cet ouvrage sont fournis à titre purement informatif et ne sauraient, en aucun cas, être assimilés à un conseil personnalisé ou à une incitation à investir.

L'auteur et l'éditeur ne peuvent être tenus responsables des décisions prises sur la seule foi des analyses ou suggestions contenues dans cet ouvrage, lesquelles ne constituent ni un engagement ni une garantie de performance.

Philippe Crevel

ÉPARGNER MIEUX POUR VIVRE MIEUX

Les placements décryptés et les stratégies d'épargne adaptées à votre profil

SOLAR
au quotidien

Sommaire

Épargner en 2025 : repères dans un monde incertain

Épargner, c'est différer une satisfaction immédiate pour se donner les moyens d'un avenir plus serein. Ce geste simple en apparence – mettre de côté plutôt que dépenser – est en réalité un acte profondément stratégique, un arbitrage entre le présent et le futur. Il permet de faire face aux imprévus, de préparer les grandes étapes de la vie, d'accompagner ses enfants, de transmettre un patrimoine ou encore de compenser les limites du système de retraite par répartition.

Les Français sont des épargnants dans l'âme. Cette habitude se transmet de génération en génération. Les enfants apprennent de leurs parents et de leurs grands-parents l'importance de mettre de l'argent de côté. Le Livret A est le symbole de cette épargne populaire qui transcende tous les âges. Méfiants à l'égard des pouvoirs publics, les Français aiment disposer d'une épargne aussi importante que possible. Même – voire surtout – en période d'érosion du pouvoir d'achat, ils épargnent, par crainte de lendemains encore plus incertains. Depuis la crise sanitaire de 2020, ils n'ont jamais autant épargné. La multiplication des chocs et des conflits les incite à renforcer leur effort en la matière. Leur taux d'épargne, au début de l'année 2025, était supérieur de trois points à celui observé avant la période Covid. Avec l'augmentation des incertitudes, le choix des placements devient de plus en plus complexe. En quelques mois, les taux d'intérêt ont fortement augmenté, avant de reculer. L'assurance vie, hier boudée, redevient attractive, à la différence du Livret A. Le marché actions, secoué par les annonces fracassantes du président américain Donald Trump, fait pourtant preuve de résilience. La progression des dettes publiques interroge également sur la solidité du système financier.

L'accès au logement, le vieillissement démographique, la numérisation accélérée de la finance et la transition écologique redéfinissent les contours de l'épargne. Les jeunes générations plébiscitent des solutions souples, digitalisées, parfois engagées, comme l'épargne responsable ou les produits thématiques liés à l'environnement ou à l'innovation. En parallèle, les seniors s'interrogent sur la meilleure façon de préserver leur niveau de vie à la retraite et de transmettre leur patrimoine dans un contexte fiscal mouvant.

L'épargne est aujourd'hui, plus que jamais, un outil stratégique. Mais c'est aussi un labyrinthe. Les produits se multiplient, les dispositifs se superposent, les réformes s'enchaînent. La complexité réglementaire – de la fiscalité des revenus mobiliers à celle des donations – peut vite décourager. Dans ce contexte mouvant, il ne faut ni céder à la peur ni croire aux promesses irréalistes. Aucun produit ne garantit à lui seul sécurité, rendement et liquidité. Il n'existe pas de recette miracle, mais des principes solides : la diversification, la patience, la connaissance de ses objectifs et de son horizon de placement. L'épargnant doit être à la fois vigilant et confiant, informé sans être paralysé, prudent sans être frileux. Il ne s'agit pas de devenir un expert en finance, mais d'adopter une démarche éclairée.

L'épargne, en France, est à la fois une affaire personnelle et collective. Elle touche à l'intime, mais aussi à l'identité. Épargner, c'est se protéger de demain, mais c'est aussi contribuer au bon fonctionnement de l'économie. Épargner permet de financer l'État et les entreprises. Épargner permet aussi aux banques de prêter aux ménages afin qu'ils acquièrent leur logement.

« L'argent est une promesse qui cherche une sagesse. L'expression doit s'entendre au double sens : il est sage d'avoir de l'argent, il est sage de s'interroger sur lui. »
Pascal Bruckner,
La Sagesse de l'argent

Ce livre constitue un guide pour s'orienter au sein du paysage de l'épargne française, souvent aussi dense et broussailleux qu'un maquis corse. Sans jargon inutile, sans dogmatisme, il vise à accompagner le lecteur pour qu'il puisse se constituer une épargne de précaution, renforcer et protéger son patrimoine, préparer sa retraite ou sa succession, et investir de façon responsable et performante. Car bien épargner, ce n'est pas simplement mettre de l'argent de côté : c'est faire des choix éclairés pour construire son avenir.

Chapitre 1

LES FRANÇAIS, DE VÉRITABLES FOURMIS

Épargne, placements, produits financiers, livrets, assurance-vie, OPC, ETF, SICAV, LMNP…. L'épargne c'est une affaire de mots et de sigles qui ressemblent à un véritable maquis. Au-delà de la mécanique, essayons de décrypter ce qui se cache sous les différents mots et acronymes.

ÉPARGNE, PATRIMOINE, UNE AFFAIRE DE MOTS !

Épargner, c'est renoncer à consommer. Épargner, c'est mettre de l'argent de côté soit par précaution, soit pour préparer un projet personnel ou professionnel, pour financer sa retraite ou transmettre un capital à ses enfants ou héritiers.

Le taux d'épargne comprend deux composantes

- Le remboursement du capital des emprunts immobiliers.
- L'épargne financière (les produits d'épargne, les dépôts à vue, etc.).

Source : INSEE

L'épargne est un flux monétaire, le remboursement du capital des emprunts immobiliers ou le versement d'argent sur un produit d'épargne. L'épargne est souvent confondue avec le patrimoine qui est un stock. **Avoir de l'épargne signifie en fait avoir un patrimoine.**

Le mot « patrimoine » provient du latin *patrimonium* signifiant « héritage du père ». Le latin fait la différence entre ce qui est relatif à la « mère », le *matrimonium* (le mariage, le fameux « régime matrimonial ») de ce qui relève du père le *patrimonium*. Connoté de manière masculine, certains demandent la reconnaissance du matrimoine en cas de transmission réalisée par les femmes. Le mot « patrimoine » couvre un champ bien plus large que les composantes financières et immobilières de l'épargne. Le patrimoine se décline de mille manières, architectural, gastronomique, naturel. L'Unesco a ainsi défini la notion de patrimoine mondial qui rassemble des biens culturels et naturels présentant un intérêt exceptionnel pour l'héritage commun de l'humanité et qu'il convient de préserver.

Le patrimoine qu'il soit personnel ou collectif, qu'il soit modeste ou important nécessite un entretien permanent afin de l'enrichir.

Le patrimoine qu'il soit personnel ou collectif, qu'il soit modeste ou important nécessite un entretien permanent afin de l'enrichir.

DU PATRIMOINE NATIONAL AU PATRIMOINE PERSONNEL

Fin 2023, le patrimoine de la France s'élevait à 18 674 milliards d'euros, soit 8,1 fois le produit intérieur net de l'année[1]. Ce patrimoine national comprend celui des ménages, des entreprises et des administrations publiques. Ce patrimoine ne comprend pas la valeur de la gastronomie ou celle des œuvres d'art détenues dans les musées.

Le patrimoine des ménages est la principale composante du patrimoine national. Il en représente 78 % en 2023 (14 567 milliards d'euros). Il représentait 8,8 fois le revenu disponible net des ménages contre 9,3 fois en 2022 et 9,1 fois en 2021.

Ce ratio était de 5 dans les années 1980 et quasiment nul à la sortie de la Seconde Guerre mondiale.

Le patrimoine des ménages se décompose en deux grands sous-ensembles[2] :

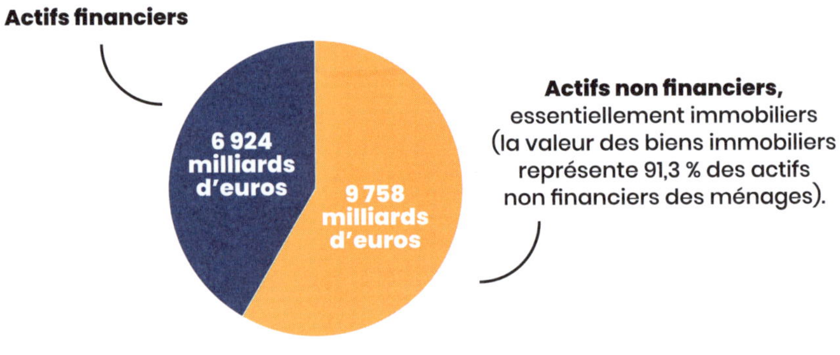

Le patrimoine net des ménages correspond à l'ensemble de leurs actifs défalqué du montant des emprunts essentiellement contractés pour l'acquisition de biens immobiliers. **Les ménages français étaient ainsi endettés à hauteur de 1 767 milliards d'euros en 2023.**
Une grande partie du patrimoine des ménages est investie en produits de taux et bénéficie d'une garantie de capital. Cela concerne les deux tiers du patrimoine financier. Les participations dans les entreprises pour les travailleurs indépendants entrent également dans le patrimoine des ménages.

[1] et [2]. Source : Insee Première-n° 2028-Décembre 2024

COMMENT LES MÉNAGES SE CONSTITUENT-ILS LEUR PATRIMOINE ?

Le patrimoine d'un ménage est le fruit de leur travail (partie des revenus non consommée ou valorisation de l'entreprise pour les indépendants et les professions libérales) ou d'une transmission (héritage ou donation).

L'apport des héritages intervient de plus en plus tard. L'âge moyen des héritiers dépasse 50 ans quand il y a cent ans, il était de 30 ans.

Répartition des héritages

50 %
des Français héritent de **moins de 70 000 euros.**

10 %
des Français héritent de **plus de 500 000 euros.**

1 %
des Français héritent de **plus de 4,2 millions d'euros.**

0,1 %
des Français héritent de **plus de 13 millions d'euros.**

Avec la valorisation des biens immobiliers et des actions, le montant du patrimoine des ménages a augmenté ces vingt dernières années. Le vieillissement de la population contribue également à cette augmentation, le patrimoine étant concentré sur les plus de 50 ans.

Il est à noter que l'héritage joue un rôle croissant dans la constitution du patrimoine

- Les transmissions patrimoniales représentaient 15 % du revenu national en 2020, contre 5 % en 1950.
- La fortune héritée représente désormais 60 % du patrimoine des ménages en 2020 contre 35 % en 1970.

Plus rarement, un patrimoine peut être le produit d'un gain à un jeu de hasard. Par ailleurs, ce patrimoine peut s'enrichir de la capitalisation des gains réalisés (intérêts, dividendes, plus-values). Quand ces derniers sont réinvestis, ils contribuent à l'augmentation de la valeur du capital.

L'ÉVOLUTION DE LA VALEUR DU PATRIMOINE DES MÉNAGES

Depuis les années 1990, la valeur du patrimoine a fortement augmenté en France du fait de l'appréciation du prix de l'immobilier et de la valeur des actions. Le prix de l'immobilier a ainsi été multiplié par deux de 2002 à 2023. La valeur de ce patrimoine varie en fonction de l'évolution du cours des actions et des prix de l'immobilier.

LES FRANÇAIS : VICE-CHAMPIONS D'EUROPE DE L'ÉPARGNE

Les Français sont des épargnants dans l'âme. **Sept Français sur dix déclarent, en effet, mettre de l'argent de côté régulièrement**[1]. On épargne bien souvent sans le savoir. Laisser dormir de l'argent sur un compte courant ou sous un matelas constitue un acte d'épargne. Ces dernières années, les Français épargnent près d'un cinquième de leurs revenus sans prendre en compte l'épargne en nature (stock alimentaire par exemple) ou l'achat de bijoux.

Le taux d'épargne des ménages s'est élevé en 2024 en France à 18,2 % du revenu disponible brut.

Les Allemands épargnent plus que les Français, plus de 20 % de leurs revenus.

Les Américains sont cigales avec un taux d'épargne fin 2024 qui était inférieur à 5 %.

1. Enquête IFOP-CECOP menée pour le compte du Cercle de l'épargne, AG2R MONDIALE et AMPHITÉA en 2022

Le patrimoine des ménages est, en France, avant tout immobilier. La possession de la résidence principale constitue pour de nombreux ménages une priorité. 57 % des ménages français sont propriétaires de leur résidence principale contre 44 % en Allemagne. **Le poids de l'épargne de court terme y est plus élevé** qu'ailleurs en raison de l'importance de l'épargne réglementée qui n'existe peu ou pas chez nos partenaires. La primauté à l'épargne liquide n'est pas une spécificité française. Les Allemands et les Italiens possèdent une part non négligeable de leur patrimoine financier en numéraire et en actifs de court terme.

Les placements en Europe

La France se situe dans une position moyenne au niveau des placements en Europe, avec néanmoins une particularité : la faiblesse des fonds de pension, compensée par l'importance de l'assurance-vie. La part des produits risqués dans le patrimoine financier détenu par les ménages est de 15 % en France, le ratio le plus faible d'Europe. Il atteint 25 % en Italie, le ratio le plus élevé d'Europe. Les dépôts à vue et le numéraire représentent plus de 30 % du patrimoine financier en France. En Espagne, ce taux est de 45 %. Les produits d'assurance-vie pèsent 37 % en Allemagne et 30 % en France.

QUEL EST LE MONTANT DU PATRIMOINE DES FRANÇAIS ?

Le montant moyen du patrimoine brut des ménages s'élevait, en 2021 à 317 100 €[1], composé à plus de 60 % de biens immobiliers. Net de remboursements des emprunts, il s'établit à 274 000 €.

La majorité du patrimoine des ménages est détenue par les plus de 55 ans. Le montant du patrimoine évolue en fonction de l'âge en lien avec le processus d'accumulation et de capitalisation. Les ménages de 50 à 69 ans sont ceux dont le montant de patrimoine détenu est, en moyenne, le plus élevé. Ils ont bénéficié de l'accumulation de leur épargne durant la vie professionnelle. Ils ont profité du processus de valorisation de ces vingt dernières années avec notamment la hausse des prix de l'immobilier et de l'augmentation de la valeur des actifs financiers.

1. Selon l'Insee.

QUELLE EST LA COMPOSITION DU PATRIMOINE DES MÉNAGES ?

Vue générale pour l'année 2024[1]

93,3 %
possédaient au moins un actif financier (autre qu'un compte-chèques), immobilier ou professionnel

90,5 %
détenaient des produits financiers

61,2 %
sont propriétaires d'un bien immobilier

15,3 %
disposent d'actifs professionnels

12,6 %
possèdent les trois à la fois

58,2 %
possèdent à la fois du patrimoine financier et immobilier

[1] Source Insee. Focus n° 354 : « La détention de patrimoine des ménages en 2024 »

PLUS DE QUATRE FRANÇAIS SUR CINQ DISPOSENT D'UN LIVRET D'ÉPARGNE

Sans surprise, les livrets d'épargne restent les produits les plus diffusés.

86,9 %
des ménages déclarent posséder au moins un livret

78,2 %
des ménages disposent d'un livret A ou d'un livret Bleu

39,7 %
des ménages détiennent un livret de développement durable et solidaire (LDDS)

21,5 %
des ménages détiennent un livret d'épargne populaire (LEP)

9,8 %
des ménages détiennent un livret jeune

Source Insee. Focus n° 354 : « La détention de patrimoine des ménages en 2024 »

PLUS DE 40 % DES MÉNAGES ONT AU MOINS UN CONTRAT D'ASSURANCE-VIE

L'assurance-vie est, en France, le premier produit en volume et le deuxième placement financier le plus diffusé. 41,7 % des ménages possèdent au moins un contrat d'assurance-vie. Ce ratio a augmenté de près de 7 points depuis 2010. Sur ces huit dernières années, la croissance de l'assurance-vie est portée par les contrats multisupports. L'assurance-vie est le placement privilégié chez les plus de 50 ans. Son taux de possession augmente avec l'âge. Il est de 50,8 % pour les ménages dont la personne de référence à 70 ans, contre 25,7 % pour les moins de 30 ans.

PRÈS D'UN FRANÇAIS SUR CINQ A UN PRODUIT D'ÉPARGNE RETRAITE (PER)

Environ un actif sur cinq serait couvert par un produit d'épargne retraite qu'il soit individuel ou collectif (produit proposé au sein de l'entreprise). **Le taux de couverture augmente régulièrement depuis 2019 et la création du plan d'épargne retraite (PER)**. Si les travailleurs indépendants, les professions libérales et les cadres supérieurs sont relativement couverts par un produit d'épargne retraite, il en est autrement pour les autres catégories socioprofessionnelles.

10 MILLIONS DE SALARIÉS ONT UN PRODUIT D'ÉPARGNE SALARIALE

Cela représente plus de la moitié des salariés du secteur privé non agricole. L'encours de l'épargne salariale et de l'épargne retraite d'entreprise (PERECO) avoisinait, fin 2024, les 200 milliards d'euros d'encours[1]. Près de 22 milliards d'euros ont été versés par les entreprises et les salariés en 2024 sur des produits d'épargne salariale.

PLUS DE 600 000 SALARIÉS SONT ACTIONNAIRES DE LEUR ENTREPRISE

Cela représente en France près de 5 % des salariés[2]. L'encours de ces actions était de 71,4 milliards d'euros à fin 2023[3].

PRÈS DE 20 % DES MÉNAGES, ACTIONNAIRES D'ENTREPRISE (HORS ÉPARGNE SALARIALE)

En 2024, 27 % des ménages détiennent des valeurs mobilières sur un compte-titres. Après le repli important imputable à la crise financière et économique de 2008, leur détention est stable depuis 2015. La propension à détenir ces valeurs risquées est fonction du revenu et du niveau de patrimoine. Elle varie selon la catégorie socioprofessionnelle. Les ménages dont la personne de référence est agriculteur, cadre ou profession libérale sont ceux qui possèdent le plus souvent des valeurs mobilières (autour de 30 %, voire plus de 40 % pour les agriculteurs). Moins de 10 % des ménages dont la personne de référence est ouvrière ou employée en détiennent.

L'ÉPARGNE LOGEMENT, PRÈS D'UN TIERS DES MÉNAGES CONCERNÉS

Début 2021, 30,4 % des ménages détiennent un produit d'épargne logement. Parmi eux :

En raison de sa faible rémunération et de sa fiscalisation, l'épargne logement est en baisse. La détention de CEL diminue de manière constante de 2010 à 2024 (-5,6 points) alors que celle de PEL, en hausse entre 2010 et 2018 (+4,6 points), est également en recul de 2018 à 2024 (-6,2 points). Un Français sur cinq détenait en 2024 un PEL. Depuis 2018, les nouveaux PEL sont soumis au prélèvement forfaitaire unique (PFU). Le taux de rémunération des PEL ouverts en 2025 était de 1,75 %. Les jeunes qui étaient dans le passé des souscripteurs importants du PEL délaissent ce produit.

[1 et 3] Selon l'Association française de la gestion financière (AFG) .
[2] DARES-2020

61,2 % DES FRANÇAIS SONT PROPRIÉTAIRES

La proportion de propriétaires est stable depuis plusieurs années.

2,8 %
sont propriétaires d'**un bien immobilier** sans être propriétaire de leur résidence principale.

57,2 %
des ménages étaient en 2024 propriétaires de leur **résidence principale.**

Source Insee

La proportion de propriétaires de leur résidence principale a augmenté entre 1983 et 1990, passant de 51,2 % à 54,9 %, s'est ensuite stabilisée jusqu'en 1997, avant d'augmenter de façon continue jusqu'en 2014 (57,8 %). Depuis 2014, elle diminue très légèrement en lien avec la hausse des prix de l'immobilier et une plus grande mobilité de la population. 20,5 % des ménages possèdent un logement autre que leur résidence principale (résidence secondaire, logement vacant, loué ou mis à disposition gratuitement).

La part des propriétaires sans charge de remboursement s'est sensiblement accrue jusqu'en 2010 (37,8 %, contre 27,7 % en 1983), avant de se stabiliser jusqu'en 2016 puis de légèrement diminuer (36,9 % en 2023). La part des propriétaires accédants se stabilise à 20 % depuis une quinzaine d'années, possiblement en lien avec l'allongement des durées d'emprunt. Entre 1990 et le milieu des années 2000, elle avait baissé de façon continue, passant de 25,3 % à 20,0 %.

La part des ménages locataires de leur résidence principale se maintient aux environs de 40 % depuis 1983. En 2023, les logements détenus par des bailleurs publics représentent 17,6 % du parc de résidences principales, ceux détenus par des bailleurs privés, 22,6 %. La part des bailleurs publics est stable depuis le début des années 2000, après une forte augmentation entre 1983 et 1997. La proportion des ménages logés gratuitement a baissé de façon continue depuis 1983, pour atteindre 2,6 % en 2023 contre 8,2 % 40 ans plus tôt. En 2023, les ménages locataires sont plus nombreux en proportion dans les DOM hors Mayotte (43,2 %) qu'en France métropolitaine (40,2 %), tout comme les ménages logés gratuitement (5,7 %, contre 2,5 % en France métropolitaine).

La part des ménages locataires de leur résidence principale se maintient aux environs de 40 % depuis 1983.

À l'inverse, les ménages propriétaires sont moins nombreux (51,1 %, contre 57,3 % en France métropolitaine), notamment les propriétaires accédants (14,7 %, contre 20,4 % en France métropolitaine). En 1983, le constat était inverse, les ménages locataires étaient moins nombreux dans les DOM hors Mayotte qu'en France métropolitaine, et les ménages propriétaires plus nombreux.

Une possession de la résidence principale qui dépend de l'âge. La proportion de ménages dont la personne de référence a 70 ans et plus, possédant un patrimoine immobilier, est passée, selon l'INSEE, de 75 % en 2014-2015 à 73,4 % en 2021. De même, pour les 60 à 69 ans, ce taux est passé de 75,8 % à 69,5 % sur la même période. Ces diminutions pourraient refléter des difficultés accrues d'accès à la propriété pour les générations nées autour des années 1960.

LES INÉGALITÉS PATRIMONIALES

Les inégalités liées au patrimoine se sont réduites en France du début du XXe siècle jusqu'aux années 1980. Elles ont tendance depuis à s'accroître.

En 1914, les ménages du premier décile de revenus (les 10 % les plus riches) possédaient plus de 80 % du patrimoine.

Dans les années 2010, les ménages du premier décile de revenus possédaient plus de 58 % du patrimoine.

En 1985, 1 % des ménages les mieux dotés en patrimoine en détiennent 15 %.

En 2021, 1 % des ménages les mieux dotés en patrimoine en détiennent 25 %.

Source Banque de France et INSEE.

Les inégalités au niveau du patrimoine ont tendance à se creuser en raison de la forte appréciation, ces dernières années, de l'immobilier (grande agglomération et littoral) et des actions (majoritairement détenues par les ménages les plus aisés).

L'importance des héritages dans la constitution des patrimoines favorise la concentration de ces derniers. Depuis 1998, le patrimoine des ménages les plus aisés a ainsi fortement augmenté. Pour ceux se situant au-dessus des 50 % les mieux dotés, la valorisation de leur patrimoine atteint plus de 100 %.

LE PATRIMOINE PROFESSIONNEL DES TRAVAILLEURS NON SALARIÉS (TNS)

Les TNS sont des personnes qui exercent une activité professionnelle de manière indépendante, sans être liées par un contrat de travail à un employeur. En France, cela regroupe principalement :

- Les artisans.
- Les commerçants.
- Les agriculteurs non-salariés.
- Les professions libérales (avocats, médecins, architectes…).
- Les gérants majoritaires de SARL ou les chefs d'entreprise individuelle.

Les TNS dépendent d'un régime spécifique de protection sociale, différent de celui des salariés. Ils disposent, en règle générale, d'un patrimoine professionnel pour exercer leur travail. **En France, en 2024, 15,3 % des ménages détiennent un patrimoine professionnel.** Plus de 75 % des ménages dont la personne de référence ou le conjoint est indépendant en activité (soit 11 % de la population) en possèdent un. Ce taux passe même à 97,1 % chez les agriculteurs.

LES FEMMES PÉNALISÉES EN MATIÈRE DE PATRIMOINE ?

Malgré les progrès réalisés en matière d'égalité salariale, les revenus des femmes restent, en France, inférieurs à ceux des hommes. **En 2023, dans le secteur privé, le revenu salarial moyen des femmes est inférieur de 22,2 % à celui des hommes[1].** Cet écart s'explique en partie par un volume de travail annuel moindre chez les femmes, qui sont moins souvent en emploi tout au long de l'année et travaillent plus fréquemment à temps partiel. Et en neutralisant la différence de volume sur le temps de travail, l'écart reste tout de même de 14,2 %[2].

Le patrimoine brut moyen des hommes est supérieur d'environ 15 % à celui des femmes[3]. Cette disparité est également due à l'évolution des régimes matrimoniaux. De plus en plus de couples optent pour des régimes de séparation de biens, ce qui tend à accentuer les inégalités patrimoniales en leur sein. Dans ces configurations, les différences de revenus entre les sexes se traduisent directement par des écarts dans l'accumulation de patrimoine, contrairement aux régimes communautaires où les biens sont mis en commun. Par ailleurs, dans les successions, elles sont souvent pénalisées en recevant des biens générant moins de rendement que les hommes.

[1/2] Selon l'Insee.
[3] Étude de l'Institut national d'études démographiques (Ined). Insee-Focus N° 349 publié le 04/03/2025.

Chapitre 2

LES OBJECTIFS DE L'ÉPARGNE

7 Français sur 10 épargnent par habitude, pour faire plaisir à leurs parents, par peur, pour leurs enfants, pour préparer un voyage, acheter une voiture, une maison... Il y a dix mille raisons pour mettre de l'argent de côté.

POURQUOI J'ÉPARGNE ?

Épargner par peur de demain, épargner par habitude, épargner pour réaliser un rêve, épargner pour sa retraite, épargner pour ses enfants ou ses proches, la liste des motivations est longue[1].

42 %
des ménages épargnent par précaution.

30 %
des ménages épargnent pour leur retraite.

23 %
des ménages épargnent pour financer un achat important.

16 %
des ménages épargnent pour aider dans le futur les membres de la famille.

16 %
des ménages épargnent pour constituer un patrimoine en vue de la succession.

15 %
des ménages épargnent pour construire un logement.

La survenue d'épidémies, de guerre, de crises économiques ou politiques conduit les ménages à accroître leur effort d'épargne. La crainte de manquer d'argent ou d'avoir un problème de santé, de perdre son emploi incite les ménages à mettre de l'argent de côté. De manière contre-intuitive, l'inflation est source d'épargne. En effet, tout en érodant le pouvoir d'achat, elle conduit les ménages à épargner plus par crainte de ne pas pouvoir acheter, demain, les biens et les services en raison de la hausse de leur prix. La retraite est un grand sujet d'inquiétude pour les Français. 72 % des actifs estiment que leurs pensions seront insuffisantes pour vivre correctement à la retraite[2]. Afin de limiter la baisse de revenus au moment de la liquidation des droits à la retraite, les Français épargnent que ce soit sur des produits dédiés (plan d'épargne retraite, assurance-vie) ou sur d'autres types de placements qu'ils soient immobiliers ou financiers.

72 % des actifs estiment que leurs pensions seront insuffisantes pour vivre correctement à la retraite.

[1] Enquête 2022 menée par l'IFOP et le CECOP pour le Cercle de l'Épargne, AG2R LA MONDIALE et AMPHITÉA.
[2] Édition 2025 de l'enquête Cercle de l'Épargne-AG2R LA MONDIALE-AMPHITÉA.

QUELS PLACEMENTS EN FONCTION DE SES OBJECTIFS ?

Épargner par habitude, par tradition familiale, pour réaliser un rêve, il y a mille et une raisons de mettre de l'argent de côté. Les principaux objectifs de l'épargne sont :

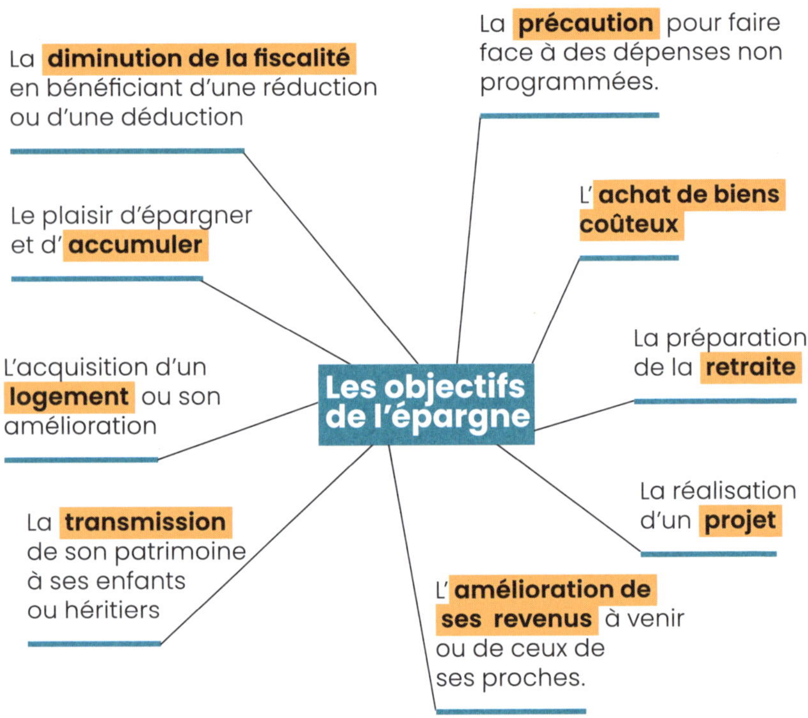

Les produits de court terme sans risques sont dévolus, en règle générale, à l'épargne de précaution quand les produits à long terme, plus à risque, sont plus adaptés au financement d'un logement, à l'élaboration d'un projet professionnel (création ou reprise d'entreprises) ou à la préparation de la retraite ainsi qu'à la transmission d'un patrimoine à des héritiers.

Les produits de court terme sans riques sont dévolus à l'épargne de précaution.

QU'EST-CE QUE L'ÉPARGNE DE PRÉCAUTION ?

L'épargne de précaution vise à couvrir les besoins des ménages en cas d'aléas, comme une dépense ou une perte de revenus inattendue. Cette épargne est mobilisable pour faire face à une panne d'un équipement électroménager, de la voiture, des frais de santé imprévus, une perte temporaire de revenus (chômage, arrêt maladie, etc.) L'épargne de précaution est donc une somme d'argent relativement liquide directement accessible.

L'épargne de précaution est aussi l'épargne de la peur.

L'épargne de précaution peut être une épargne forcée. Lors des confinements, les Français ont épargné car ils ne pouvaient pas consommer. Leur taux d'épargne a ainsi atteint 27 % du revenu disponible brut au cours du deuxième trimestre 2020.

L'épargne de précaution est aussi l'épargne de la peur. Quand les incertitudes augmentent, les ménages ont tendance à mettre de l'argent de côté même s'ils ne sont pas confrontés à des menaces directes. Ainsi, la guerre en Ukraine tout comme la crise politique, en France, du mois de juin 2024 ont conduit les Français à épargner davantage. **L'inflation est également, de manière contre-intuitive, un facteur d'épargne.** Par crainte d'augmentations à venir des prix, les ménages mettent de l'argent de côté pour faire face aux dépenses de demain et d'après-demain.

L'épargne de précaution est une épargne dite de « court terme » qui logiquement doit être peu exposée aux risques de marché. Elle est fréquemment placée sur les livrets d'épargne réglementée : livret A, livret de développement durable et solidaire (LDDS), livret jeune, livret d'épargne populaire ou sur les livrets bancaires. L'épargne de précaution bénéficie, en règle générale, d'une garantie en capital avec en contrepartie, sauf exception, une rémunération réduite.

COMBIEN FAUT-IL AVOIR EN ÉPARGNE DE PRÉCAUTION ?

C'est une question autorisant autant de réponses que d'épargnants. Les besoins en épargne de précaution diffèrent en fonction des revenus, du statut professionnel, de l'âge, du nombre d'enfants au sein du ménage, de la propension aux risques, etc.

En moyenne, l'épargne de précaution doit représenter trois à quatre mois de revenus.

	2019		2024
Dépôts à vue (constitués essentiellement des comptes courants)	**406** milliards d'euros fin 2019	↗	**464** milliards d'euros fin 2024
Livrets d'épargne réglementée (livret A, LDDS, LEP, livret jeune)	**442** milliards d'euros fin 2019	↗	**650** milliards d'euros fin 2024

QU'EST-CE QUE L'ÉPARGNE DE LONG TERME ?

L'épargne de long terme est celle qui n'est pas mobilisable immédiatement et ne peut donc répondre à un besoin immédiat ou quasi immédiat. **L'épargne de long terme regroupe traditionnellement les actifs suivants : les actions, les obligations et l'immobilier.** L'épargne de long terme peut également prendre la forme de parts d'OPCVM majoritairement investies dans les actifs précédemment cités ou de bons de capitalisation.

Hormis, l'immobilier, cette épargne de long terme peut être réalisée à partir d'enveloppes comme :

- Le compte-titres.
- Le plan d'épargne en actions.
- Le plan d'épargne salariale.
- Le plan d'épargne logement.
- L'assurance-vie.
- Le plan d'épargne retraite (PER, PERP, Madelin, etc.).

L'or et des placements alternatifs comme le vin, les œuvres d'art peuvent être considérés comme des placements à long terme même s'ils peuvent avoir un caractère spéculatif. Les cryptoactifs sont, en revanche, difficilement classables en raison de leur volatilité.

QUELS OBJECTIFS EN FONCTION DE SON ÂGE ?

Les objectifs varient avec l'âge. En début de carrière professionnelle, la priorité est souvent donnée à l'acquisition de la résidence principale quand après 45 ans la préparation de la retraite prend le relais. Après 65 ans, la question de la transmission s'impose. **Ces schémas sont un peu théoriques et dans les faits peu opérationnels.** Pour préparer sa retraite, commencer tôt réduit l'effort à réaliser en fin de carrière. Pour transmettre, les épargnants ont tout avantage à opter pour des donations tous les 15 ans à leurs enfants. Après 70 ans, les versements sur les contrats d'assurance-vie ne bénéficient plus du barème avantageux au niveau des droits de succession qu'offre ce produit.

Pour des raisons fiscales, il est aussi intéressant d'ouvrir le plus tôt possible des produits d'épargne comme le plan d'épargne en actions (PEA) et l'assurance-vie, même si les sommes qui leur sont dévolues restent au départ réduites.

À QUOI SERT L'ARGENT MIS DE CÔTÉ ?

L'argent ne dort jamais ou presque. Seuls l'argent ou l'or sous son matelas dorment en attendant un éventuel cambrioleur.
Même placé sur un compte courant, l'argent n'est pas inactif. Il permet, en effet, aux banques de financer des crédits.

De même, les ressources du livret A sont, en partie, utilisées pour l'octroi de crédits aux bailleurs sociaux afin de construire des logements.
Avec l'argent placé sur les fonds euros de l'assurance-vie, les assureurs acquièrent des obligations d'État, des obligations d'entreprise, de l'immobilier et des actions qui permettent de faire face aux engagements qu'ils contractent vis-à-vis de leurs assurés. L'achat d'actions permet le renforcement des fonds propres des entreprises, nécessaire à leur investissement et à leur développement.

L'achat d'actions permet le renforcement des fonds propres des entreprises.

L'achat de biens immobiliers a également de nombreux effets économiques. Le vendeur peut réinvestir l'argent obtenu ou le consommer. L'investissement dans l'immobilier neuf génère de l'activité pour le secteur du bâtiment. L'achat de logements anciens s'accompagne souvent de travaux de réhabilitation ou d'amélioration.

La location de biens immobiliers conduit au versement de loyers qui peuvent donner lieu soit à de la consommation, de l'investissement ou de l'épargne. « Le travail de l'argent » se traduit par des intérêts, des dividendes, des loyers.

L'épargne est parfois accusée de jouer contre la croissance car elle réduirait par nature la consommation. Or, l'épargne est indispensable pour financer les crédits et de ce fait l'ensemble des acteurs économiques, dont l'État. Le niveau élevé d'épargne en France a évité au pays une dégradation plus importante de la note de sa dette souveraine par les agences de notation (Moody's, Fitch, Standard & Poor's). L'épargne est donc utile pour les épargnants, les entreprises et l'État. Après, cette épargne peut être plus ou moins bien placée et plus ou moins bien utilisée. **Les Français ont une tendance à privilégier les placements de court terme et de taux** (rémunération fixe). Ils ne sont pas les seuls à faire ainsi. Les Allemands ou les Italiens ont des comportements proches de ceux des Français en matière d'épargne.

L'épargne est indispensable pour financer les crédits et de ce fait l'ensemble des acteurs économiques, dont l'État.

À QUOI SERVENT LES BANQUES ET LES ASSUREURS ?

Les banques et les assureurs sont **les clés de voûte de l'économie.** De l'Antiquité à aujourd'hui, les unes comme les autres sont indispensables. Ils jouent un rôle d'intermédiation, de réduction des risques, de création monétaire et d'activités.

LE RÔLE DES BANQUES

Les banques agissent **comme intermédiaires** entre les agents économiques ayant des excédents d'épargne (ménages, entreprises) et ceux ayant des besoins de financement (entreprises, ménages, États).
Elles collectent les dépôts, les conservent et octroient des crédits permettant de financer l'investissement des entreprises, les achats immobiliers des ménages ainsi que la consommation de cette dernière (crédits à la consommation).

LE RÔLE DES ASSUREURS

Les assureurs ont une vocation différente de celles des banquiers. Ils jouent un **rôle de protection des risques** qu'ils soient personnels (décès, invalidité, maladie), matériels (dégâts liés à des incendies, vols, accidents) ou professionnels (responsabilité civile, interruption d'activité). Ils offrent une tranquillité d'esprit en prenant en charge des coûts qui pourraient autrement être catastrophiques. Les assureurs couvrent des risques communs à un groupe de personnes, pouvant faire l'objet d'une probabilité. L'assurance repose sur un principe de solidarité collective permettant de répartir les coûts des risques sur une large base et selon des règles déterminées. Pour couvrir les risques, les assureurs sont amenés à constituer des provisions que les pouvoirs publics ont, au fil des décennies, réglementé. Le régulateur veille à ce qu'à tout moment, ils aient la capacité de faire face à leurs engagements.

L'assurance repose sur un principe de solidarité collective.

Dans le cadre de leurs missions, les assureurs contribuent à l'économie de plusieurs façons.

- **Financement de l'économie** grâce aux placements des primes collectées (actions, obligations, immobilier, etc.).
- **Limitation des risques des agents économiques** à travers la couverture assurantielle ce qui favorise l'investissement et l'activité.

Les assureurs, en indemnisant les sinistres, limitent les conséquences économiques de ces événements. **Les assureurs sont devenus des acteurs importants de l'épargne avec des produits comme l'assurance-vie ou l'épargne retraite.** Ces produits qui sont des contrats de service permettent aux ménages de confier leur épargne à des assureurs qui se chargent de leur gestion.

PUIS-JE REFUSER QUE MON ÉPARGNE FINANCE CERTAINES ACTIVITÉS ?

Les épargnants sont de plus en plus nombreux à **souhaiter une épargne répondant à certaines considérations d'ordre moral ou éthique.** Cette orientation est possible pour les actions, les parts d'organismes de placement collectif (OPC) ou les unités de compte des contrats d'assurance-vie en faisant une sélection en fonction de certains critères.
Afin de permettre aux titulaires de contrat d'assurance-vie ou de plan d'épargne retraite de placer leur argent dans des placements durables, le législateur a imposé aux assureurs de proposer aux assurés des unités de compte ISR, Finansol ou Greenfin (unités de compte durables et solidaires).
Pour certains placements, l'épargnant a moins de visibilité. Les fonds euros

des contrats d'assurance-vie sont essentiellement investis en obligations d'État. Néanmoins, la proportion d'obligations vertes visant à financer des investissements en lien avec la transition écologique augmente.
Les titulaires de livrets ne peuvent pas décider de l'utilisation des sommes qui y sont versées. Pour le livret A, celles-ci servent notamment à financer le logement social, les collectivités locales, l'État et les entreprises. Pour le livret de développement durable et solidaire, elles servent en particulier à financer les entreprises ayant des projets d'investissements ayant des objectifs sociaux ou visant à faciliter la transition écologique.

LIQUIDITÉ, SÉCURITÉ ET RENDEMENT, COMMENT DÉFINIR CES NOTIONS ?

Un placement parfait se doit d'être liquide, garanti (sécurité) et rentable. Dans les faits, le cumul de ces trois objectifs n'est pas aisé.

LA LIQUIDITÉ

C'est la possibilité de verser et effectuer des retraits ou des rachats rapidement. Le livret A est liquide car les versements et les retraits sont immédiats. L'assurance-vie l'est un peu moins car les ordres de versement ou de rachat peuvent mettre quelques jours pour être réalisés. Un bien immobilier est peu liquide. La recherche d'un acheteur puis la conclusion de la vente devant notaire peuvent mettre plusieurs mois.

LA SÉCURITÉ DU PLACEMENT

Elle est fonction du risque pris sur le capital. Elle dépend également du sérieux de son gestionnaire. Le livret A qui bénéficie de la garantie de l'État est jugé sans risque. Les fonds euros des contrats d'assurance-vie qui sont garantis par les assureurs sont également considérés peu risqués. Les actions ou les unités de compte des contrats d'assurance-vie sont plus volatiles et donc plus risquées. La valeur du capital fluctue en fonction de l'offre et de la demande. Confier son argent à un site non agréé par les autorités de contrôle est, par nature, plus risqué que de le placer dans une banque ou chez un assureur reconnu.

Les actions ou les unités de compte des contrats d'assurance-vie sont plus volatiles et donc plus risquées.

LE RENDEMENT D'UN PLACEMENT

Un placement peut générer des revenus et des plus-values. Les revenus prennent la forme de loyers pour l'immobilier, de dividendes pour les actions et d'intérêts pour les obligations. Les plus-values ou les moins-values sont générées par la différence entre le prix de vente et le prix d'achat. Si le premier est supérieur au second, il y a des plus-values ; quand c'est l'inverse, il y a des moins-values.

Le rendement d'un placement

- **Le rendement brut** est souvent calculé sous forme de ratio : revenus/valeur du placement.
- Pour avoir une appréciation plus fine de la rentabilité du placement, il est fréquent de défalquer l'inflation du rendement brut et d'obtenir ainsi **un rendement réel** égal au rendement brut moins l'inflation. Exemple : avec une inflation de 1,8 % en 2024 et un rendement brut de 3 %, le livret A a enregistré un rendement réel de 1,2 %. Comparer le rendement d'un placement avec l'évolution des prix d'un panier de consommation courante n'est pas un critère totalement pertinent. Il peut être plus opportun d'étudier les rendements comparés des différents placements ou l'évolution de la valeur du capital.
- **Le rendement net** prendra en compte les charges supportées par l'épargnant (charges immobilières, frais de gestion, frais de revente, etc.).
- **Le rendement net, net d'impôt** intègre les prélèvements obligatoires (fiscalité et prélèvements sociaux). Pour les rendements nets, il est également possible de neutraliser l'inflation en la déduisant.

Chapitre 3

LES PRODUITS D'ÉPARGNE RÉGLEMENTÉE

Ils occupent, en France, une place importante dans le patrimoine des ménages. Fin décembre 2024, leur encours dépassait les 673 milliards d'euros. Les livrets réglementés les plus diffusés sont le livret A, le livret de développement durable et solidaire et le livret d'épargne populaire. Si ces produits sont connus de toutes et de tous, leur histoire et leur fonctionnement le sont moins.

QU'EST-CE QU'UN PRODUIT D'ÉPARGNE RÉGLEMENTÉE ?

Les produits d'épargne réglementée sont des produits dont les principales modalités de fonctionnement – leurs conditions de rémunération, le plafond des versements, les prélèvements, l'allocation de l'épargne, etc. – sont déterminées par les pouvoirs publics. Leur capital est garanti.

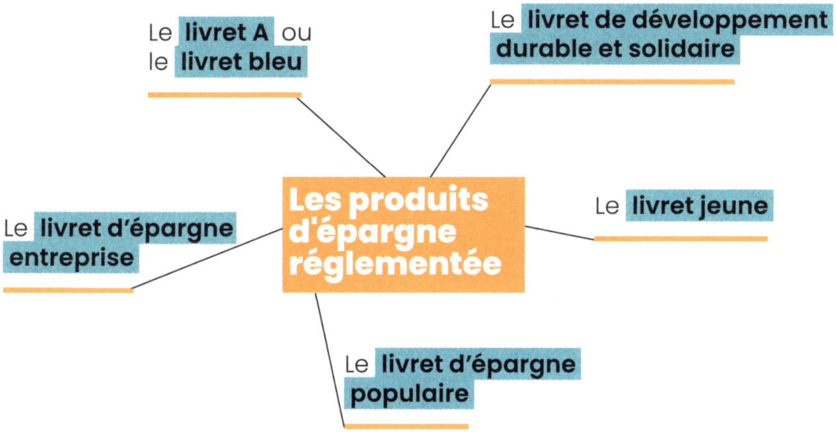

Le compte et le plan d'épargne logement même s'ils se rapprochent à certains égards de produits d'épargne traditionnels, sont, par ailleurs, souvent rattachés à ces livrets réglementés. De même, le plan d'épargne avenir climat (PEAC) réservé aux jeunes est également un produit hybride.

Les produits d'épargne réglementée sont, à l'exception du plan d'épargne logement dont la durée minimale est fixée à 4 ans, des produits de court terme, destinés à la constitution d'une épargne de précaution. Certains de ces produits ont une durée de vie limitée et d'autres pas. Le livret A peut être ouvert à la naissance et suivre l'épargnant jusqu'à sa mort. Le livret jeune est clos à 25 ans. Les plans d'épargne logement ouverts depuis le 1er mars 2011 ont une durée maximale de 15 ans.

Le livret A peut être ouvert à la naissance et suivre l'épargnant jusqu'à sa mort.

Certains produits d'épargne réglementée, comme le livret A et le LDDS, bénéficient d'une exonération d'impôts et de prélèvements sociaux. Ce n'est pas le cas en revanche du PEL et du CEL (pour ceux souscrits depuis le 1er janvier 2018).

Leur taux de rémunération peut, selon les cas, être totalement fixé par les pouvoirs publics (livret A, LDDS, épargne logement, LEP) ou seulement en partie (livret jeune). Les livrets réglementés sont, par ailleurs identiques d'une banque à une autre, à l'exception du livret jeune dont le taux est fixé librement par les banques, sans pouvoir être inférieur à celui du livret A. Les livrets d'épargne réglementée sont appréciés en raison de l'absence de risques sur le capital.

QUE SE PASSE-T-IL EN CAS DE FAILLITE DE L'ÉTABLISSEMENT FINANCIER ?

Le livret A, le LDDS et le livret d'épargne populaire bénéficient d'une garantie d'État. Le livret jeune, le compte épargne logement (CEL), le plan d'épargne logement (PEL) et les autres livrets bancaires sont soumis au régime de garanties des dépôts organisé par le Fonds de garantie des dépôts et de résolution (FGDR).

Les livrets d'épargne réglementée garantis par l'État le sont dans la limite de 100 000 € par personne par établissement financier.

Les autres livrets le sont également à hauteur de 100 000 € par établissement financier : cumul des livrets détenus par un client au sein d'un même établissement en intégrant les comptes courants, les compte-espèces liés à un plan d'épargne en actions (PEA), à un plan d'épargne retraite (PER), à un plan d'épargne salariale, les dépôts et comptes à terme.

LE LIVRET A

COMMENT EST-IL NÉ ?

Le livret A est **le plus populaire des produits d'épargne en France**, c'est aussi un des plus anciens. En 2018, le livret A a, en effet, fêté son bicentenaire. Le principe de la création des caisses d'épargne avait été posé durant la période révolutionnaire par la loi du 19 mars 1793 sur les secours publics. Après les guerres napoléoniennes, les pouvoirs publics ont tout à la fois souhaité rétablir les comptes publics et générer un climat favorable à l'épargne.

Par ordonnance royale du 29 juillet 1818, la Caisse d'épargne et de prévoyance de Paris reçoit l'autorisation d'émettre un livret d'épargne. Afin de diffuser ce nouveau produit d'épargne, d'autres caisses d'épargne furent créées : Bordeaux et Metz en 1819, Rouen en 1820, Marseille en 1821, Nantes, Troyes, Brest, le Havre, Lyon en 1822 et Reims en 1823.

POURQUOI LE LIVRET A S'APPELLE-T-IL... LIVRET A ?

Le livret des Caisses d'Épargne devient le livret A car, au mois d'octobre 1965, le ministre de l'Économie et des Finances de l'époque, Valéry Giscard d'Estaing, décide la création d'un second livret d'épargne, dénommé livret B qui est fiscalisé. Au mois de décembre de la même année, le *Journal des Caisses d'Épargne* emploie alors le terme de livret A pour désigner le produit créé en 1818 et qui bénéficie de l'exonération fiscale. Ces appellations ne se sont pas imposées immédiatement.

En 1972 concomitamment à la création d'une direction de la communication au sein de l'Union nationale des Caisses d'Épargne, le terme « livret A » est privilégié.

QUI PEUT OUVRIR UN LIVRET A ?

Le livret A peut être ouvert par **toutes les personnes physiques** et par certaines personnes morales (associations à but non lucratif et non soumises à l'impôt sur les sociétés, syndicats de copropriétaires ou organismes HLM). Aucune condition d'âge, de nationalité, ou de résidence fiscale en France n'est exigée. Les mineurs peuvent avoir dès leur naissance un livret A. Avant les 16 ans du titulaire du livret, les retraits doivent être réalisés avec l'accord du représentant légal.

QUI SONT LES SOUSCRIPTEURS DU LIVRET A ?

Le livret A demeure le produit d'épargne le plus largement diffusé au sein de la population française.

58
millions de livrets A
au 31 décembre 2024

+ de 8 Français sur 10 (83 %)
détiennent un livret A
au 31 décembre 2024.

L'encours moyen du livret A était, fin 2024, de 7 482 € pour une personne physique. Ce solde moyen masque d'importantes disparités. La proportion des détenteurs de livret A au plafond s'élevait, en 2024, à 15 %. Avec les fortes collectes des dernières années, cette proportion est en constante augmentation.

Les titulaires de livrets A ayant atteint le plafond possédaient plus de

47 % de l'encours en 2024

38 % de l'encours en 2022

Les épargnants de plus de 65 ans représentent 35 % des encours pour 22 % des livrets détenus, soit leur poids au sein de la population française au 1er janvier 2024.

Le nombre de livrets A inactifs sur lesquels ils n'y a pas eu de versement ou de retrait en 2024 est de 4,8 millions. Sur les livrets A actifs, le nombre de mouvements était de 5,5 pour les versements et de 6,7 pour les retraits. Les montants moyens versés ou retirés se sont élevés respectivement à 658 et 489 euros. Sur les livrets A actifs, les mouvements étaient, en moyenne, d'un par mois (avec, en moyenne, 5,5 versements et 6,3 retraits par an en 2023).

POURQUOI ÉPARGNER SUR LE LIVRET A ET COMBIEN ?

Le livret A est par nature un produit d'épargne de précaution. Il est, avec le LDDS, l'antichambre du compte courant.
Cette épargne peut être facilement mobilisée pour faire face aux imprévus de la vie courante : travaux dans la maison, changement d'équipement, frais de santé ... Il est communément admis qu'il faut disposer de deux à quatre mois de revenus sur le livret A ou sur le LDDS.

Il est communément admis qu'il faut disposer de deux à quatre mois de revenus sur le livret A ou sur le LDDS.

QUEL EST LE PLAFOND DU LIVRET A ET QUELLE EST SON ÉVOLUTION DANS LE TEMPS ?

Depuis le 1er janvier 2013, le plafond est fixé à 22 950 €. Il est actualisé sur décision du ministre de l'Économie et n'est pas indexé sur l'inflation.

COMMENT EST FIXÉ LE TAUX DU LIVRET A ?

Le taux de rémunération est traditionnellement fixé deux fois par an, au 1er février et au 1er août, en fonction du taux d'inflation et des taux du marché monétaire. Jusque dans les années 2000, la fixation du taux du livret A relevait du pouvoir discrétionnaire du ministère de l'Économie. À partir de 2004, la fixation du taux a été progressivement encadrée, l'objectif étant de le déconnecter de considérations d'ordre politique et de protéger les intérêts des épargnants en particulier de l'inflation.

La formule du taux du livret A repose sur l'évolution de l'indice des prix à la consommation et le taux du marché monétaire. Il ne peut pas être inférieur à 0,5 %. Le ministre de l'Économie a la possibilité de déroger à la formule de calcul sur préconisation du gouverneur de la Banque de France.

Le taux du livret A a été fixé pour la période du 1er août 2025 au 31 janvier 2026 à 1,7 %. Ce taux était de 2,4 % du 1er février au 31 juillet 2025.

EST-IL POSSIBLE DE TRANSFÉRER SON LIVRET A DANS UN AUTRE ÉTABLISSEMENT FINANCIER ?

Il n'est pas possible de transférer un livret A. Pour changer d'établissement teneur de compte, il convient de clôturer préalablement son livret puis d'en ouvrir un nouveau auprès de la banque souhaitée. Depuis le 1er janvier 2005, la procédure de clôture est gratuite. La demande de clôture peut intervenir à tout moment. La banque est tenue d'y procéder dans les quinze jours ouvrés suivant la réception de votre demande.

LE NOMBRE DE LIVRETS A PAR PERSONNE EST-IL LIMITÉ ?

Une personne ne peut détenir qu'un seul livret A. Une famille peut, en revanche, compter autant de livrets A que de membres. Il n'y a pas d'âge minimum pour ouvrir un livret A.

À QUOI SERT L'ARGENT COLLECTÉ PAR LE LIVRET A ?

L'argent collecté à travers le livret A ne dort pas dans un coffre. **Il est utilisé pour financer le logement social, l'État, les PME ou les collectivités locales.**

60 % des ressources collectées sur les livrets A sont centralisées par la Caisse des dépôts et consignations qui est un établissement financier public, le bras financier de l'État. Ces ressources servent à prêter de l'argent aux bailleurs sociaux afin de construire et d'entretenir des logements sociaux (HLM). Pour assurer la liquidité du produit, une partie des ressources du livret A est placée dans le fonds d'épargne de la Caisse des dépôts et investie en titres publics (bons du Trésor, obligations assimilables du Trésor notamment).

Ces ressources servent à prêter de l'argent aux bailleurs sociaux afin de construire et d'entretenir des logements sociaux (HLM).

Les **40 % des ressources non centralisées restent dans les banques** qui doivent les réinvestir dans des prêts répondant à des objectifs précis notamment en faveur des PME et des collectivités publiques.

AVANTAGES

- Garantie du capital.
- Liquidité.
- Pas de prélèvements obligatoires.
- Simplicité.

INCONVÉNIENTS

- Rendement pouvant être faible.
- Plafond de 22 950 €.

LE LIVRET DE DÉVELOPPEMENT DURABLE ET SOLIDAIRE (LDDS)

Il est plus récent que le livret A. Créé en 1983, il portait alors le nom de compte de développement industriel (CODEVI). L'objectif était de donner la possibilité à tous les établissements bancaires de proposer un livret réglementé, le livret A étant alors réservé aux réseaux des Caisses d'Épargne, de la Banque Postale et du Crédit Mutuel (livret bleu). La banalisation de la distribution du livret A, intervenue en 2009, n'a pas empêché le maintien du LDDS.

En 2007, le CODEVI a été renommé livret de développement durable (LDD). Puis, le 1er janvier 2017, le LDD est devenu le livret de développement durable et solidaire (LDDS). L'objectif qui lui est alors assigné est de **contribuer au financement de PME qui réalisent des investissements en lien avec la protection de l'environnement ou la transition énergétique.**

Le LDDS fonctionne selon les mêmes principes que le livret A et est rémunéré au même taux. Il est, comme le livret A, exonéré d'impôt sur le revenu et de prélèvements sociaux. **Son plafond est en revanche de 12 000 €** contre 22 950 € pour le livret A.

À la différence du livret A, seules les personnes majeures peuvent ouvrir un LDDS. Néanmoins, un mineur fiscalement domicilié en France peut ouvrir un LDDS, s'il dispose de revenus personnels et qu'il n'est plus rattaché au foyer fiscal de ses parents. Dans tous les cas, il n'est possible de détenir qu'un seul LDDS par personne.

À la différence du livret A, seules les personnes majeures peuvent ouvrir un LDDS.

26,3 millions
de LDDS au 31 décembre 2024.

48,2 %
de la population de plus de 18 ans détiennent un LDDS (nettement moins que de livret A).

L'encours moyen du LDDS était au 31 décembre 2024 de 6 086 euros. **Presque 8 millions de LDDS ont atteint le plafond de 10 000 euros.** Ils représentent 30 % des LDDS et 63 % de l'encours..

AVANTAGES

- Garantie du capital.
- Liquidité.
- Pas de prélèvements.

INCONVÉNIENTS

- Rendement pouvant être faible.
- Plafond de 12 000 €.

LE LIVRET D'ÉPARGNE POPULAIRE (LEP)

UN PRODUIT SOUS CONDITION DE RESSOURCES, FINANCIÈREMENT INTÉRESSANT

Le livret d'épargne populaire (LEP) est réservé aux personnes, majeures, domiciliées fiscalement en France. **Il est accessible sous conditions de ressources** déterminées par rapport au revenu fiscal de référence en prenant en compte le nombre de parts au sein du ménage. Le revenu fiscal de référence retenu est celui de l'année N-1. Chaque année l'éligibilité est vérifiée par la banque. En 2025, pour une personne seule, le plafond, en France métropolitaine, est de 22 852,54 €. Pour un couple, il est de 35 012,07 €.

Le livret d'épargne populaire (LEP) est réservé aux personnes, majeures, domiciliées fiscalement en France.

Depuis 2020, les banques peuvent s'enquérir de la situation fiscale des titulaires directement auprès des services fiscaux évitant à ces derniers de communiquer leur avis d'imposition. En cas de dépassement du plafond de ressources durant deux années consécutives, la banque est obligée de clôturer le LEP. L'épargnant devra alors transférer ses fonds vers un autre compte (livret A, LDDS, compte bancaire).

Environ 19 millions
de personnes sont éligibles au LEP.

62 %
de personnes sont éligibles au LEP.

À la fin de l'année **2021**,
6,9 millions de LEP

À la fin de l'année **2023**,
10,9 millions de LEP

À la fin de l'année **2024**,
11,9 millions de LEP

Source Banque de France.

Des titulaires de livret A pouvant bénéficier d'un LEP n'en ont pas ouvert un par négligence, par méconnaissance de leurs droits en la matière ou par manque d'épargne. Compte tenu du taux plus rémunérateur du LEP, les épargnants qui y ont droit ont tout intérêt à y transférer l'épargne du livret A.

QUEL EST LE TAUX ET QUEL EST LE PLAFOND DU LEP ?

Depuis le 1er février 2020, le taux du LEP est égal au chiffre le plus élevé entre le taux du livret A majoré d'un demi-point et le taux d'inflation. **Le taux du LEP a été fixé pour la période du 1er juillet 2025 au 31 janvier 2026 à 2,7 %.** Il était de 3,5 % entre le 1er février et le 31 août 2025.

L'encours moyen du LEP était fin 2024 de 6 912 euros. **39 % des LEP dépassaient le plafond de 10 000 euros.** Ces derniers, 28 % du total des LEP, représentaient 62 % de l'encours.

Fin décembre 2024, l'encours du LEP s'élevait à 82,2 milliards d'euros.

AVANTAGES

- Garantie du capital.
- Liquidité.
- Pas de prélèvements.
- Rémunération au-dessus du livret A.

INCONVÉNIENTS

- Plafond de 10 000 €.
- Conditions d'éligibilité.

LE LIVRET JEUNE, UN PRODUIT MÉCONNU ET FAIBLEMENT ATTRACTIF

Toute personne âgée de 12 à 25 ans peut ouvrir un livret jeune et il est possible de cumuler un livret jeune avec d'autres livrets d'épargne (par exemple le livret A). Il n'est pas possible, en revanche, de détenir plusieurs livrets jeune.

Le plafond est fixé à 1 600 € (hors intérêts capitalisés). Seul le titulaire peut effectuer des opérations de dépôt (chèques, espèces, virements).

Pour les titulaires de moins de 16 ans, l'autorisation du représentant légal est nécessaire pour effectuer des retraits. Entre 16 et 18 ans, les retraits par le titulaire sont libres, sauf opposition du représentant légal. **Le taux d'intérêt annuel est librement fixé par les banques**, mais il ne peut être inférieur à celui du livret A.

À compter du 25e anniversaire du détenteur, le livret jeune est clos. En cas de non retrait, l'épargne est versée sur un compte d'attente.

Fin décembre 2024, l'encours du livret jeune s'élevait à 4,8 milliards d'euros.

Il est en baisse constante depuis le mois de mars 2009 (7,3 milliards d'euros). Ce produit est faiblement mis en avant par les banques. Il souffre de son faible plafond et de son taux de rémunération réduit.

AVANTAGES

- Garantie du capital.
- Liquidité.
- Pas de prélèvements.

INCONVÉNIENTS

- Plafond faible.
- Rémunération légèrement supérieure au livret A.

LE LIVRET D'ÉPARGNE ENTREPRISE (LEE)

Il est le **plus méconnu des livrets d'épargne réglementée.** Destiné aux créateurs (ou repreneurs) d'entreprise, il permet à ces derniers de se constituer une épargne pendant plusieurs années, puis d'accéder au terme de cette phase à un prêt à taux réduit.

Toute personne peut ouvrir un LEE, dans la limite d'un livret par foyer fiscal. Les sommes sont logiquement indisponibles durant cinq ans, durée normale du livret.
Le titulaire du livret peut céder ses droits acquis à un membre de sa famille, créateur ou repreneur d'entreprise. Le LEE finance la création ou la reprise d'entreprise pour l'acquisition :
- Des immobilisations incorporelles et corporelles des entreprises créées ou reprises depuis moins de 5 ans.
- Des investissements amortissables des entreprises artisanales immatriculées au répertoire des métiers lorsque la rémunération du travail de l'artisan et des personnes qu'il emploie représente plus de 35 % du chiffre d'affaires global annuel de l'entreprise.

Les grandes règles du LEE

- **Le versement initial** est au minimum de 750 €.
- **Le versement annuel** est au minimum de 540 €.
- **Les versements peuvent être mensuels, trimestriels ou annuels.**
- **Le dépôt est plafonné** à 45 800 € hors intérêts.
- **Le taux du LEE** est égal aux 3/4 du taux du livret A arrondi au ¼ point inférieur.
- **Les fonds sont disponibles** au bout de 5 ans voire 2 ans sous certaines conditions.

En matière de fiscalité, pour les comptes ouverts avant le 1er janvier 2014, les intérêts des sommes inscrites sur les livrets d'épargne entreprise sont exonérés de l'impôt sur le revenu. Pour les comptes ouverts à compter du 1er janvier 2014, les intérêts des sommes inscrites sur les livrets d'épargne entreprise sont soumis à l'impôt sur le revenu et entrent dans le champ d'application du prélèvement forfaitaire obligatoire non libératoire de l'impôt sur le revenu prévu.

Les intérêts du livret d'épargne entreprise sont, en revanche, exonérés de prélèvements sociaux.

Montants et durée du prêt

- La durée du prêt peut être comprise entre 2 et 15 ans.
- Le montant et la durée sont fixés de telle sorte que le total des intérêts à payer par l'emprunteur soit égal au total des intérêts acquis pendant la phase d'épargne multiplié par un coefficient de 1,6.
- Les garanties exigées (caution, hypothèque, nantissements ...) varient selon les banques.

Après étude de la crédibilité du projet de création ou de reprise, les établissements financiers peuvent refuser l'octroi du prêt. Dans ce cas, le souscripteur reçoit une prime égale à 30 % des intérêts acquis.

Le titulaire du LEE peut retirer les fonds avant la fin de la phase minimale d'épargne (2 ans) seulement s'ils sont affectés au financement d'un projet de création ou de reprise d'entreprise par le titulaire du livret, son conjoint, son ascendant ou son descendant dans les 6 mois qui suivent leur retrait.

LA RÉMUNÉRATION DES LIVRETS RÉGLEMENTÉS

Les intérêts sont calculés le 1er et le 16 de chaque mois. La date de la valeur prise en compte pour le calcul des intérêts varie suivant la date de l'opération (dépôt ou retrait).
Pour être pris en compte dans le calcul des intérêts, un dépôt doit donc être effectué avant le 15 ou avant le 30/31 du mois. Un dépôt effectué après ces dates ne commence à produire des intérêts qu'à partir de la quinzaine suivante.

Un retrait réduit les intérêts du livret à partir de la quinzaine en cours.

Exemple concret d'optimisation de ses versements

Cas d'un dépôt de 2 000 €:
Le 10 janvier —> Pris en compte dès le 16 janvier.
Le 17 janvier —> Pris en compte seulement à partir du 1er février.

Cas d'un retrait de 500 € :
Le 12 avril —> Les intérêts sur la somme retirée cessent d'être calculés à partir du 1er avril
Le 17 avril —> Les intérêts cessent sur la somme retirée à partir du 16 avril.

Les intérêts sont calculés chaque quinzaine mais ne sont crédités qu'une fois par an, généralement le 31 décembre. Ces intérêts sont ajoutés au capital et commencent à produire eux-mêmes des intérêts l'année suivante (effet des intérêts composés).

Les livrets concernés par la règle des quinzaines sont les suivants :
livret A, LDDS, LEP, livret jeune, CEL (compte épargne logement).

PETITS CONSEILS SUR L'ÉPARGNE RÉGLEMENTÉE

- Nécessaire en tant qu'épargne de précaution.
- Ne pas en abuser.
- Être opportuniste en fonction des taux de rémunération.
- Regarder l'épargne de long terme n'est pas interdit.

Chapitre 4

LES PRODUITS ET ENVELOPPES DE L'ÉPARGNE FINANCIÈRE

En matière de placements financiers, l'épargnant a l'embarras du choix : des livrets d'épargne à l'assurance vie en passant par les comptes titres ou le PEA.

LES COMPTES, LES LIVRETS ET LES ENVELOPPES DE L'ÉPARGNE

L'ÉPARGNE SOUS LE MATELAS, UNE DANGEREUSE TENTATION

Les Allemands sont les champions de l'argent sous le matelas mais les Français se défendent bien sur ce terrain. Les seniors en conservent plus que les jeunes, les travailleurs indépendants et professions libérales plus que les salariés. **Au total, l'argent en pièces et billets, circulant (achats auprès des commerçants) représentait 275 milliards d'euros en juin 2024**, contre 207 milliards d'euros fin décembre 2019. La digitalisation des opérations n'empêche pas les Français de payer en numéraire leurs achats. La peur de ne pas payer par carte ou par smartphone incite les ménages à détenir toujours des billets et des pièces. Au moment de la crise du COVID-19, le montant du numéraire détenu a eu tendance à augmenter. L'impossibilité de faire des courses pendant les confinements et la crainte de ne plus accéder aux distributeurs de billets a amené les ménages à faire une petite réserve de cash. Avant la pandémie de COVID-19, durant la crise des subprimes puis des dettes souveraines, une augmentation de numéraire avait déjà été constatée. La crainte de faillites dans le secteur financier a expliqué cet engouement passager pour les pièces et les billets dans plusieurs pays d'Europe.

L'argent sous le matelas ne rapporte rien sauf à son cambrioleur préféré. Il est, de ce fait, recommandé de ne pas stocker de manière excessive des pièces et des billets. Le recours à un coffre en banque est préférable.

LE COMPTE COURANT, UN PRODUIT D'ÉPARGNE QUI NE RAPPORTE PAS OU TRÈS PEU

Un compte courant bancaire est un compte ouvert auprès d'un établissement financier permettant à son titulaire de gérer une série d'opérations financières (dépôts, retraits, virements, paiements, prélèvements, etc.). Il sert principalement à recevoir des revenus (salaires, pensions, allocations) et à régler des dépenses courantes. L'argent laissé sur le compte courant est désigné sous le terme de dépôt à vue.

L'argent laissé sur le compte courant est désigné sous le terme de dépôt à vue.

Contrairement aux produits d'épargne, un compte courant ne génère généralement aucune rémunération ou propose une rémunération très faible. **Il offre en revanche une grande flexibilité** en ayant recours à des services comme les cartes de paiement, les virements, les prélèvements, les chèques, les retraits aux distributeurs.
Les banques peuvent y associer divers services, comme une autorisation de découvert ou des options de gestion en ligne. C'est l'outil central de la

gestion financière des ménages et des entreprises. Des comptes espèces sont également associés à la gestion des comptes-titres.

Depuis le point haut atteint en août 2022 (639 milliards d'euros), l'encours des dépôts à vue a reculé de 90 milliards d'euros.

Fin 2024,
les Français disposaient de
549
milliards d'euros
sur leurs dépôts à vue.

L'encours des dépôts à vue reste, fin 2024, **supérieur de 71 milliards d'euros** à son niveau d'avant l'épidémie de COVID-19 (fin décembre 2019).

Les ménages, qui, durant la période de taux faibles, entre 2016 et 2022, laissaient dormir leur argent sur leurs comptes courants, ont décidé d'en placer une partie sur des produits de placement de mieux en mieux rémunérés (livret A, LDDS, LEP et contrats à terme). Cette réallocation a été principalement réalisée en 2023.
Laisser dormir de l'argent sur un compte courant, c'est épargner mais sans rien gagner. L'argent ne rapportant rien subit directement l'érosion monétaire due à l'inflation.

LES LIVRETS BANCAIRES

Un livret d'épargne est un compte bancaire rémunéré permettant de placer de l'argent tout en conservant une disponibilité immédiate des fonds.

Caractéristiques du livret d'épargne

- **Capital garanti :** les sommes déposées ne subissent pas de pertes, contrairement aux placements financiers soumis aux fluctuations des marchés.
- **Liquidité totale :** l'argent reste disponible à tout moment, sans pénalité en cas de retrait.
- **Rémunération :** le dépôt génère des intérêts, dont le taux peut être fixe ou variable selon le type de livret.

Le livret peut être ordinaire ou réglementé. Il peut être fiscalisé ou non. Dans cette catégorie se rangent également les super livrets qui bénéficient de taux d'intérêt bonifiés.

LES DÉPÔTS À TERME (DAT)

Ce sont des **contrats liant un particulier ou une entreprise à une banque**. Le particulier ou l'entreprise confie une somme d'argent à la banque pour une durée déterminée, en échange d'un taux d'intérêt fixé à l'avance. Contrairement aux comptes courants ou aux livrets d'épargne réglementés, **les fonds déposés ne sont pas immédiatement disponibles.** L'épargnant s'engage à ne pas retirer son argent avant l'échéance convenue (de quelques mois à plusieurs années). En contrepartie de cette immobilisation, les dépôts à terme offrent généralement une rémunération plus attractive que les livrets classiques, avec un taux d'intérêt souvent supérieur. Toutefois, en cas de retrait anticipé, des pénalités peuvent être appliquées.

DES ENVELOPPES QUI CONTIENNENT DES PRODUITS FINANCIERS

Le compte-titres permet à un particulier ou à une entreprise de détenir et gérer des instruments financiers tels que des actions, des obligations, des parts d'organismes de placement collectif. **Il ne s'agit pas d'un produit d'épargne en tant que tel, mais d'un compte dédié à l'achat, à la vente et à la conservation de valeurs mobilières sur les marchés financiers**. Un compte-titres n'est soumis à aucune limite de versement et permet d'accéder à des titres français et étrangers.

- **Le plan d'épargne en actions (PEA)**
  C'est un compte-titres soumis à une réglementation spécifique. Il permet à son titulaire d'acheter et de gérer des actions d'entreprises européennes et des parts de fonds éligibles, avec un avantage fiscal accordé cinq ans après l'ouverture. Le plafond de versement est fixé à 150 000 € pour un PEA classique (225 000 € avec un PEA PME).
- **L'assurance-vie**
  C'est un contrat d'assurance souscrit entre un assuré et un assureur. L'épargne est confiée à l'assureur qui en a la responsabilité. Celle-ci peut être investie sur divers supports : fonds euros, unités de compte. L'assurance-vie bénéficie d'un régime fiscal spécifique.
- **Le plan d'épargne entreprise (PEE)**
  C'est un dispositif d'épargne collectif permettant aux salariés d'une entreprise de placer des sommes issues de l'épargne salariale (intéressement, participation, versements volontaires) sur des supports d'investissement (fonds, actions, SICAV...). Il bénéficie d'un régime fiscal spécifique.
- **Le plan d'épargne avenir climat (PEAC)**
  C'est un produit d'épargne destiné aux moins de 21 ans, lancé en 2024 pour financer la transition écologique. Il permet d'investir dans des actifs durables avec une gestion pilotée et est exonéré de prélèvements obligatoires.

QUELS SONT LES DIFFÉRENTS SUPPORTS FINANCIERS OU CLASSES D'ACTIFS ?

Les classes d'actifs sont les titres monétaires, les actions, les obligations, les parts d'organisme de placement collectif, l'immobilier (physique et pierre papier). Les actifs financiers doivent être logés dans un compte-titres, un plan d'épargne en actions, dans un plan d'épargne retraite, un contrat d'assurance-vie, un plan d'épargne entreprise ou un plan d'épargne avenir climat. Ces actifs peuvent être également intégrés dans des fonds de placement collectif comme les SICAV ou les FCP. Les fonds indiciels, de leur côté, reproduisent les indices comme le CAC 40 ou le S&P 500. Ils peuvent également reproduire le cours d'une matière première ou d'un cryptoactif.

Les classes d'actifs s'étagent du court terme au long terme avec les titres monétaires au long terme, les obligations et les actions.

LES TITRES MONÉTAIRES

Les titres monétaires sont des instruments financiers à court terme émis par des États, des banques ou des entreprises pour répondre à leurs besoins de trésorerie. Ils sont **considérés comme peu risqués** et offrent une rémunération en relation avec les taux d'intérêt du marché monétaire. Figurent dans cette catégorie les bons du Trésor émis par l'État, les certificats de dépôt émis par les banques et les billets de trésorerie émis par les entreprises. Les particuliers accèdent aux titres monétaires essentiellement en souscrivant à des parts de SICAV monétaires. Après avoir connu un succès important dans les années 1980, elles avaient été délaissées dans les années 2000 en raison de leur faible rendement. En 2023 et 2024, elles ont connu un regain de souscription.

Les titres monétaires sont des instruments financiers à court terme émis par des États, des banques ou des entreprises pour répondre à leurs besoins de trésorerie.

LES OBLIGATIONS

Les obligations sont des titres de dette émis par une entreprise, une institution financière ou un État afin de lever des fonds. Elles donnent lieu à une rémunération qui prend la forme d'intérêts (coupon). Les taux de ces derniers peuvent être fixes ou variables. Ils peuvent par exemple être indexés sur l'inflation. Le remboursement du capital est prévu, au moment de la souscription, à une date déterminée en une seule fois ou en plusieurs fractions. Contrairement aux actions, les obligations ne confèrent aucun droit de propriété mais offrent en contrepartie une r**émunération plus prévisible et une moindre volatilité**.

L'épargnant peut au choix :

• Conserver son obligation jusqu'à son terme et récupérer la totalité du capital souscrit auquel s'ajoutent les intérêts promis à l'émission.

• Ou décider de la vendre avant son terme. Dans ce cas, la valeur de l'obligation dépend de l'évolution des taux d'intérêt ainsi que de la qualité de l'émetteur.

En temps réel, les obligations ont toutes le même rendement sur le marché financier. Pour égaliser les taux, ce sont les valeurs des obligations qui fluctuent. Elles sont actualisées pour prendre en compte la hausse ou la baisse des taux.

Exemple

Un épargnant acquiert une obligation à 10 ans dont la valeur nominale lors de l'émission est de 100 euros avec un taux du coupon ou d'intérêt de 4 % (soit 4 € de gain par an). Le taux passant de 4 à 6 % au bout de 4 ans, la valeur de l'obligation diminuera de près de 10 % s'il la revend 6 ans après.

Si le taux d'intérêt du marché passe de 4 % à 2 %, la valeur de l'obligation après 4 ans serait d'environ 111,20 €. Cela signifie qu'elle aurait augmenté de 11,2 %.

En cas de revente avant son terme, l'épargnant peut donc subir des moins-values ou des plus-values (différence entre prix d'achat et prix de vente).

LES ACTIONS

Les actions sont des titres de propriété représentant des parts du capital d'une entreprise. En achetant une action, **l'investisseur devient actionnaire** et détient ainsi une fraction du capital de l'entreprise, ce qui lui confère certains droits, notamment celui de percevoir une partie des bénéfices sous forme de dividendes et de participer aux décisions stratégiques lors des assemblées générales.

Les actions sont des titres de propriété représentant des parts du capital d'une entreprise.

Deux catégories d'actions peuvent être distinguées

- Les **actions cotées sont des titres de propriété** représentant des parts du capital d'une entreprise échangées sur un marché boursier réglementé. Son cours est fixé en temps réel durant l'ouverture de la bourse, ce qui assure une relative liquidité. Au troisième trimestre 2024, les ménages détenaient 322 milliards d'euros en actions, selon la Banque de France.
- Les **actions non cotées sont des parts de capital d'une entreprise** qui ne sont pas échangées sur un marché boursier réglementé. Contrairement aux actions cotées, ces titres ne bénéficient pas d'une liquidité immédiate. Ces actions sont souvent souscrites via le capital-investissement, le crowdfunding ou des fonds spécialisés.

La rémunération des actions est constituée par les dividendes versés par les entreprises en fonction des bénéfices réalisés. Les entreprises ont la possibilité de conserver les bénéfices pour réinvestir, de les utiliser pour effectuer des rachats d'action ou de les distribuer en totalité ou en partie.

La valeur des actions varie en bourse en fonction de l'offre et de la demande. En fonction de l'évolution de cette valeur, l'épargnant peut, en cas de vente, engranger des plus-values (valeur à la vente supérieure à celle d'achat) ou des moins-values (valeur à la vente plus faible que celle d'achat).

LE PRIVATE EQUITY

Le private equity ou capital-investissement désigne l'**investissement dans des entreprises non cotées en bourse**, généralement en échange d'une prise de participation dans leur capital. Il permet de financer leur développement, leur restructuration ou leur transmission.

Le private equity regroupe

Le capital-risque
Financement des start-up en phase de création ou d'amorçage.

Le capital-transmission (LBO)
Rachat d'entreprises par effet de levier, souvent en association avec les dirigeants.

Le capital-développement
Investissement dans des entreprises matures pour accélérer leur croissance.

Le capital-retournement
Restructuration d'entreprises en difficulté.

Le private equity est logiquement un **placement de long terme** (5 à 10 ans en moyenne) qui peut offrir un rendement potentiellement élevé, mais **avec un risque important**. La liquidité est relativement limitée.

Le private equity, principalement accessible via des fonds spécialisés, réservés initialement aux investisseurs avertis ou institutionnels, tend à se démocratiser via le crowdfunding et certains produits d'épargne (unités de compte en assurance-vie, PEA-PME, PER).

LA GESTION COLLECTIVE DE L'ÉPARGNE

Dans la gestion collective, l'**épargne est investie dans des fonds qui sont gérés par des professionnels.** La gamme des fonds est très large. Il existe des fonds spécialisés dans les titres monétaires, les obligations, les actions, l'immobilier. Des fonds peuvent évidemment combiner ces différents actifs. Les arbitrages (ventes et achats de titres) sont effectués par des professionnels au sein des fonds. Ces derniers permettent une mutualisation et l'accès à une gestion professionnelle.

LES PARTS D'ORGANISMES DE PLACEMENT COLLECTIF (OPC)

Elles occupent une place significative dans l'épargne des ménages français. Au troisième trimestre 2024, les ménages détenaient pour près de 350 milliards d'euros de parts d'OPC (actions, obligataires, immobiliers, monétaires, diversifiés)[1].

Une part d'OPC représente une fraction d'un fonds d'investissement. Contrairement aux actions qui confèrent un droit de propriété sur une entreprise, les **parts d'OPC donnent droit à une quote-part d'un portefeuille géré par une société de gestion.** Les OPC sont, en effet, des véhicules d'investissement. Les gestionnaires de ces fonds font appel à l'épargne des particuliers, des établissements financiers, des entreprises afin de constituer un capital qui sera placé sur certains supports. La gestion de ce capital (revenus et plus-values) permet de dégager des bénéfices qui seront, après prise en compte des frais de gestion, redistribués aux détenteurs de parts. Ces bénéfices sont fréquemment capitalisés.

Une part d'OPC représente une fraction d'un fonds d'investissement.

Les OPC reposent sur un principe de mutualisation, l'épargne étant investie sur plusieurs supports. En acquérant des parts d'OPC, les épargnants investissent indirectement à un grand nombre de titres sans avoir besoin d'investir dans chacun d'entre eux. Le nombre d'OPC est extrêmement important. C'est devenu un des premiers placements des ménages.

[1] Selon les données de la Banque de France.

Les OPC peuvent être majoritairement investis en titres monétaires, en obligations, en actions, en immobilier ou être diversifiés. Ils peuvent investir dans une zone géographique particulière. Ils peuvent aussi être spécialisés par activité économique (technologie, eau, santé, luxe, etc.).
Parmi les OPC, les plus connus sont les organismes de placement collectif de valeurs mobilières.

Deux formes d'OPCVM

SICAV
Sociétés d'investissement à capital variable
Société d'investissement dont l'épargnant est actionnaire. Ce support offre une plus grande transparence sur la gestion.

FCP
Fonds commun de placement
Portefeuille géré par une société de gestion, où l'investisseur détient des parts mais sans droit de vote sur la gestion.

La distinction entre SICAV et FCP est de moins en moins marquée aujourd'hui, les deux produits étant gérés de manière similaire.

LES FONDS STRUCTURÉS

Les épargnants peuvent également souscrire à des parts de fonds structurés qui peuvent concilier sous certaines conditions rendement et sécurité. Un produit structuré en épargne est un **instrument financier combinant plusieurs actifs** (actions, obligations, produits dérivés…) afin d'offrir un rendement spécifique en fonction d'un scénario de marché prédéfini. Ces fonds sont des produits d'investissement combinant plusieurs instruments financiers (actions, obligations, dérivés).

Un produit structuré est un produit hybride associant :

- **Une partie sécurisée,** souvent une obligation, pour protéger partiellement ou totalement le capital investi.
- **Une partie dynamique,** composée de produits dérivés, pour capter un potentiel de performance.

→ Le rendement dépend d'un indice de référence (par exemple Eurostoxx 50 ou CAC 40), d'un panier d'actions, d'un taux d'intérêt, ou d'autres sous-jacents.
→ Les produits structurés sont souvent conçus pour une durée déterminée (3, 5, 8 ans…).
→ Certains produits structurés peuvent garantir le capital à l'échéance (hors faillite de l'émetteur). D'autres offrent une protection partielle ou nulle en échange d'un rendement potentiellement plus élevé.

AVANTAGES

- Potentiel de rendement attractif dans certains scénarios de marché.
- Protection partielle ou totale du capital.
- Gestion de risque mesuré.

INCONVÉNIENTS

- Complexité du fonctionnement et faible liquidité avant l'échéance.
- Risque de perte en capital si la protection est partielle ou absente.
- Dépendance à la solidité de l'émetteur (banque, assureur...).

Les produits structurés sont souvent proposés en assurance-vie, en compte-titres ou via des placements bancaires dédiés.

FONDS À GESTION ALTERNATIVE

Les épargnants peuvent également acquérir des parts de fonds à gestion alternative. Ces fonds utilisent des stratégies financières avancées visant à **générer du rendement indépendamment des conditions de marché.** Ils se distinguent des fonds traditionnels en cherchant à minimiser les risques et à optimiser la performance, même en période de baisse des marchés.

	Fonds structuré	Fonds à gestion alternative
Objectifs	Offrir un rendement défini à l'avance avec une protection partielle ou totale du capital	Générer du rendement indépendamment des conditions de marché
Composition	Actions, obligations, dérivés, indices de référence	Actions, obligations, devises, matières premières, produits dérivés
Stratégie	Combinaison d'actifs financiers avec des mécanismes de garantie	Utilisation de stratégies avancées (arbitrage, vente à découvert, effet de levier)
Risque	Modéré à élevé selon le niveau de protection du capital	Élevé, car souvent moins encadré et plus spéculatif
Liquidité	Fixée à l'avance (durée de placement souvent entre 3 et 10 ans)	Variable selon le fonds (certaines stratégies peuvent limiter la liquidité)
Accessibilité	Disponible pour les épargnants via des assurances vie, PEA ou comptes-titres	Principalement réservé aux investisseurs avertis et institutionnels (hedge funds, fonds de performance absolue)

FCPI/FIP/SOFICA : COMMENT AIDER L'INVESTISSEMENT DE PROXIMITÉ, L'INNOVATION OU LE CINÉMA ?

Les épargnants ont la possibilité de financer directement l'économie tout en bénéficiant de réductions d'impôt. Plusieurs dispositifs fiscaux existent : les fonds communs de placement dans l'innovation (FCPI), les fonds d'investissement proximité (FIP), l'investissement direct dans les PME et les sociétés de financements de l'industrie cinématographique et de l'audiovisuel (SOFICA).

LES FCPI, LES FIP ET L'INVESTISSEMENT DIRECT DANS LES PME

- Les fonds communs de placement dans l'innovation (FCPI) ont pour objectif de financer le développement d'entreprises innovantes qui ne sont pas cotées en bourse. Les FCPI s'engagent à investir au moins 70 % de leur actif dans des PME à caractère innovant et respectant certains critères d'éligibilité.
- Les fonds d'investissement de proximité (FIP) sont des fonds qui investissent dans des entreprises plus matures et déjà implantées sur le marché avec comme particularité qu'ils doivent s'engager à investir au moins 70 % des fonds dans des PME non cotées exerçant leur activité dans une zone géographique choisie par le fonds.
- Les épargnants peuvent également effectuer un investissement en direct au capital de PME non cotées en acquérant des actions.

Les épargnants souscrivant à des parts de FCPI ou de FIP ou investissant en direct dans une PME ont le droit à une réduction d'impôt.

Réduction d'impôt en 2025

25 %
pour les FIP et FCPI, taux de réduction maximal.

30 %
pour les acquisitions de parts de FIP corse et de FIP outre-mer.

Ces fonds comportent des risques que l'épargnant doit prendre en compte. L'avantage fiscal ne doit pas le conduire à négliger l'étude de la rentabilité de ce type de placement. En revanche, l'épargnant contribue directement au financement des entreprises de taille moyenne avec, à la clé, de possibles belles valorisations. Il devra veiller à surveiller la qualité du gestionnaire des fonds ou celle des dirigeants des PME et le montant des frais demandés.

FINANCER LE CINÉMA AVEC LES SOFICA

Les Sociétés de financement de l'industrie cinématographique et de l'audiovisuel (SOFICA) ont été créées par la loi du 11 juillet 1985. Elles ont pour objectif de **collecter des fonds privés destinés au financement de la production cinématographique et audiovisuelle.** Les SOFICA sont créées à l'initiative de professionnels du cinéma et de l'audiovisuel ou à celle d'opérateurs du secteur bancaire et financier.

Seules les SOFICA agréées par le ministère de l'Économie et des Finances peuvent solliciter les investisseurs et leur faire bénéficier d'une réduction d'impôt. Les demandes d'agrément se font au plus tard au début de l'été et les souscriptions démarrent en septembre. La Direction générale des finances publiques (DGFIP) fixe le montant de la collecte autorisée pour chaque société en accord avec le CNC (Centre national du cinéma et de l'image animée).

Les épargnants souscrivant à des parts de SOFICA s'engagent à les conserver durant 5 ans. Si cette durée n'est pas respectée, l'avantage fiscal est supprimé. **La souscription minimale est, en règle générale de 5 000 euros** et donne lieu à des frais (de 1 à 2 % en moyenne).

L'investissement donne droit à une réduction d'impôt de 30 %. Elle peut atteindre 36 % du montant des versements nets si la SOFICA s'engage à réaliser au moins 10 % de ses investissements avant le 31 décembre de l'année suivant la souscription. Cette réduction peut même atteindre 48 % si la société consacre au moins 10 % de ses investissements à la réalisation de séries ou à l'exportation des œuvres françaises à l'étranger. **Les investissements doivent être réalisés dans un délai d'un an à compter de la création de la SOFICA.** Les SOFICA permettent une défiscalisation pouvant atteindre 8 640 euros.

L'investissement donne droit à une réduction d'impôt de 30 %.

Pour les SOFICA, le plafonnement appliqué à la réduction d'impôt est de 18 000 euros (contre 10 000 euros en général). Un contribuable ne peut pas investir, en revanche, plus de 25 % de son revenu net global dans ce dispositif de défiscalisation.

Le rendement moyen des SOFICA se situe au mieux entre 1 à 2 %. L'investissement dans les SOFICA est risqué avec un rendement aléatoire. La liquidité est faible, les parts étant bloquées cinq ans, sauf exception (accidents de la vie).

LES ETF : DES FONDS QUI SUIVENT DES INDICES

Depuis plusieurs années, les trackers ou les ETF connaissent un succès important auprès des épargnants en raison de leur simplicité et de leurs faibles frais de gestion.

Ce sont des **instruments financiers permettant de répliquer fidèlement les variations d'un indice** par exemple comme le CAC 40 ou le S&P 500, à la hausse comme à la baisse. Les ETF peuvent répliquer le cours d'une matière première, de l'or, du cours du pétrole, etc.

Ils prennent la forme d'OPCVM indiciels dont les épargnants acquièrent des parts. Ces fonds peuvent suivre tous les indices des principales places financières : actions, matières premières, énergie...

Simples à constituer et donnant lieu à peu d'arbitrages, **les ETF sont soumis à des frais de gestion relativement faibles.** Un nombre non négligeable d'ETF peut être souscrit dans le cadre d'un compte-titres, d'un plan d'épargne en actions ou d'un contrat d'assurance-vie via des unités de compte. Avec les ETF, l'épargnant n'a pas besoin de détenir physiquement les actions ou les matières. Ils répliquent la performance boursière en temps quasi réel.

Plusieurs catégories d'ETF existent :

- **ETF actions :** ils suivent un indice boursier et permettent une diversification immédiate.
- **ETF obligataires :** ils répliquent des indices de taux d'intérêt.
- **ETF sectoriels :** ils se concentrent sur un secteur spécifique (technologie, énergie, santé).
- **ETF ESG :** ils sélectionnent des entreprises respectant des critères environnementaux, sociaux et de gouvernance.
- **ETF matières premières ou or :** ils suivent le cours des matières premières ou énergie (or, pétrole, argent, blé, cuivre, etc.).
- **ETF sur les devises ou les cryptoactifs** comme le bitcoin.

Les frais de gestions se situent en règle générale entre 0,1 et 0,65 % contre 1 à 2 % pour un OPCM traditionnel. Le portefeuille est par nature transparent. **L'épargnant a la possibilité d'acheter et de revendre en continu.**

Les chiffres clés des ETF

2,8 millions
de transactions sur des ETF ont été enregistrées en 2023.

5,2 millions
de transactions sur des ETF ont été enregistrées en 2024.

45 %
des investisseurs actifs français sur les ETF sont âgés de 25 à 35 ans au premier semestre 2024.

Source : Autorité des marchés financiers (AMF).

LES PRODUITS DÉRIVÉS

En épargne, un produit dérivé est un **instrument financier dont la valeur dépend d'un actif sous-jacent.** Cet actif peut être une action, une obligation, un indice boursier, une matière première, une devise, ou même un taux d'intérêt. Il est dit « dérivé » car son prix découle de l'évolution du prix de cet actif sous-jacent.
Les produits dérivés les plus fréquents incluent les options, les *futures*, les *swaps* et les *forwards*. Ces produits peuvent être utilisés pour la couverture des risques (*hedging*), la spéculation ou encore l'arbitrage.

Un investisseur peut acheter une option lui donnant le droit d'acheter ou de vendre une action à un prix fixé à l'avance. Des produits dérivés permettent de se couvrir de l'inflation ou des variations de change. Certains placements bancaires intègrent des produits dérivés, permettant d'offrir une protection partielle du capital tout en captant une partie de la performance d'un indice boursier. Certains fonds d'investissement utilisent ces contrats pour gérer leur exposition aux marchés financiers.

Des produits dérivés permettent de se couvrir de l'inflation ou des variations de change.

En épargne grand public, **les produits dérivés sont souvent intégrés dans des placements structurés vendus par les banques ou les assureurs**, mais ils peuvent aussi être accessibles via des fonds communs de placement en obligations ou en actions. Ils permettent donc d'accéder à des stratégies de gestion avancées, mais comportent souvent un risque plus élevé que des placements classiques comme un livret d'épargne ou une assurance-vie en fonds euros.

Chapitre 5

LES DIFFÉRENTS PLACEMENTS IMMOBILIERS

Les Français sont attachés à la pierre, le placement immobilier le plus recherché. Ces dernières années, le prix des logements a fortement augmenté en lien avec la raréfaction du foncier et une forte demande. Cette augmentation des prix rend plus difficile l'acquisition d'un bien en particulier pour les primo-accédants surtout quand les taux d'intérêt sont élevés.

QUELLE EST LA PROPORTION DE BAILLEURS INDIVIDUELS EN FRANCE ?

Le placement immobilier est jugé attractif par de nombreux ménages : 10 % ont acquis un bien afin de le louer et d'en tirer des revenus. Avec les taux d'intérêt faibles entre 2016 et 2022, de nombreux ménages ont acquis des biens immobiliers en vue de louer. L'essor des plateformes en ligne comme Airbnb a eu comme conséquence l'essor des locations saisonnières, celles-ci pouvant concerner la résidence principale ou un bien locatif.

QUAND FAUT-IL SE CONSTITUER UN PATRIMOINE IMMOBILIER ?

L'acquisition de la résidence principale est considérée comme une voie de passage obligée pour de nombreux ménages tant dans le cadre de la constitution d'un patrimoine que dans la préparation de la retraite.

POURQUOI UN PATRIMOINE IMMOBILIER ?

L'immobilier a toujours été considéré comme une valeur refuge. La possession de la résidence principale est jugée comme une sécurité pour de nombreux ménages. Elle répond aussi à un objectif de transmission d'un patrimoine aux enfants. L'acquisition de biens immobiliers en vue de la location vise tout à la fois à diversifier ses revenus et à se constituer un patrimoine. Ces projets peuvent, en outre, bénéficier d'un effet de levier, les loyers permettant de rembourser l'emprunt. Ces dernières années, les prix de l'immobilier ont fortement augmenté permettant de générer des plus-values non négligeables.

L'acquisition de biens immobiliers en vue de la location vise à diversifier ses revenus et à se constituer un patrimoine.

L'immobilier n'est pas toujours facilement mobilisable en cas de besoin rapide de liquidités. Les délais de revente sont à prendre en considération. La rentabilité de l'investissement locatif peut s'avérer faible. L'investisseur doit prendre en compte l'ensemble des charges et les impôts. La rentabilité nette de charges et d'impôts se situe en moyenne autour de 3 %. Dans les grandes agglomérations comme Paris, la rentabilité se rapproche de 1 %.

La rentabilité de l'investissement locatif peut s'avérer faible.

L'immobilier est sujet également à des crises. Entre 1992 et 1995, les prix de l'immobilier avaient perdu plus de 40 % à Paris. La crise des subprimes en 2008-2009 est au départ une crise immobilière. L'immobilier est sensible à l'évolution des taux d'intérêt. Quand ceux-ci augmentent, le prix de l'immobilier a tendance à baisser.

Après prise en compte de l'ensemble des charges et impôts associés à l'immobilier locatif, l**e retour sur investissement peut se révéler long**, tout particulièrement dans les grandes agglomérations. La location est beaucoup plus souple et peut être plus intéressante.

L'acquisition de la propriété intervient fréquemment avec l'arrivée des premiers enfants dans la trentaine même si l'augmentation du prix de l'immobilier a limité les capacités financières des primo-accédants.

COMMENT INVESTIR DANS L'IMMOBILIER LOCATIF ?

Les ménages ont plusieurs solutions pour investir directement dans l'immobilier à des fins locatives. Certes, depuis le 31 décembre 2024, le dispositif Pinel n'a pas été reconduit mais d'autres dispositifs demeurent : **le dispositif Denormandie, le dispositif Girardin et l'investissement Malraux monuments historiques.**

Rappel du dispositif loi Pinel

Depuis 1984, le législateur a, en France, mis en place des dispositifs d'incitation fiscale en faveur de l'immobilier locatif. Se sont ainsi succédé les dispositifs Quilès, Méhaignerie, Robien, Duflot, Scellier, Pinel et Pinel+. Le dispositif Pinel n'ayant pas été reconduit, il a pris fin le 31 décembre 2024. Il n'est plus possible, depuis cette date, d'en bénéficier pour un nouvel investissement immobilier locatif. En revanche, les contribuables ayant opté pour ce dispositif avant le 31 décembre 2024 continuent à en bénéficier jusqu'à son terme.

LE DISPOSITIF GIRARDIN

Le dispositif Girardin est un mécanisme de défiscalisation créé en 2003 **pour encourager l'investissement privé dans les territoires d'outre-mer** (DOM, COM). Il vise à soutenir le développement économique de ces territoires souvent confrontés à des surcoûts et à des retards d'investissement. Depuis 2018 ne subsiste plus que le volet industriel du Girardin, le volet immobilier n'ayant pas été reconduit.

Via une société de portage, vous financez du matériel industriel qui sera loué à une entreprise locale. En contrepartie, vous bénéficiez d'une réduction d'impôt. **Ce dispositif est disponible jusqu'en 2029.** Le secteur professionnel de l'entreprise doit concerner des activités industrielles, commerciales, artisanales ou agricoles.

L'investissement en Girardin industriel se caractérise par l'acquisition de parts sociales d'une société pendant une durée minimale de 5 ans. Le matériel acquis est ainsi loué pendant 5 ans à l'entreprise bénéficiaire, puis lui est cédé pour 1 €. La société de portage est alors dissoute.

La spécificité de ce dispositif de défiscalisation réside dans la réduction d'impôt conséquente en une seule fois, obtenue en intégralité dès l'année suivant l'investissement. C'est d'ailleurs le seul bénéfice de l'opération puisque les sommes sont placées à fonds perdu.

Le dispositif Girardin industriel permet de réduire l'impôt des personnes soumises à un impôt sur le revenu important. Plus l'investissement initial est élevé et plus le bénéfice tiré de l'opération sera grand, sans toutefois pouvoir dépasser les plafonds des réductions d'impôt fixé à 10 000 €.

AVANTAGES

- Réduction d'impôt très importante.
- Soutien économique aux territoires ultramarins.

INCONVÉNIENTS

- Risque de requalification fiscale (si l'exploitation du bien cesse avant la durée minimale).
- Risque juridique (lié au montage ou à la non-conformité des projets).
- Absence de récupération de capital : c'est un investissement à fonds perdu, uniquement motivé par la défiscalisation.

LE DISPOSITIF MALRAUX

Entré en vigueur en 1962, le dispositif Malraux propose une **réduction d'impôt aux investisseurs réalisant des travaux importants sur des immeubles implantés en zone d'urbanisme protégée.** Ce dispositif d'incitation fiscale vise à encourager l'entretien et la préservation du patrimoine architectural et historique français. Il est plus spécifiquement réservé aux contribuables fortement fiscalisés et disposant d'une enveloppe financière conséquente. L'investissement peut se faire en direct ou indirectement, via l'acquisition de parts sociales d'une SCPI Malraux. Dans cette seconde hypothèse, seuls les fonds affectés aux dépenses de travaux font l'objet d'une réduction fiscale, à l'exclusion des dépenses engagées pour l'achat des titres. En contrepartie de travaux de rénovation et d'un engagement de mise en location de 9 ans, une réduction d'impôt est prévue. Elle est calculée sur le montant des dépenses engagées. Son taux diffère selon la zone d'implantation du bien, variant de 22 à 30 %.

Ce dispositif d'incitation fiscale vise à encourager l'entretien et la préservation du patrimoine architectural et historique français

Le dispositif Malraux offre comme avantage de ne pas être intégré dans le calcul du plafonnement des niches fiscales. Toutefois, la réduction d'impôt est plafonnée. Le plafond a été fixé à 400 000 € de frais de travaux, sur une durée de 4 ans, à compter de la demande de permis de construire ou à partir de la date de souscription des parts dans une SCPI Malraux. Les déficits fonciers se répercutent sur plusieurs années et sur le revenu global dans certaines limites. Il n'est pas possible, en revanche, de cumuler la réduction d'impôt obtenue avec celles proposées par un investissement en loi Pinel, en loi Denormandie ou en Girardin social.

Le dispositif Malraux offre comme avantage de ne pas être intégré dans le calcul du plafonnement des niches fiscales.

Dans un investissement Malraux, l'investisseur doit regarder de près la rentabilité. Les biens éligibles sont rares et donc chers. Les travaux sont fortement encadrés du fait du caractère historique des biens et peuvent se révéler coûteux ce qui réduit fortement le rendement de l'investissement.

AVANTAGES

- Les loyers ne sont pas plafonnés comme pour le Pinel ou le Denormandie.
- Souvent situés en centres-villes, les logements trouvent en règle générale facilement preneurs.

INCONVÉNIENTS

- Si logiquement les travaux de rénovation d'un bien viennent en diminution de la base imposable de la plus-value, ce n'est pas le cas pour la loi Malraux. Les travaux ayant déjà donné droit à une réduction fiscale, ils ne viendront pas en déduction de la plus-value immobilière.
- L'investissement en loi Malraux doit donc se concevoir comme un investissement de long terme, pour bénéficier des abattements sur l'impôt sur le revenu et les prélèvements sociaux liés à la durée de détention.

LE DISPOSITIF DENORMANDIE

Il s'inscrit dans le cadre des dispositifs d'incitation fiscale en faveur de l'investissement immobilier locatif. Il vise à encourager les ménages à financer la rénovation de logements de ville. Plus de 222 communes sont ainsi éligibles au dispositif « Denormandie ». Le logement concerné doit être un logement non meublé devant être loué comme habitation principale sur une période longue durée, pendant 6, 9 ou 12 ans. Les travaux doivent représenter au moins 25 % du coût total de l'opération.

Les logements concernés doivent se situer au sein de communes labellisées dans le cadre du programme national « Action cœur de ville ».

Quand les biens sont mis en location, le montant du loyer (charges comprises) est encadré en fonction d'un barème déterminé par les pouvoirs publics. Par ailleurs, un plafond de ressources est également retenu pour les locataires.

La réduction d'impôt varie en fonction de la durée de location.

Location pendant 6 ans
Réduction d'impôt
de **12 %** du prix du bien.

Location pendant 9 ans
Réduction d'impôt
de **18 %** du prix du bien.

Location pendant 12 ans
Réduction d'impôt
de **21 %** du prix du bien.

La réduction d'impôt « Denormandie » est plafonnée à un investissement maximum de 300 000 € et de 5 500 m² de surface habitable. En cas de dépassement de ces seuils, la fraction des montants les dépassant n'est pas prise en compte dans la base de calcul de la réduction d'impôt.

AVANTAGES

- Ce dispositif permet d'acquérir un bien plus facilement qu'avec le dispositif Pinel qui ne concerne que les logements neufs en périphérie des villes.
- Les investisseurs peuvent acheter un bien en centre-ville avec une décote d'au moins 20 % par rapport au neuf d'autant plus que des travaux sont à réaliser.
- Les biens concernés sont susceptibles de se louer plus facilement que ceux se situant dans des quartiers moins bien desservis par les transports publics.
- Les biens en centre-ville sont également censés mieux se revendre.

INCONVÉNIENTS

- Le coût éventuel des travaux est à prendre en compte : les investisseurs peuvent subir des dérives de coûts de travaux surtout avec la résurgence de l'inflation.
- Par ailleurs, les délais pour leur réalisation s'allongent, ce qui peut remettre en cause l'équation financière du projet.
- Comme pour le Pinel, les plafonds de ressources et de loyers peuvent réduire la rentabilité.
- Le propriétaire doit faire attention à la localisation du bien afin d'éviter un taux de vacance élevé ou une rotation importante des locataires. Une étude sur l'évolution du marché locatif de la ville choisie est nécessaire.
- Il faut également veiller à la bonne qualité des travaux pour éviter toute mauvaise surprise notamment au moment de l'éventuelle revente.

AUTRES MOYENS POUR FACILITER LA CONSTITUTION D'UN PATRIMOINE IMMOBILIER

LE PRÊT À TAUX ZÉRO

Le prêt à taux zéro (PTZ) est un **prêt aidé par l'État pour lequel aucun intérêt et aucun frais ne sont exigés.** Le PTZ est réservé au financement de l'achat ou la construction de la résidence principale. Ce dispositif est réservé aux ménages dont les revenus ne dépassent pas un plafond de ressources. Le PTZ ne peut pas financer la totalité de l'achat du bien immobilier, il doit donc être complété par un crédit immobilier.

Un PTZ peut être accordé pour :

- **L'acquisition d'un logement ancien** situé en zone détendue (voir encadré sur le système de zonage ci-après), à condition de réaliser des travaux (pour un certain montant) permettant une amélioration de la performance énergétique.
- **L'acquisition ou la construction d'un logement neuf** en immeubles collectifs d'habitation situés en zone tendue.
- **L'acquisition du logement social** déjà occupé.
- **L'acquisition d'un logement réalisée** dans le cadre d'un contrat de location-accession.
- **L'acquisition de droits réels immobiliers** dans le cadre d'un bail réel solidaire.
- **L'acquisition d'un logement dans le cadre d'un contrat d'accession** à la propriété avec un taux réduit de TVA.
- **La transformation d'un local** existant en logement.

Le plafond de ressources dépend du lieu du logement dont l'acquisition ou la construction est prévue et du nombre de personnes à charge.

Depuis le 1er avril 2025, le PTZ é été étendu à toute la France, y compris aux maisons, pour l'achat de logements neufs.

DROITS DE MUTATION À TITRE GRATUIT SUR LES DONATIONS EN VUE DE L'ACQUISITION D'UN LOGEMENT NEUF

La loi de finances pour 2025 a prévu une **exonération des droits de mutation pour les donations dans la limite de 100 000 € par donateur aux enfants et aux petits-enfants primo-accédants** acquérant ou construisant un logement neuf. La loi fixe un plafond total de 300 000 € par bénéficiaire. Les sommes reçues doivent être employées, dans un délai de six mois après la donation, pour l'achat ou la construction d'une résidence principale neuve ou en état futur d'achèvement (VEFA) ou des travaux de rénovation énergétique sur la résidence principale déjà détenue par le bénéficiaire. Cette donation doit servir exclusivement à l'acquisition ou à la réalisation de travaux de rénovation énergétique de la résidence principale. **Le bénéficiaire doit conserver le bien pendant au moins 3 ans après son acquisition ou la fin des travaux.** Ce dispositif ne s'applique qu'entre le 1er janvier 2025 et 31 décembre 2026. Cette exonération de droits de mutation peut se cumuler avec celle en vigueur pour les donations traditionnelles.

ACHATS DE LOGEMENTS DANS DES RÉSIDENCES DE SERVICES

Des formules d'achat de biens immobiliers permettent de réduire les risques ou les coûts au niveau de l'investissement. Un épargnant a la possibilité d'investir dans des résidences de service étudiantes ou seniors en acquérant un logement auprès d'une société spécialisée.

AVANTAGES

- La société en charge de la résidence s'occupe de toute la gestion des logements.
- Cette société peut garantir le versement d'un loyer, que le bien soit occupé ou pas.
- L'entretien est réalisé par la société.
- L'investisseur peut opter pour le statut de loueur en meublé non professionnel (LMNP) ou de loueur en meublé professionnel (LMP), ce qui limite fortement l'imposition des revenus.

INCONVÉNIENTS

- Les frais de gestion peuvent être élevés.
- La rentabilité est variable.
- La revente peut être compliquée.

ACHATS GROUPÉS

Ils permettent à des ménages d'acquérir en commun un logement qu'ils peuvent utiliser à tour de rôle ou louer. Cette solution offre l'avantage de diviser le coût et les charges d'un bien immobilier. Les associés doivent s'accorder sur les périodes éventuelles d'utilisation et de location et fixer les règles de répartition de toutes les charges. Un accord devant un notaire ou un avocat est recommandé.

LE CROWDFUNDING IMMOBILIER

Il permet aux particuliers et aux professionnels d'investir collectivement dans des projets immobiliers en ligne. Le recours au crowdfunding permet aux promoteurs d'améliorer leurs fonds propres et de négocier plus facilement leurs lignes de crédit avec les banques.

Les particuliers peuvent soit participer au financement d'un projet, soit contribuer au financement du promoteur. Dans le premier cas, le risque porte sur le projet quand, sur le second, il repose sur l'ensemble des activités du promoteur. Le taux de rémunération des prêts peut atteindre jusqu'à 10 %. Les investisseurs récupèrent le montant de leur souscription ainsi que les intérêts perçus une fois que le projet est terminé et commercialisé (en général entre 12 et 24 mois).

Le crowdfunding ne se limite pas à l'immobilier. Le financement participatif concerne également le financement d'entreprises que ce soit sous forme d'obligations, de prêts ou d'actions. L'immobilier représente néanmoins 70 % de la collecte.

AVANTAGES

- Simplicité en utilisant des plateformes en ligne.
- Rendement pouvant être attractif.

INCONVÉNIENTS

- Risques de fraude (faire attention à l'honorabilité de la plateforme).
- Risque de perte de capital.
- Rendement pouvant être aléatoire.

LA « PIERRE PAPIER »

Elle permet aux épargnants d'investir dans l'immobilier sans avoir à gérer au quotidien des locataires et l'entretien. Ils versent leur épargne à un fonds qui s'occupe d'acheter des logements, des bureaux, des murs de commerces, etc. – neufs ou anciens – et de les entretenir. La rémunération du placement est réalisée à partir du versement des loyers et les éventuelles plus-values après la prise en compte des charges. **Le placement pierre papier le plus connu est la société civile de placement immobilière (SCPI)**. La SCPI est une structure d'investissement de placement collectif. La société de gestion s'occupe de collecter des fonds auprès de particuliers ou d'institutionnels, de trouver des biens immobiliers dans lesquels investir (existants ou à construire), de gérer ce parc immobilier, puis de redistribuer les loyers ainsi que les plus-values à ses porteurs de parts (« associés »).

Après une période de reflux, le marché des SCPI a renoué avec une forte croissance depuis le début des années 2010. Face à la baisse du rendement des produits de taux, il est devenu une solution alternative pour un nombre croissant d'épargnants.

Deux types de SCPI

SCPI DE RENDEMENT
L'objectif principal est de verser des revenus réguliers, sachant que l'appréciation des parts pourra être moindre.

SCPI FISCALES
Elles permettent à leurs souscripteurs de bénéficier des avantages fiscaux dont peut bénéficier l'immobilier locatif (Pinel ou Malraux par exemple).

AVANTAGES

- Accessibilité : il est possible d'investir avec quelques centaines ou milliers d'euros, bien moins qu'un achat immobilier classique.
- Diversification : une SCPI détient de nombreux biens (bureaux, commerces, santé, logistique…) répartis sur plusieurs zones géographiques (France, Europe).
- Gestion déléguée : aucun souci de gestion locative. Les gestionnaires du fonds s'occupent d'acquérir les biens, de trouver les locataires, d'effectuer les travaux, et le cas échéant de les vendre pour dégager des plus-values.
- Rendements attractifs autour de 4 à 6,5 % en moyenne.
- Effet de levier possible : il est possible d'acheter des parts de SCPI à crédit, pour maximiser l'effet de levier de l'emprunt.

INCONVÉNIENTS

- Frais élevés à l'entrée souvent 8 % à 12 % du montant investi.
- Risque de perte en capital : la valeur des parts peut baisser si le marché immobilier ou la gestion sont mauvais.
- Liquidité limitée : les SCPI ne sont pas cotées en bourse : vendre ses parts peut prendre du temps (quelques semaines à quelques mois selon la SCPI).
- Frais de gestion annuels : pouvant atteindre 10 %.
- Fiscalité lourde pour les SCPI : (IR + prélèvements sociaux à 17,2 % + impôt sur la fortune immobilière).
- Sensibilité au cycle immobilier.

Comment se calcule la rentabilité d'un investissement immobilier locatif ?

La rentabilité d'un bien immobilier locatif est un indicateur clé pour mesurer la performance de l'investissement immobilier. Elle peut être calculée selon différents niveaux de précision, chacun tenant compte de divers facteurs financiers. Il faut en effet distinguer :

LA RENTABILITÉ BRUTE LA RENTABILITÉ NETTE LA RENTABILITÉ NETTE-NETTE

LA RENTABILITÉ BRUTE

La rentabilité brute offre **une première estimation de la performance de l'investissement**, sans considérer les charges et les taxes.

formule

$$\frac{\text{loyer annuel brut}}{\text{coût total d'acquisition}} \times 100$$

Le coût total d'acquisition comprend le prix d'achat du bien, incluant les frais de notaire, les frais d'agence et les éventuels travaux.

Exemple

Prix d'achat total : 300 000 €
Loyer mensuel : 900 €
Loyer annuel : 900 € × 12 = 10 800 €
Rentabilité brute : (10 800 €/300 000 €) × 100 ≈ 3,6 %

LA RENTABILITÉ NETTE DE CHARGES

Cette mesure affine le calcul en déduisant les charges non récupérables liées à la propriété du bien.

Charges non récupérables :

- Taxe foncière
- Charges de copropriété non récupérables
- Frais de gestion locative
- Assurance propriétaire non occupant
- Intérêts des emprunts

formule

$$\frac{\text{loyer annuel brut - charges non récupérables}}{\text{coût total d'acquisition}} \times 100$$

Exemple

Loyer annuel : 10 800 €
Taxe foncière : 500 €
Charges non récupérables : 400 €
Frais de gestion (6 % du loyer annuel) : 648 €
Intérêts annuels : 3 600 € par an en moyenne pour un prêt de 200 000 € sur dix ans avec un TEG de 3,4 %
Total des charges : 5 148 €
Loyer net : 10 800 € - 5 148 € = 5 652 €
Rentabilité nette de charges : (5 652 €/300 000 €) x 100 ≈ 1,8 %

LA RENTABILITÉ NETTE-NETTE (OU RENTABILITÉ NETTE APRÈS IMPÔTS)

La rentabilité nette-nette prend en compte l'ensemble des charges, y compris la fiscalité.

formule

$$\frac{\text{loyer annuel brut - charges non récupérables - impôts et prélèvement sociaux}}{\text{coût total d'acquisition}} \times 100$$

LOCATION MEUBLÉE/LOCATION NON MEUBLÉE : QUELLES DIFFÉRENCES ?

Les propriétaires s'engagent soit dans la location meublée, soit dans la location non meublée. Ces dernières années, la location meublée a été privilégiée en raison de sa souplesse et de son régime fiscal jugé plus attractif.

Pour être considéré comme meublé, un logement doit être équipé d'un mobilier suffisant pour permettre au locataire d'y vivre immédiatement, sans avoir à acheter d'équipements essentiels.

QUELS SONT LES DIFFÉRENTS RÉGIMES FISCAUX DE L'IMMOBILIER ?

L'investisseur dans l'immobilier locatif a, à sa disposition, plusieurs régimes fiscaux. Leur choix peut avoir des effets importants sur la rentabilité. La fiscalité diffère en fonction de la nature du bien (meublé ou non) et en fonction de son utilisation (touristique ou non).

LES LOCATIONS NUES (NON MEUBLÉES)

Les loyers sont imposés dans la catégorie des revenus fonciers.

- Le propriétaire peut opter pour le **régime microfoncier** si le plafond de loyer ne dépasse pas 15 000 € par an. Il bénéficie alors d'un abattement forfaitaire de 50 % si le bien est en zone tendue avec encadrement des loyers. Ce taux est de 30 % dans les autres cas. Ce régime est simple mais il n'offre pas la possibilité de déduire les charges réelles. Il est intéressant si ces dernières sont inférieures à 30 % voire à 50 % du montant des loyers perçus.
- Le propriétaire peut choisir le **régime réel** qui devient obligatoire si les loyers excèdent 15 000 € par an. Avec ce régime, il peut déduire l'ensemble des charges (travaux, intérêts d'emprunt, charges de copropriété, taxe foncière, etc.). Il a la possibilité de déduire le déficit foncier imputable sur le revenu global jusqu'à 10 700 €/an. Si le déficit est supérieur, il est reportable sur 10 ans. Ce régime demande une tenue de comptabilité des charges. Il est recommandé si celles-ci dépassent 30 % à 50 % des loyers.

LOCATION MEUBLÉE

Les revenus sont imposés en BIC (bénéfices industriels et commerciaux).

- Dans le cadre des **micro-BIC**, les loyers ne doivent pas dépasser 77 700 € par an. Les meublés de tourisme classés bénéficient d'un abattement de 50 % (au lieu de 71 % auparavant) et les meublés de tourisme non classé d'un abattement de 30 % (au lieu de 50 %). Les autres locations meublées se voient également appliquer un abattement de 50 %. Ce régime est intéressant si les charges sont faibles.
- **Le régime réel sur option** jusqu'à 77 700 € de revenus locatifs par an devient obligatoire si les loyers sont supérieurs à cette somme. Le propriétaire peut déduire les charges réelles (travaux, intérêts, frais de gestion, etc.). Il peut amortir le bien immobilier et les meubles, ce qui lui permet en règle générale de ne pas être imposé sur les revenus fonciers ainsi générés et cela pendant plusieurs années. Les déficits fonciers peuvent être imputés sur les revenus BIC mais pas sur le revenu global. Ce régime est recommandé pour optimiser la fiscalité et éviter l'impôt sur les loyers.

LOUEUR EN MEUBLÉ NON PROFESSIONNEL OU LOUEUR EN MEUBLÉ PROFESSIONNEL ?

L'investisseur peut choisir en cas de location de meublés deux statuts fiscaux : celui de loueur en meublé non professionnel (LMNP) ou de loueur en meublé professionnel (LMP). Ces deux statuts nécessitent un enregistrement de son activité auprès du guichet unique de l'Institut national de la propriété industrielle (INPI).

LOUEUR EN MEUBLÉ NON PROFESSIONNEL (LMNP)

Ce qu'il faut savoir

- Accessible si les revenus locatifs sont inférieurs à 23 000 € ou inférieurs à 50 % des revenus du foyer.
- Accès au micro-BIC ou régime réel.
- Amortissement possible du bien et des meubles.
- Fiscalité avantageuse avec souvent peu ou pas d'impôt.
- Nécessité de tenir une comptabilité pour les propriétaires choisissant le régime réel pour la fiscalité.

Le propriétaire n'a pas à s'inscrire au registre du commerce et des sociétés (RCS) en tant que loueur professionnel. Il doit remplir le formulaire P0i (cerfa n°11921*07) dans les 15 jours suivant le début de l'activité.

LOUEUR EN MEUBLÉ PROFESSIONNEL (LMP)

Ce qu'il faut savoir

- Revenus locatifs supérieurs à 23 000 € par an et supérieur aux autres revenus d'activité du foyer fiscal.
- Régime réel obligatoire.
- Possibilité d'exonération d'impôt sur les plus-values après 5 ans d'exploitation et de l'impôt sur la fortune immobilière.
- Nécessité de tenir une comptabilité.

Ce dernier statut est recommandé pour ceux qui souhaitent faire du locatif une activité principale.
Le propriétaire doit être inscrit au registre du commerce et des sociétés (RCS) en tant que loueur professionnel. Il doit remplir le formulaire P0 CMB (cerfa n° 11676*15) afin de s'immatriculer en tant que professionnel.

COMMENT LOUER EN SAISONNIER ?

En France, plus d'un million de logements sont loués via des plateformes de mises en relation comme Airbnb ou Abritel. La réglementation des locations saisonnières en France distingue les résidences principales des résidences secondaires, avec des obligations spécifiques pour chaque cas.

CONDITIONS POUR LOUER EN MEUBLÉ DE TOURISME LA RÉSIDENCE PRINCIPALE

Durée de location limitée jusqu'à 120 jours par an. Depuis le 1er janvier 2025, les communes peuvent réduire cette limite à 90 jours par an.
Déclaration en mairie. Dans certaines communes, une déclaration préalable en mairie est obligatoire : le loueur doit obtenir un numéro d'enregistrement et l'afficher sur ses annonces de location.

CONDITIONS POUR LOUER À TITRE SAISONNIER LA RÉSIDENCE SECONDAIRE

La résidence secondaire est un logement occupé par son propriétaire moins de 8 mois par an.
Déclaration obligatoire. Le propriétaire doit déclarer sa résidence secondaire en mairie en tant que meublé de tourisme. Cette démarche obligatoire peut être effectuée en ligne ou via le formulaire Cerfa n° 14004.
Autorisation de changement d'usage. Dans les communes de plus de 200 000 habitants et certaines zones spécifiques, une autorisation de changement d'usage peut être requise. Elle peut être soumise à des conditions, telles que la compensation par la transformation de locaux commerciaux en logements.
Numéro d'enregistrement. Comme pour les résidences principales, certaines communes exigent un numéro d'enregistrement pour les résidences secondaires mises en location saisonnière.

DIAGNOSTIC DE PERFORMANCE ÉNERGÉTIQUE (DPE)

Depuis le 21 novembre 2024, un DPE est requis pour tout logement proposé en meublé de tourisme dans les zones tendues et soumis à autorisation de changement d'usage.

DÉCLARATION OBLIGATOIRE DES MEUBLÉS DE TOURISME

Avant le 20 mai 2026, tous les propriétaires proposant des meublés de tourisme devront enregistrer leur logement via un téléservice national dédié. Ils devront fournir une preuve que le logement constitue leur résidence principale, notamment en présentant un avis d'imposition à leur nom avec l'adresse du bien loué. La déclaration s'applique également aux résidences secondaires.

SANCTIONS EN CAS DE NON-RESPECT

Le non-respect des obligations légales peut entraîner des sanctions : des amendes pouvant aller jusqu'à 50 000 € pour une location sans autorisation préalable, ou 10 000 € si la durée maximale de location est dépassée.

TAXE FONCIÈRE, TAXE D'HABITATION, QU'EN EST-IL ?

Les propriétaires doivent acquitter la taxe foncière qui a tendance à augmenter dans de nombreuses communes. **Pour la résidence secondaire et pour tout logement qui n'est pas loué à l'année, ils sont contraints d'acquitter la taxe d'habitation.** De nombreuses communes ont décidé d'appliquer des majorations pouvant atteindre 60 %. Si le logement est vide, le propriétaire peut être redevable d'une taxe sur les logements vacants (TLV).

Dans les communes hors TLV, une taxe d'habitation peut s'appliquer aux logements vacants depuis plus de deux ans au 1er janvier. Les propriétaires doivent se renseigner auprès de leur commune et des services fiscaux pour connaître leurs obligations et exonérations éventuelles.

L'IMPÔT SUR LA FORTUNE IMMOBILIÈRE : QUELLES SONT LES RÈGLES ?

L'impôt sur la fortune immobilière (IFI) **concerne les biens immobiliers détenus directement ou indirectement par les contribuables dont la valeur nette du patrimoine immobilier dépasse 1,3 million d'euros.** Toutefois, plusieurs abattements et décotes permettent de réduire la base taxable. Le barème de cet impôt s'applique à compter d'une valeur nette taxable de 800 000 €.

BARÈME DE L'IFI

Fraction de la valeur nette taxable du patrimoine	Taux applicable
Jusqu'à 800 000 €	0 %
Entre 800 001 € et 1 300 000 €	0,50 %
Entre 1 300 001 € et 2 570 000 €	0,70 %
Entre 2 570 001 € et 5 000 000 €	1 %
Entre 5 000 001 € et 10 000 000 €	1,25 %
Supérieure à 10 000 000 €	1,50 %

La résidence principale bénéficie d'un abattement de 30 % sur sa valeur vénale. Cet abattement ne s'applique que si le bien est détenu en direct. Si la résidence principale est détenue via une SCI (société civile immobilière), elle est exclue de cet abattement sauf si la SCI est transparente fiscalement.

Si un bien immobilier est détenu en indivision, la valeur imposable pour chaque indivisaire peut être réduite en fonction de la difficulté de revente d'une part indivise. L'administration fiscale accepte, en règle générale, un abattement de 10 à 20 % selon les situations. Il doit être justifié par un expert immobilier.

Si un bien immobilier est mis en location nue, sa valeur imposable peut être réduite de 10 à 20 %, en raison de la contrainte du bail et de la difficulté de vendre le bien occupé.

Si le bien est loué sous un bail commercial ou professionnel de longue durée, la décote peut aller jusqu'à 30 %. La location doit être effective et continue. Un bail à un proche (descendant ou ascendant) ne permet pas d'appliquer cet abattement.

En cas de détention du bien immobilier via une SCI ou une SCPI, la valeur des parts est souvent décotée de 10 à 20 %, voire plus, pour les raisons suivantes : la vente des parts est plus compliquée que celle d'un bien immobilier ; les statuts de la SCI peuvent contenir des restrictions (agrément des associés, impossibilité de vendre librement, etc.). La décote peut être plus élevée pour les détenteurs minoritaires. Pour un détenteur de 500 000 € de parts d'une SCI, après application d'une décote de 15 %, la valeur taxable, l'IFI est dû sur une valeur de 425 000 €.

Comment un propriétaire peut-il alléger son IFI ?

- Utiliser l'abattement de 30 % sur la résidence principale (ce qui implique de ne pas la mettre en SCI).
- Diminuer la valeur taxable via la location (bail long = décote).
- Investir via une SCI ou SCPI pour bénéficier d'une décote sur les parts.
- Démembrer la propriété avec ses enfants.
- Bénéficier du statut de loueur en meublé professionnel.
- Créer une société de résidence de tourisme en cas de patrimoine doté de plusieurs maisons et ayant vocation à être louées.
- Faire expertiser les biens pour justifier les décotes en cas de contrôle fiscal.
- Déduire toutes les dettes immobilières légitimes pour réduire l'assiette imposable.

COMMENT SE CALCULE LA PLUS-VALUE D'UN BIEN IMMOBILIER ?

La plus-value immobilière correspond à la différence entre le prix de vente et le prix d'acquisition, après prise en compte des frais et charges déductibles.
Le prix de vente est celui mentionné dans l'acte de vente. Il peut être diminué des frais directement liés à la cession (exemple : commission d'agence payée par le vendeur).

Pour le prix d'acquisition, deux cas doivent être distingués :
- **L'achat classique.** Il s'agit alors du prix d'achat inscrit dans l'acte auquel sont ajoutés les frais d'acquisition.
- **L'achat par succession ou donation.** Il s'agit alors de la valeur déclarée lors de la succession ou donation.

Ajouts possibles au prix d'acquisition

- Frais d'acquisition, deux options :
  Forfait de 7,5 % du prix d'achat.
  Frais réels (droits d'enregistrement, notaire).
- Travaux d'amélioration et de construction :
  Forfait de 15 % du prix d'acquisition si le bien est détenu depuis plus de 5 ans.
  Ou coût réel des travaux si justifiés par des factures (hors entretien et réparations courantes).

LES IMPÔTS ET LES PRÉLÈVEMENTS SOCIAUX À LA REVENTE DE SON LOGEMENT

Le régime fiscal et social de la vente d'un bien immobilier dépend de son statut, résidence principale ou pas. Par ailleurs, les SCI et SCPI sont soumises à un régime particulier.

VENTE D'UNE RÉSIDENCE PRINCIPALE

La résidence principale est totalement exonérée d'impôt sur la plus-value et de prélèvements sociaux, à condition que le bien soit effectivement occupé comme résidence principale jusqu'à la vente.

Les droits de mutation sont de leurs côtés acquittés par l'acheteur. Ils peuvent atteindre en 2025 jusqu'à 8,5 % du prix de vente.

VENTE D'UNE RÉSIDENCE SECONDAIRE OU D'UN AUTRE BIEN IMMOBILIER

Les transactions inférieures à 15 000 € sont exonérées.

En cas d'un bien immobilier autre qu'une résidence principale, **les plus-values sont imposables,** c'est-à-dire la différence entre le prix de vente et le prix d'achat.

La plus-value réalisée lors de la revente est soumise : à l'impôt sur la plus-value immobilière : 19 % ; aux prélèvements sociaux : 17,2 %.
Soit un total de 36,2 % avant abattements.

Abattements pour la durée de détention : deux abattements sont appliqués, l'un pour l'impôt, l'autre pour les prélèvements sociaux :

Durée de détention	Réduction sur l'impôt (19 %)	Réduction sur les prélèvements sociaux (17,2 %)
Moins de 6 ans	0 %	0 %
De 6 à 21 ans	6 % par an	1,65 % par an
22e année	4 % supplémentaire	1,6 % supplémentaire
À partir de 22 ans	Exonération totale	9 % par an
À partir de 30 ans	Exonération totale	Exonération totale

Des cas d'exonération sous conditions existent :
- Si le vendeur n'est pas propriétaire de sa résidence principale, il peut bénéficier d'une exonération sous condition de réemploi du montant de la vente dans les deux ans qui suivent afin d'acquérir sa résidence principale (article 150 U-II-1°du CGI) ;
- Exonération possible pour les retraités et invalides sous conditions de revenus.

VENTE DE PARTS DE SCI (SOCIÉTÉ CIVILE IMMOBILIÈRE)

Le traitement fiscal dépend du régime fiscal de la SCI :
- **SCI soumise à l'impôt sur le revenu (IR)**

La plus-value est calculée comme pour un bien immobilier en direct.
- **SCI soumise à l'impôt sur les sociétés (IS)**

La cession est soumise au régime des plus-values professionnelles. Elle ne donne accès à aucune exonération pour la durée de détention. La plus-

value correspond à la différence entre le prix de vente et la valeur nette comptable des actifs. La taxation s'effectue selon les règles de l'impôt sur les sociétés (taux normal de 25 % ou réduit à 15 % sous conditions).
La vente n'est pas soumise aux prélèvements sociaux. Ces derniers sont en revanche appliqués lors de la distribution des bénéfices par la SCI.

RÉGIME FISCAL ET SOCIAL EN CAS DE VENTE DE PARTS DE SCPI (SOCIÉTÉ CIVILE DE PLACEMENT IMMOBILIER)

En cas de vente de biens immobiliers par la SCPI, les associés personnes physiques seront soumis au régime fiscal et social applicable en cas de vente d'une résidence secondaire. Ils seront ainsi redevables d'une fiscalité sur plus-value de cession d'immeubles au taux de 19 % auxquels s'ajouteront les 17,2 % de prélèvements sociaux (CSG, CRDS). Ils bénéficient des abattements mentionnés ci-dessus.

FISCALITÉ SCPI SUR LES PLUS-VALUES DE CESSION D'IMMEUBLES POUR LES PERSONNES MORALES

Comme pour les revenus fonciers ou financiers, les plus-values de cession d'immeubles pour les personnes morales sont taxées aux taux d'imposition en vigueur. Si une société est soumise à l'IS classique (impôt sur les sociétés), les plus-values le seront également au même taux.

RÉGIME FISCAL DES MOINS-VALUES IMMOBILIÈRES POUR LES PARTICULIERS

Les moins-values immobilières réalisées par un particulier ne sont pas imputables sur le revenu global ni sur d'autres catégories de revenus. Cependant, elles peuvent, sous certaines conditions, être imputées sur des plus-values immobilières de même nature.

Chapitre 6

COMMENT GÉRER SON ARGENT ?

Les épargnants peuvent passer par une banque, un assureur, un courtier ou un conseiller en gestion de patrimoine. Ils peuvent également gérer leur argent en ligne. Pour la gestion de leurs placements, ils ont plusieurs options possibles, de la gestion en direct à la gestion déléguée en passant par la gestion conseillée, pilotée ou sous mandat.

LES DIFFÉRENTS INTERMÉDIAIRES FINANCIERS

LE RECOURS À UNE BANQUE

Les banques offrent tous les services financiers : du compte courant aux produits d'assurance-vie grâce à leurs filiales spécialisées en la matière. Les clients les plus aisés – au-delà de 200 000 € de patrimoine financier, en moyenne – peuvent accéder à des services de banque privée. Ces services proposent un accompagnement plus personnalisé. Ils sont, en règle générale, payants.

LE RECOURS À UN ASSUREUR

Les compagnies d'assurances (sociétés d'assurances, mutuelles, institutions paritaires) proposent des produits financiers (assurance-vie, PEA assurance, PER assurance). **Les assureurs sont des spécialistes de la gestion à long terme de l'épargne.**

LE RECOURS À UN COURTIER

Un courtier spécialisé en matière d'épargne est un intermédiaire financier qui accompagne ses clients dans la sélection et la gestion de produits d'épargne adaptés à leurs objectifs patrimoniaux. Contrairement aux conseillers bancaires salariés d'un établissement financier, **le courtier travaille avec plusieurs fournisseurs de produits d'épargne** (banques, compagnies d'assurances, gestionnaires d'actifs, etc.), ce qui lui permet d'offrir **un large éventail de solutions à ses clients.**
L'épargnant doit veiller à ce que le courtier soit immatriculé auprès de l'ORIAS (Organisme pour le registre des intermédiaires en assurance) et qu'il respecte les exigences de transparence et de conseil prévues par la réglementation, notamment la directive MIFID II pour les produits financiers et la législation sur l'assurance pour l'épargne assurantielle.

LE RECOURS À UN CONSEILLER DE GESTION DE PATRIMOINE INDÉPENDANT (CGPI)

Un conseiller en gestion de patrimoine indépendant (CGPI) a pour mission d'**accompagner ses clients dans la gestion de leur patrimoine.** Il a logiquement une approche plus globale que le courtier qui répond à une mission précise (proposer des produits).
Contrairement aux conseillers salariés de banques ou d'assurances, **le CGPI exerce en toute indépendance.** Il n'est pas tenu par une gamme de produits imposée par un établissement financier et peut ainsi r**ecommander des solutions diversifiées et adaptées aux besoins spécifiques de ses clients.** Il est logiquement rémunéré directement par le client soit sous la forme d'un forfait ou d'un pourcentage des sommes gérées.

Le CGPI intervient sur plusieurs aspects :

- La réalisation d'un bilan patrimonial : analyse de la situation financière et des objectifs du client.
- Le conseil en investissement : sélection de placements adaptés (assurance-vie, PER, immobilier, SCPI, actions, obligations…).
- L'optimisation fiscale : utilisation des dispositifs fiscaux pour alléger la pression fiscale.
- La préparation de la transmission et de la succession : stratégies pour organiser la transmission du patrimoine.
- La préparation de la retraite et l'organisation de la prévoyance.

Le CGPI est régi par des réglementations différentes selon les services qu'il propose. Il perçoit généralement une rémunération sous forme d'honoraires (facturation directe au client) et/ou de commissions versées par les établissements financiers dont il distribue les produits.

COURTIERS/CGPI : LES PRINCIPALES DIFFÉRENCES

Critères	CGPI	Courtier
Approche	Globale (gestion du patrimoine à long terme)	Transactionnelle (trouver une offre spécifique)
Type de service	Conseil stratégique	Mise en relation avec des fournisseurs
Domaine d'intervention	Placements financiers, fiscalité, succession, retraite, prévoyance	Crédit, assurance, certains placements financiers
Indépendance	Oui, il choisit parmi une large gamme de produits	Dépend des accords avec les banques et assureurs
Réglementation	CIF, IOBSP, IAS	IOBSP, IAS
Rémunération	Honoraires et commissions	Commissions principalement

LES APPLICATIONS EN LIGNE

Les épargnants ont la possibilité de recourir à des applications en ligne pour souscrire des produits et gérer leurs placements. Ces applications offrent des interfaces interactives et des outils automatisés pour aider les épargnants à prendre des décisions éclairées. Ces services peuvent mettre en avant l'absence de frais ou la faiblesse de ces derniers. Ils développent des conseils soit grâce à des robots conversationnels, soit par téléphone. Les banques et les assureurs proposent tous des services en ligne.

Avant d'ouvrir un compte en ligne, les épargnants doivent s'assurer que la plateforme est enregistrée auprès des organismes régulateurs : en France, l'Autorité des marchés financiers (AMF), de l'ORIAS ou de l'ACPR (Autorité de contrôle prudentiel et de résolution). L'épargnant doit privilégier les sites français ou de l'Union européenne. Les établissements pouvant réaliser des opérations financières sur toute l'Union européenne sont enregistrés auprès de l'Autorité bancaire européenne (EBA) et de l'Autorité européenne des marchés financiers (ESMA). Pour ceux qui souhaitent accéder à des sites américains, vérifier leur enregistrement auprès de la SEC (Securities and Exchange Commission) ou de la FINRA (Financial Industry Regulatory Authority).

Les épargnants doivent s'assurer que la plateforme est enregistrée auprès des organismes régulateurs.

L'épargnant doit **vérifier l'honorabilité et la solidité des entreprises qui proposent une application financière en ligne** ainsi que le respect des règles de confidentialité et de sécurité. Faire attention aux frais qui peuvent être masqués. Il doit également vérifier les règles de retrait ou de rachat de son épargne pour éviter toute mauvaise surprise ainsi que l'existence d'un service en ligne en cas de problème (contact téléphone, chat en ligne, etc.). **Les banques ou les assureurs en ligne sont réputés moins chers que les banques traditionnelles.** Pour se constituer une clientèle, ils consentent des efforts sur les frais. Néanmoins, ces derniers existent toujours. Les salariés de la banque en ligne doivent être payés et les investissements informatiques financés.

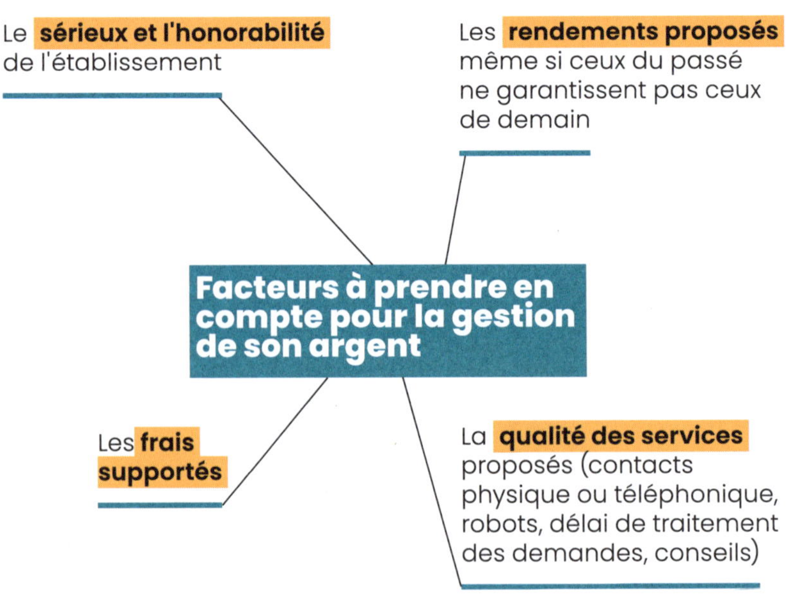

LES DIFFÉRENTS MODES DE GESTION DE L'ÉPARGNE

LA GESTION DIRECTE

La gestion directe en matière d'épargne désigne un mode de gestion dans lequel **l'épargnant prend lui-même les décisions d'investissement et de placement** sans recourir à un professionnel ou à une société de gestion.

Pour une épargne modeste ou cantonnée à des livrets, la gestion directe ne pose pas de réels problèmes. En revanche, le recours à des produits plus sophistiqués et exposés aux risques de marché nécessite un minimum de connaissances et de réactivité. Le conseil d'un professionnel peut être utile pour faire les bons choix.

LA GESTION CONSEILLÉE

La gestion conseillée est un **mode de gestion intermédiaire** entre la gestion directe et la gestion sous mandat. Dans ce cadre d'une gestion conseillée, **l'épargnant bénéficie des recommandations d'un expert financier** (conseiller bancaire, conseiller en assurances, conseiller en gestion de patrimoine, conseiller banque privée, courtier, robo-advisor avancé, etc.), tout en conservant la liberté de valider ou non les décisions d'investissement.

LA GESTION SOUS MANDAT

L'investisseur confie la gestion de son portefeuille à un professionnel (banque, société de gestion, conseiller en gestion de patrimoine) qui prend les décisions d'investissement en son nom, **selon un mandat défini à l'avance.** L'épargnant signe un mandat de gestion précisant les objectifs d'investissement, le profil de risque, et les types d'actifs éligibles. La gestion est réalisée par un **intermédiaire financier agréé**, sous le contrôle de l'AMF (Autorité des marchés financiers). L'investisseur conserve la propriété des actifs, mais ne prend pas les décisions d'achat ou de vente.

LA GESTION DÉLÉGUÉE

La gestion déléguée est un concept plus large et moins encadré que la gestion sous mandat. Elle comprend **tout type de gestion confiée à un tiers, sans forcément impliquer un mandat formel avec une société de gestion.** La gestion déléguée peut concerner divers produits d'épargne (assurance-vie, portefeuilles de titres, fonds dédiés). Elle peut être externalisée à un acteur tiers (un conseiller en gestion de patrimoine qui délègue lui-même à une société de gestion).

La gestion déléguée ou sous mandat permet d'améliorer le rendement des placements, les arbitrages étant effectués rapidement en fonction des évolutions du marché. En revanche, elle peut être une source de frais non négligeable. Un risque de dilution de la responsabilité en cas d'intervention de plusieurs gestionnaires existe. L'investisseur peut confier à un tiers la gestion de son patrimoine selon un niveau de délégation variable. La gestion déléguée est fréquente pour la gestion d'un patrimoine élevé. Elle tend néanmoins à se démocratiser.

La gestion déléguée peut être une source de frais non négligeable.

LA GESTION PROFILÉE

Elle est plus simple que la gestion déléguée. C'est une approche d'investissement où **l'épargnant choisit un profil de gestion prédéfini, correspondant à son appétence au risque et à son horizon d'investissement** (fonction de son âge). L'allocation d'actifs est alors ajustée de manière automatique.

Trois profils types

Prudent
Priorité à la sécurité (fonds en euros, obligations).

Équilibré
Mélange d'actifs sécurisés et dynamiques (actions, obligations).

Dynamique
Forte exposition aux actions pour maximiser la performance.

La gestion profilée est fréquemment proposée pour les contrats d'assurance-vie, les plans d'épargne retraite (PER), les plans d'épargne entreprise et les plans d'épargne en actions.

La gestion profilée convient aux épargnants qui veulent investir sans gérer activement leur portefeuille, tout en bénéficiant d'une stratégie adaptée à leur tolérance au risque. Elle est souvent moins coûteuse qu'une gestion totalement déléguée et constitue une solution intermédiaire entre la gestion libre et la gestion pilotée.

QUE SIGNIFIE L'APPRÉCIATION DU RISQUE ?

L'APPRÉCIATION DU RISQUE : UN ENJEU CENTRAL DANS LES STRATÉGIES D'ÉPARGNE

L'épargne est souvent perçue comme un moyen de sécuriser son avenir financier, mais **implique inévitablement une prise de risque**, dont l'ampleur varie selon la nature du placement et son horizon de détention. Un capital placé sur un livret A bénéficie d'une garantie en capital et d'une rémunération en règle générale modeste mais certaine, tandis qu'un investissement en actions expose l'épargnant à une volatilité plus marquée et à un risque accru de perte en capital, en contrepartie les gains sont potentiellement plus élevés.

Face à cette diversité de profils de placements, la régulation financière a évolué pour renforcer la protection des investisseurs particuliers. Ces dernières années, le législateur a mis en place un cadre réglementaire plus strict, notamment en matière de devoir de conseil. Les intermédiaires financiers sont désormais tenus de mieux évaluer le profil de risque des épargnants à travers des questionnaires détaillés permettant d'identifier leur tolérance aux fluctuations des marchés, leurs objectifs patrimoniaux et leur niveau de connaissance financière.

[...] Le législateur a mis en place un cadre réglementaire plus strict, notamment en matière de devoir de conseil.

LE DOCUMENT D'INFORMATIONS CLÉS : UN OUTIL DE TRANSPARENCE POUR L'ÉPARGNANT

Quand un épargnant souscrit un produit d'investissement présentant un certain degré de risque, le conseiller financier est tenu de lui fournir un document d'informations clés (DIC). Ce document vise à garantir une transparence accrue sur les caractéristiques du placement envisagé et à per mettre à l'épargnant de prendre une décision éclairée. Il est standardisé au niveau européen, introduit par la réglementation PRIIPS (Packaged Retail and Insurance-based Investment Products) 1286/2014 du 26 novembre 2014. Il s'applique à de nombreux produits financiers, y compris les fonds d'investissement, les produits dérivés et les assurances-vie en unités de compte.

Le conseiller financier est tenu de lui fournir un document d'informations clés (DIC).

En trois pages synthétiques, le DIC présente les informations essentielles sur le produit, notamment :

- Sa nature et son fonctionnement.
- Les gains potentiels et les risques encourus.
- La durée minimale de détention recommandée.
- Le niveau de risque associé.

LE SRRI : UN INDICATEUR CLÉ DU RISQUE POUR L'ÉPARGNANT

L'un des éléments les plus importants du DIC est l'indicateur de risque synthétique, connu sous l'acronyme SRRI (Synthetic Risk and Reward Indicator). **Il classe chaque produit sur une échelle de 1 à 7, du niveau de risque le plus faible au plus élevé.**

Indicateur de risque

1	2	3	4	5	6	7

◄······························►
Risque le plus faible — Risque le plus élevé

Source : Autorité des marchés financiers (AMF).

Ce classement repose sur l'analyse de deux dimensions essentielles :

Le risque de marché
Il reflète la volatilité historique du marché sur lequel le produit est investi. Plus un actif financier connaît de fortes variations à la hausse et à la baisse, plus son niveau de risque est élevé.

Le risque de crédit
Il correspond au risque de perte financière en cas de défaillance de l'émetteur ou de l'emprunteur sous-jacent. Une obligation d'État bien notée présente, par exemple, un risque de crédit plus faible qu'une obligation d'entreprise à haut rendement.

UNE PRISE DE RISQUE MAÎTRISÉE GRÂCE À UNE APPROCHE ADAPTÉE

Si la prise de risque est inhérente à toute stratégie d'investissement, elle peut être **modulée en fonction du profil de l'épargnant et de ses objectifs.** Un jeune investisseur, disposant d'un horizon de placement long, pourra supporter un niveau de risque plus élevé et tirer parti de la volatilité des marchés pour rechercher une performance plus élevée. À l'inverse, un épargnant proche de la retraite privilégiera des placements plus sécurisés, offrant une stabilité de capital au détriment du rendement potentiel. Au-delà de l'âge, l'exposition au risque est une question personnelle. Certains épargnants jeunes sont averses à la prise de risque quand des seniors sont, peut-être parce qu'ils disposent d'un patrimoine plus important, davantage prêts à opter pour des placements plus volatils. **Cette exposition au risque est de toute façon évolutive.** Avec une espérance de vie à la retraite de 25 ans, en France, il n'est pas obligatoirement judicieux de tout mettre en produits de taux dès l'âge de 60 ans. **De toute façon, la gestion du risque financier repose sur une approche équilibrée,** combinant diversification, choix adaptés aux objectifs de chacun et suivi régulier des investissements. La réglementation et les outils de transparence mis en place, tels que le DIC et le SRRI, permettent aux épargnants d'être mieux informés et de faire des choix d'investissement en adéquation avec leur tolérance au risque et leurs attentes patrimoniales.

La gestion du risque financier repose sur une approche équilibrée, combinant diversification, choix adaptés aux objectifs de chacun et suivi régulier des investissements.

PETITS CONSEILS

Quel que soit le choix du gestionnaire et du mode de gestion de son argent, l'épargnant qui veut se constituer un patrimoine doit respecter quelques règles simples.

- Faire confiance à des professionnels accrédités soumis aux règles de l'Union européenne si possible.
- Ne pas succomber à l'ivresse des promesses.
- Être conseillé.
- Comprendre le fonctionnement global des produits proposés.
- Avoir accès à un service en cas de problème.

Chapitre 7

L'ÉPARGNE LOGEMENT

La France compte deux produits d'épargne visant à faciliter l'acquisition de la résidence principale ou visant à faciliter le financement de travaux concernant cette dernière. Ces deux produits sont le compte épargne logement (CEL) et le plan épargne logement (PEL). La particularité de ces produits est d'associer effort d'épargne et droits à des prêts.

LE PLAN ÉPARGNE LOGEMENT (PEL)

COMMENT FONCTIONNE LE PEL ?

Depuis son lancement en 1969, **le PEL a gardé son architecture mais son régime a été, à de multiples reprises, modifié.** Les dernières réformes ont tenté d'en limiter le coût pour les finances publiques et pour les établissements bancaires. Compte tenu de leur nature contractuelle, plusieurs générations de plans différents cohabitent. Les mesures le concernant ne peuvent pas être rétroactives à l'exception de celles qui concernent les prélèvements sociaux.

Le PEL est un contrat prenant la forme d'un compte bancaire bloqué logiquement 4 ans. Un versement minimum de 225 € est exigé à l'ouverture. La réglementation prévoit que **les épargnants versent, au minimum, 540 € chaque année.** Le total des versements ne peut pas dépasser 61 200 €. Aucun retrait partiel n'est autorisé. La durée minimale est fixée à 4 ans. **Le PEL peut être prorogé jusqu'à 10 ans. Passé 10 ans,** il n'est plus possible d'effectuer des versements, mais **le PEL continue de produire des intérêts pendant 5 ans.** Entre la 4e et la 10e année, le PEL peut être fermé sur demande de son souscripteur. Il peut également l'être par la banque si la condition de versement minimal annuel n'a pas été respectée. Après 15 ans, les PEL ouverts après le 1er janvier 2011 sont fermés et à défaut de décision de leur titulaire, transformés en livrets bancaires ordinaires.

À savoir

Pour les PEL ouverts

- À compter du 1er mars 2011, la durée de vie maximale est de 15 ans. Au-delà de 15 ans, le PEL est transformé en livret bancaire et perd ses droits à prêts.
- Avant le 28 février 2011, aucune limite de temps n'est applicable et ils peuvent être conservés pas leurs détenteurs.

Si la fermeture intervient

- Avant les 2 ans du PEL, le taux de rémunération est ramené à celui en vigueur pour le compte épargne logement (CEL).
- Entre 2 et 3 ans, les droits à prêts sont perdus.
- Entre 3 et 4 ans, les droits à prêts sont ceux acquis au 3e anniversaire (et l'éventuelle prime d'État est diminuée de moitié, pour les plans ouverts jusqu'au 1er janvier 2018).

QUEL EST LE RÉGIME FISCAL DU PEL ?

Le PEL est un produit d'épargne réglementée qui a été progressivement banalisé sur le plan fiscal. Initialement, le PEL était exonéré de tout impôt et prélèvement. **Il a été assujetti aux prélèvements sociaux** à compter du 1er février 1996 au taux de 0,5 %. Ils sont entre-temps **passés à 17,2 %** et sont applicables à tous les plans, qu'ils aient été ouverts avant ou après le 1er février 1996.

Les modalités de recouvrement ont évolué dans le temps. Au départ, les prélèvements sociaux étaient prélevés à la clôture du plan. Mais, à partir du 1er janvier 2006, ils le sont à partir du dixième anniversaire (si le plan n'a pas été clôturé auparavant) puis à chaque capitalisation annuelle. Depuis le 1er mars 2011, les cotisations sociales sont prélevées tous les ans.

Sur le terrain fiscal

- À compter du 1er janvier 2006, les intérêts des PEL de plus de douze ans sont assujettis à l'impôt sur le revenu. Cela ne concerne que les plans ouverts à partir de cette date.
- À compter du 1er janvier 2018, les intérêts des PEL sont soumis au prélèvement forfaitaire unique de 30 % ou au barème de l'impôt sur le revenu dès la première année, les prélèvements sociaux devant toujours être dus dans ce dernier cas.

QUEL EST LE TAUX DE RÉMUNÉRATION DU PEL ?

Le taux de rémunération du PEL en vigueur au moment de la souscription s'applique à l'ensemble de la durée du plan. Les plus vieux plans ne sont pas bornés dans le temps et peuvent bénéficier de rémunération pouvant atteindre plus de 4 %.

Depuis 2011, la Banque de France peut désormais réviser le taux du PEL chaque année, en recourant à une formule qui prend en compte l'évolution des taux d'intérêt de 2 à 5 ans. **Le taux ne peut pas être inférieur à 1 %**. En cas de circonstances exceptionnelles, le ministère de l'Économie a la faculté de déroger à la simple application de la formule. Pour tous les plans ouverts à compter du 1er janvier 2025, par application de la formule, le taux est passé de 2,25 à 1,75 %.

Depuis 2011, la Banque de France peut désormais réviser le taux du PEL chaque année.

Date d'ouveture du PEL	Rémunération sans prime
PEL ouvert entre juillet 1985 et avril 1986	4,75%
PEL ouvert entre mai 1986 et janvier 1994	4,62%
PEL ouvert entre février 1994 et mai 1998	3,84%
PEL ouvert entre juin 1998 et juin 1999	3,10%
PEL ouvert entre juillet 1999 et mai 2000	2,90%
PEL ouvert entre juin 2000 et juillet 2003	2,61%
PEL ouvert entre août 2003 et janvier 2015	3,27%
PEL ouvert entre février 2015 et janvier 2016	2,50%
PEL ouvert entre février 2016 et juillet 2016	2%
PEL ouvert entre le 1er août 2016 et le 1er janvier 2018	1,50%
PEL ouvert entre le 1er janvier 2018 et le 1er janvier 2023	1%
PEL ouvert entre le 1er janvier 2023 et le 1er janvier 2024	2%
PEL ouvert du 1er janvier 2024 au 31 décembre 2024	2,25%
PEL ouvert à compter du 1er janvier 2025	1,75%

LES DROITS À PRÊTS DES PEL, DE QUOI S'AGIT-IL ?

Les PEL, en fonction des intérêts accumulés, ouvrent droit à l'obtention d'un prêt immobilier. **Le prêt épargne logement est réservé au financement d'une opération concernant une résidence principale,** sauf pour ceux ouverts avant le 1er mars 2011 qui peuvent financer l'achat d'une résidence secondaire ou de tourisme.

Les prêts accordés dans le cadre d'un PEL permettent donc pour les PEL ouverts après le 1er mars 2011 :

- D'acheter ou construire un logement neuf ou ancien destiné à l'habitation principale.
- De financer des travaux ou l'amélioration du logement destiné à l'habitation principale.

Le taux du prêt est connu au moment de la souscription du plan. Il est égal au taux de rémunération de l'épargne placée sur le PEL, auquel une commission de 1,2 % (ou de 1,70 % pour les PEL ouverts avant le 1er février 2015) est ajoutée. À compter du 1er janvier 2025, ce taux est de 2,95 %. Ce taux est contractuel et valable pour l'ensemble de la durée du plan.

Le taux du prêt est connu au moment de la souscription du plan.

Le montant et la durée du prêt dépendent des intérêts acquis (avant les prélèvements sociaux) par l'épargne du PEL. Pour déterminer ce montant, l'établissement financier prend en compte « les droits à prêts » : à savoir le total des intérêts acquis, à la date du dernier anniversaire du plan.

Pour les PEL souscrits depuis le 1er août 2003, la prime qui était auparavant versée par l'État n'étant plus intégrée dans la rémunération de la phase épargne du PEL, les droits à prêts correspondent simplement à l'ensemble des intérêts perçus. Les droits à prêts sont multipliés par un coefficient de 2,5 pour une utilisation classique du crédit, donnant lieu à un total d'intérêts de remboursement. En fonction de la durée retenue qui peut varier entre 2 et 15 ans, le montant du crédit (correspondant à ce total d'intérêts) est calculé. Le montant du prêt est plafonné à 92 000 €.

Le montant du prêt est plafonné à 92 000 €.

Les droits à prêt peuvent être cumulés au sein d'une même famille (ascendants et descendants). La personne qui cède ses droits à prêt peut récupérer le capital qu'elle a épargné, les intérêts et la prime d'État. Une cession de l'ensemble du PEL (droit à prêt + capital épargné + intérêts) est possible, mais, étant assimilée à une donation, elle nécessitera un acte notarié et est susceptible d'être soumise à des droits de mutation.

COMMENT LA PRIME D'ÉTAT DES PEL FONCTIONNAIT-ELLE ?

Les souscripteurs de PEL, avant le 1er janvier 2018, pouvaient bénéficier d'une prime d'État, qui constitue une bonification du rendement de leur plan. **Les plans souscrits depuis le 1er janvier 2018 ne permettent plus d'accéder à cette prime.** Le montant de la prime dépend de la date d'ouverture du PEL. La prime peut être majorée selon le nombre de personnes à la charge du souscripteur, dans une limite de 100 € par personne. Cette limite pourra être portée à 153 € par personne si le PEL sert à l'achat d'un bien respectant les normes de développement durable (BBC).

EST-IL INTÉRESSANT DE CONSERVER UN PEL ?

Le PEL, qui a accompagné la montée en puissance du nombre de propriétaires de résidence principale dans les années 1970-1980, a perdu de son attractivité depuis la fiscalisation des intérêts en 2018 et en raison de son faible taux de rémunération. Son encours est en baisse constante.

Les titulaires d'anciens PEL et tout particulièrement ceux souscrits avant 2011 peuvent avoir avantage à les conserver car ils ne sont pas concernés par la limitation dans le temps de leur plan et bénéficient de rendements élevés. Ils ne sont pas, en outre, soumis à l'impôt sur le revenu ou au prélèvement forfaitaire unique. Pour ceux qui ont ouvert un PEL au taux de 1 %, une éventuelle fermeture pour en ouvrir un nouveau peut être envisagée. Le PEL peut néanmoins offrir un complément de prêt immobilier à ne pas négliger.

Le PEL peut néanmoins offrir un complément de prêt immobilier à ne pas négliger.

AVANTAGES

- Constitution d'une épargne pour avoir un apport en vue de l'achat d'un logement avec possibilité d'avoir un prêt.
- Garantie du capital.
- Taux de rémunération fixé à l'ouverture.

INCONVÉNIENTS

- Produits fiscalisés depuis le 1er janvier 2018.
- Taux de rémunération peu attractif depuis 2016.
- Le montant du prêt dépend des intérêts accumulés et son taux peut ne pas être intéressant.

CONCLUSION

Les anciens PEL avec des taux élevés peuvent être intéressants. Les nouveaux offrent peu d'avantages.

LE COMPTE ÉPARGNE LOGEMENT (CEL)

COMMENT FONCTIONNE LE CEL ?

Le CEL vise comme le PEL à faciliter l'acquisition de la résidence principale ou d'y réaliser des travaux. **Moins contraignant que le PEL, il est cependant, en règle générale, moins intéressant.** Des droits à prêts y sont également attachés mais ils sont d'une moindre ampleur.

Caractéristiques du CEL

- Le CEL est un produit d'épargne disponible non bloqué.
- Tout particulier peut ouvrir un CEL qu'il soit majeur ou mineur.
- Une personne ne peut détenir qu'un seul CEL.
- Il est possible d'avoir en parallèle un PEL sous réserve que les deux placements soient souscrits dans le même établissement financier.
- Au moment de la souscription, le titulaire du CEL doit verser au minimum 300 €. À la différence du PEL, le titulaire d'un CEL peut effectuer des retraits à tout moment, sans frais, mais le compte doit toujours disposer d'un solde d'au moins de 300 €. À défaut, le compte est clôturé. Hormis ce cas, le CEL a une durée illimitée. Sur l'année, un minimum de versement de 75 € est demandé. Le plafond du CEL est de 15 300 €.

QUEL EST LE TAUX DE RÉMUNÉRATION DU CEL ?

Le taux est égal aux deux tiers du taux des livrets A, arrondi au quart de point le plus proche ou à défaut au quart de point supérieur. À la différence du PEL, le taux du CEL n'est pas fixe durant toute la durée du contrat. Au 1er août 2025, ce taux était de 1,25 %.

À la différence du PEL, le taux du CEL n'est pas fixe durant toute la durée du contrat.

Pour les CEL ouverts avant le 1er janvier 2018, les intérêts sont exonérés d'impôt sur le revenu mais sont assujettis aux prélèvements sociaux dont le taux est de 17,2 %. Les CEL ouverts à partir du 1er janvier 2018 sont soumis au prélèvement forfaitaire unique ou à l'impôt sur le revenu. Si l'épargnant opte pour le barème de l'impôt sur le revenu, ce choix s'applique à tous ses placements.

LES DROITS À PRÊTS DES CEL, DE QUOI S'AGIT-IL ?

Le titulaire d'un CEL peut obtenir un prêt pour :
- Construire ou acheter une résidence principale, neuve ou ancienne.
- Acquérir un terrain à construire si le prêt finance simultanément les dépenses de construction.
- Financer des travaux d'économie d'énergie ou d'amélioration.

Les CEL ouverts avant le 1er mars 2011 permettent également d'obtenir un prêt pour acheter une résidence secondaire.

Les prêts sont accordés pour les CEL ouverts depuis au moins 18 mois ayant donné lieu à un montant minimum d'intérêts. **Le montant du prêt dépend de sa durée et des intérêts acquis pendant la phase d'épargne.** Son montant maximum est de 23 000 €. La durée du prêt est de 2 à 15 ans. Le taux d'intérêt du prêt est variable et dépend de la période pendant laquelle l'épargne a été effectuée sur le CEL. **A u 1er août 2025, le taux du prêt accordé dans le cadre du CEL était de 2,75 %**

Les CEL ouverts avant le 1er janvier 2018 donnent droit à l'obtention d'une prime d'État plafonnée à 1 144 € dans le cadre du prêt attaché. Pour les contrats ouverts depuis le 1er janvier 2018, cette prime est supprimée. Cette prime est exonérée de l'impôt sur le revenu mais soumise aux prélèvements sociaux.

AVANTAGES

- Garantie en capital.
- Produit relativement liquide.

INCONVÉNIENTS

- Taux de rémunération faible.
- Plafond faible.
- Produit fiscalisé.

Chapitre 8

LES PRODUITS D'ÉPARGNE DE COURT TERME

L'épargne de court terme, liquide, avec garantie de capital comprend, en plus des produits d'épargne réglementée, les livrets ordinaires fiscalisés, les super livrets et les contrats ou dépôts à terme. Peuvent être également associées les SICAV monétaires. Ces autres produits d'épargne à court terme (hors SICAV monétaires) se caractérisent par la garantie du capital et la rémunération sous forme d'intérêts.

LES LIVRETS ORDINAIRES

Un livret bancaire est un compte bancaire rémunéré par des intérêts. Les sommes qui y sont déposées restent disponibles au retrait. Les intérêts sont calculés en fonction de la durée pendant laquelle les sommes sont restées sur le compte et suivant un barème prévu lors de la souscription.

Les livrets bancaires se distinguent ainsi des livrets réglementés, dont les principales caractéristiques sont fixées par les pouvoirs publics. **Il n'y a pas de plafond de dépôt ou de montant maximum à ne pas dépasser pour les livrets d'épargne** sauf indications fixées de manière contractuelle. Les établissements financiers peuvent proposer des produits dits « super livrets », qui ne sont que des livrets pouvant donner lieu, sous certaines conditions et pour un certain temps, à des intérêts majorés. Les livrets d'épargne sont accessibles en guichets ou en ligne.

Les taux de rémunération des livrets d'épargne sont fixés librement par les établissements bancaires, qui en informent les clients lors de la souscription. Ces taux d'intérêt sont qualifiés de taux bruts, car ils ne prennent pas en compte les prélèvements obligatoires.

0,88 % **Rémunération moyenne du livret d'épargne en décembre 2024.**

Source : Banque de France

La rémunération évolue en règle générale en fonction des taux directeurs de la Banque centrale européenne.

LES SUPER LIVRETS : ATTENTION AU RENDEMENT ANNUEL

Un super livret est un livret d'épargne proposé qui se distingue des livrets réglementés (comme le livret A ou le LDDS) par :

- **Un taux d'intérêt attractif :** souvent plus élevé que ceux des livrets réglementés ou ordinaires, surtout lors d'offres promotionnelles limitées dans le temps (ex. 4 % pendant 3 mois).
- **Un plafond de dépôt élevé voire illimité.**

Les intérêts sont, en revanche, soumis à l'impôt sur le revenu et aux prélèvements sociaux (sauf si le livret est logé dans une assurance-vie ou un PEA bancaire, ce qui est rare).

En règle générale, **les dépôts sont liquides,** comme pour un livret classique. Pour la sécurité, les super livrets bénéficient de la garantie par établissement des 100 000 € du Fonds de garantie des dépôts et de résolution (FGDR).

AVANTAGES

- Rémunération.
- Liquidité.
- Pas de plafond ou plafond plus élevé que celui du livret A.

INCONVÉNIENTS

- Caractère limité dans le temps des taux promotionnels.
- Possibilités de conditions pour bénéficier des taux boostés.
- Fiscalité et prélèvements sociaux sur les intérêts.

Exemple

Un super livret offre pendant trois mois une rémunération de 4 % et après cette période de 1,5 %. Le taux annuel est alors de 1,88 %.

QUEL RÉGIME FISCAL POUR LES LIVRETS D'ÉPARGNE

La fiscalité a été modifiée au 1er janvier 2018. Par défaut, les revenus des livrets d'épargne ordinaires sont soumis, au prélèvement forfaitaire unique (PFU) constitué d'une taxation de 12,8 %, à laquelle s'ajoutent les prélèvements sociaux de 17,2 % faisant un total de 30 %. Les contribuables peuvent opter pour l'assujettissement au barème de l'impôt sur le revenu en lieu et place du prélèvement de 12,8 %. Le renoncement au PFU vaut pour tous leurs placements.

Par défaut, les revenus des livrets d'épargne ordinaires sont soumis, au prélèvement forfaitaire unique (PFU)

Pour les épargnants choisissant le barème de l'IR, les intérêts sont ajoutés aux autres revenus. Le contribuable peut alors bénéficier de la déduction de la CSG à hauteur de 6,8 points.

Pour la partie fiscale des 12,8 % du PFU, si celle-ci a été prélevée (sauf dispense demandée en amont), elle est alors traitée comme un avoir fiscal : elle est déduite du montant des impôts à régler, et, dans l'éventualité où elle serait supérieure, l'excédent est remboursé à l'épargnant.

Cas de la dispense de PFU
Les contribuables dont le revenu fiscal de référence (RFR) de l'avant-dernière année est inférieur à certains seuils peuvent demander une dispense de l'acompte de 12,8 % prélevé lors du versement des revenus du capital.

Pour les intérêts (produits de placements à revenu fixe) :
- Célibataire, veuf(ve) ou divorcé(e) : RFR inférieur à 25 000 €
- Couple soumis à imposition commune : RFR inférieur à 50 000 €

Pour les dividendes (revenus distribués par les sociétés) :
- Célibataire, veuf(ve) ou divorcé(e) : RFR inférieur à 50 000 €
- Couple soumis à imposition commune : RFR inférieur à 75 000 €

Procédure pour bénéficier de la dispense
L'épargnant doit effectuer une demande écrite et l'adresser à l'établissement payeur (banque, société, etc.) certifiant que le RFR est inférieur aux seuils requis. La demande doit être effectuée avant le 30 novembre de l'année précédant le paiement des revenus.

LES CONTRATS OU DÉPÔTS À TERME (DAT)

COMMENT FONCTIONNENT-ILS ?

Les dépôts à terme (DAT) sont des produits d'épargne proposés par les banques, permettant aux clients de **placer des fonds pour une durée déterminée en échange d'une rémunération fixe ou variable connue par avance et qui s'applique durant la totalité du contrat.** La durée de ces derniers varie en règle générale de quelques semaines à deux ans. Durant la durée du contrat, les fonds sont bloqués. Contrairement aux comptes courants ou aux livrets d'épargne classiques, **il ne permet pas de retrait avant l'échéance.** Les fonds versés bénéficient d'une garantie en capital en contrepartie d'un blocage temporaire des fonds. Toute demande anticipée de déblocage fera l'objet de pénalités financières. Le montant minimal est de nature contractuelle. Il se situe en règle générale entre 5 000 et 10 000 €.

Avec la hausse des taux d'intérêt entre 2022 et 2024, les dépôts à terme qui avaient, depuis les années 2000, disparu des portefeuilles des épargnants ont fait un retour en force.
La baisse des taux directeurs engagée depuis le milieu de l'année 2024 a réduit l'intérêt dans ce type de placement.

La fiscalité applicable est celle des livrets ordinaires. Les gains sont également assujettis aux prélèvements sociaux.

AVANTAGES

- La sécurité du capital.
- La prévisibilité du rendement.
- L'absence de frais de gestion.
- L'absence de plafonds.
- Le taux pratiqué est, en moyenne, supérieur à celui des livrets ordinaires.

INCONVÉNIENTS

- Le blocage des fonds.
- Le rendement parfois faible.
- L'application de prélèvements fiscaux et sociaux.

Ces produits sont intéressants afin de rémunérer des sommes en attente de réallocation (projets immobiliers, projets professionnels, etc.). Afin d'avoir de la souplesse dans l'utilisation de ces produits, il est possible d'en souscrire plusieurs avec des durées différentes, 3 mois, 6 mois et un an par exemple. Procéder ainsi permet d'avoir des portes de sortie en cas de besoins sans avoir à supporter des pénalités.

Les taux des dépôts à terme sont liés à ceux de la Banque centrale européenne (BCE). Quand ces derniers sont élevés, les banques proposent des rendements plus attractifs. Entre 2024 et 2025, des taux supérieurs à 3 % bruts ont été ainsi proposés. En 2025, ils sont repassés en dessous de 3 % pour des dépôts à 6 mois.

Chapitre 9

LE MODE D'EMPLOI DU COMPTE-TITRES ORDINAIRE

Pour acquérir des titres financiers (titres monétaires, obligations, actions, parts d'OPC), l'ouverture d'un compte-titres est nécessaire. L'épargnant peut en ouvrir un auprès d'un établissement financier, soit au guichet, soit en ligne. 9,5 % des ménages, en France, détenaient, en 2021, selon l'INSEE, un compte titres ordinaire.

COMMENT DÉFINIR UN COMPTE-TITRES ?

Le compte-titres ordinaire (CTO) est un **support d'investissement permettant aux épargnants d'acheter et de vendre des actifs financiers** tels que des actions, des obligations, des OPCVM (organismes de placement collectif en valeurs mobilières), des ETF, ou encore des produits dérivés. Contrairement au PEA, il n'est soumis à aucune restriction de détention d'actifs et n'a pas de plafond de versement. Il est possible d'y loger des titres, quelle que soit leur origine géographique (France, Europe, Japon, États-Unis, etc.).

QUI PEUT OUVRIR UN COMPTE-TITRES ?

Toute personne physique, majeure ou mineure (avec accord parental), ainsi que les personnes morales (sociétés, associations) peuvent ouvrir un compte-titres. **Le compte peut être ouvert à titre individuel,** en son nom propre, **ou collectivement,** sous forme de compte joint (co-détention) ou de compte en indivision.

OÙ OUVRIR UN COMPTE-TITRES ?

Un compte-titres peut être ouvert auprès d'une banque traditionnelle, d'une banque en ligne ou d'un courtier spécialisé.

LES ACTIFS ÉLIGIBLES AU COMPTE-TITRES ?

Le compte-titres permet d'investir dans une large gamme de produits financiers :

Actions françaises et internationales
sans restriction géographique.

Certificats et produits structurés

Fonds d'investissement
OPCVM, SICAV, FCP.

Obligations d'État et d'entreprises

ETF
Trackers reproduisant un indice boursier

Produits dérivés
Warrants, options, contrats à terme.

QUELLES SONT LES OPÉRATIONS RÉALISABLES AVEC UN COMPTE-TITRES ?

L'alimentation du compte peut s'effectuer **par virement bancaire depuis un compte courant.** Il n'est pas obligatoire de détenir le compte courant dans la même banque que le compte-titres. L'établissement financier associe au compte-titres un compte espèces qui permet de loger les sommes reçues avant la réalisation des ordres d'achat et de placer celles issues des ventes de titres avant leur réutilisation.

Les ordres d'achat et de vente peuvent être réalisés, selon l'établissement financier choisi, via un conseiller, un courtier ou en ligne.

QUELS SONT LES GAINS ISSUS DES COMPTES-TITRES ?

Les gains dégagés des opérations réalisées sur un compte-titres **prennent la forme de revenus** (intérêts, dividendes) **et de plus-values** (différence entre le prix de vente et le prix d'achat). Dans ce dernier cas, l'épargnant peut également enregistrer des moins-values. Ses revenus comme ses plus-values peuvent être versés ou capitalisés.

QUELLE EST LA FISCALITÉ DU COMPTE-TITRES ?

Les revenus issus du compte-titres sont soumis au prélèvement forfaitaire unique (PFU) de 30 %, soit 12,8 % au titre de l'impôt sur le revenu, auxquels s'ajoutent 17,2 % au titre des prélèvements sociaux. L'épargnant peut choisir d'être soumis au barème de l'impôt sur le revenu sur option mais, par défaut, c'est le PFU qui s'applique.

S'il opte pour l'impôt sur le revenu, ce choix s'applique alors à tous ses placements (hors enveloppes fiscales). En cas d'application du barème de l'impôt sur le revenu, l'imposition s'effectue sur le montant des dividendes après application d'un abattement de 40 % et soustraction d'une fraction de la CSG (6,8 points).

Dans le cadre de la taxation des plus-values à l'impôt sur le revenu, un mécanisme d'abattement en fonction de la durée de détention s'applique uniquement aux actions achetées avant le 1er janvier 2018.

Cet abattement est défini comme suit selon la durée de détention :
• 50 % d'abattement pour une durée de détention comprise entre deux et huit ans.
• 65 % d'abattement pour une durée de détention supérieure à huit ans.

Les moins-values sont imputables sur les gains de même nature réalisés la même année, ainsi que sur ceux des dix années suivantes, quel que soit le mode de taxation choisi (PFU ou IR). En cas de moins-value globale (après compensation) sur l'année, aucune imposition n'est due et le déficit est reportable.

Les revenus, comme les plus-values issues du compte-titres, sont assujettis aux prélèvements sociaux sans application d'abattement.

La valeur du portefeuille détenu en direct entre dans l'actif successoral et peut faire l'objet d'un démembrement de propriété.

CAS PARTICULIER DE L'OPTION POUR L'IMPOSITION AU BARÈME PROGRESSIF DE L'IMPÔT SUR LE REVENU

Le choix de l'imposition progressive s'applique à tous les gains réalisés sur les produits financiers. Le contribuable doit en faire la demande explicite. Dans ce cas, les dividendes sont ajoutés aux autres revenus imposables et taxés selon la tranche d'abattement de 40 % sur le montant brut des dividendes. Seuls 60 % du dividende sont effectivement soumis à l'impôt progressif. En revanche, les prélèvements sociaux de 17,2 % s'appliquent dans tous les cas sur la totalité du dividende, que l'on choisisse le PFU ou le barème.

Le choix de l'imposition progressive s'applique à tous les gains réalisés sur les produits financiers.

À noter que si le contribuable a un revenu fiscal de référence modeste (inférieur à 50 000 € pour un célibataire ou 75 000 € pour un couple), il peut demander une dispense d'acompte afin de ne pas se voir prélever automatiquement les 12,8 % à la source lors du versement des dividendes (seuls les 17,2 % sociaux seront alors prélevés). Cette dispense, à demander chaque année avant le 30 novembre de l'année précédente, évite une avance de trésorerie pour les personnes faiblement imposées, sans les dispenser in fine de l'impôt éventuellement dû.

Les intérêts issus d'obligations, de comptes à terme, de livrets fiscalisés ou d'autres produits à revenu fixe sur un compte-titres ordinaire sont soumis au même régime général. Par défaut, ils supportent le PFU de 30 % lors de leur encaissement (prélèvement de 12,8 % non libératoire + 17,2 % sociaux).

Si le contribuable demande l'application du barème progressif de l'impôt sur le revenu, les intérêts seront alors imposés au taux marginal du foyer, sans aucun abattement spécifique (contrairement aux dividendes, les intérêts ne bénéficient d'aucune réduction de base imposable). Les prélèvements sociaux de 17,2 % restent dus intégralement. Comme pour les dividendes, une dispense de prélèvement forfaitaire de 12,8 % à la source est possible sous condition de revenu fiscal.
En l'absence de dispense, l'établissement payeur prélève 12,8 % + 17,2 % lors du paiement des intérêts, puis l'impôt est régularisé via la déclaration annuelle.

IMPOSITION DES PLUS-VALUES MOBILIÈRES

Pour les plus-values mobilières (actions, OPCVM...), les gains réalisés lors de la vente de titres sur un compte-titres sont également soumis par défaut au PFU de 30 %. Cependant, contrairement aux revenus distribués, le prélèvement de 12,8 % n'est pas effectué à la source au moment de la vente ; l'imposition intervient lors de la déclaration annuelle des revenus.

L'investisseur peut choisir l'imposition au barème progressif de l'IR pour ces plus-values, ce qui implique d'ajouter le gain net aux autres revenus imposables du foyer.

En optant pour le barème progressif de l'IR, il faut distinguer l'ancienneté des titres :

Pour les titres acquis à partir du 1er janvier 2018
Il n'existe plus aucun abattement pour durée de détention (la plus-value est donc imposable en totalité).

Pour les titres acquis avant 2018
La loi maintient les anciens abattements pour durée de détention si l'on opte pour le barème progressif.

Ces abattements « de droit commun » réduisent la plus-value imposable de 50 % pour une détention de deux à moins de huit ans et de 65 % pour une détention supérieure à huit ans.

Chapitre 10

L'ASSURANCE-VIE, PREMIER PLACEMENT DES MÉNAGES

Le livret A est le produit d'épargne le plus largement diffusé en France mais, en volume, l'assurance-vie le surpasse. Au 31 janvier 2025, l'encours de l'assurance-vie a dépassé 2 000 milliards d'euros pour la première fois de son histoire, soit plus de quatre fois celui du livret A. Près d'un ménage sur deux a un contrat d'assurance-vie.

QU'EST-CE QU'UN CONTRAT D'ASSURANCE-VIE ?

Il n'existe pas de définition « civile » de l'assurance-vie. « L'assurance sur la vie est une convention aux termes de laquelle une personne (l'assureur) s'oblige envers une autre (le souscripteur) pendant une durée déterminée (la durée du contrat) moyennant une prestation unique ou périodique (la prime), à verser au contractant lui-même ou à un tiers désigné ou déterminable (le bénéficiaire) un capital ou une rente, sous certaines éventualités dépendant de la vie ou de la mort d'une personne désignée (l'assuré)[1]. »

Un contrat d'assurance-vie est un produit non pas d'épargne mais de services. En contrepartie des primes versées, l'assureur se doit de réaliser les missions prévues au contrat à l'assuré.
De ce fait, **l'argent des primes versé** par le souscripteur dans le cadre d'un contrat d'assurance-vie **appartient juridiquement à l'assureur, et non au souscripteur.** Dès qu'une prime est versée, elle est intégrée dans les actifs de l'assureur, qui en assure la gestion et garantit, selon le type de contrat, un rendement ou une performance.

Un contrat d'assurance-vie est un produit non pas d'épargne mais de services.

Contrairement à un compte bancaire ou à un compte-titres, **l'assurance-vie repose sur un contrat d'adhésion à un produit d'épargne géré par un assureur.** Une fois les fonds versés, ils intègrent le bilan de l'assureur, ce qui signifie que l'épargnant n'en est plus propriétaire directement. L'épargnant possède en contrepartie une créance sur l'assureur, équivalente à la valeur de rachat du contrat. Selon les souhaits de l'assuré, l'assureur investit les primes collectées sur des supports variés (fonds en euros, unités de compte, obligations, actions...). En cas de rachat partiel ou total, le souscripteur récupère son épargne selon les conditions du contrat (avec fiscalité applicable). En cas de décès, l'assureur verse le capital ou la rente aux bénéficiaires désignés, selon la fiscalité successorale propre à l'assurance-vie.

Selon les souhaits de l'assuré, l'assureur investit les primes collectées sur des supports variés (fonds en euros, unités de compte, obligations, actions...).

Juridiquement, un contrat d'assurance-vie est un contrat par lequel un souscripteur verse des primes à un assureur, en échange d'un capital ou d'une rente qui sera versé soit à un bénéficiaire désigné en cas de décès, soit au souscripteur lui-même en cas de vie à une échéance définie.

[1] Source : Bulletin officiel des finances publiques - Impôts.

QUELLES SONT LES PARTIES DU CONTRAT ?

Le souscripteur : la personne qui signe le contrat et effectue les versements. Il peut passer par un courtier ou un conseiller de gestion en patrimoine pour obtenir un contrat d'assurance-vie.
L'assuré : la personne sur laquelle repose le contrat (généralement le souscripteur lui-même).
Le bénéficiaire : la ou les personnes désignées pour recevoir le capital en cas de décès de l'assuré.
La compagnie d'assurance : la société d'assurances, la mutuelle, l'institution paritaire qui gère financièrement le contrat.

Trois catégories de contrats

L'assurance en cas de vie
L'épargne accumulée est restituée au souscripteur à une échéance fixée.

L'assurance en cas de décès
Le capital est versé aux bénéficiaires désignés en cas de décès de l'assuré.

Un contrat mixte de vie et décès
Il combine les deux, avec un capital versé soit à l'assuré en cas de vie, soit aux bénéficiaires en cas de décès.

POURQUOI SOUSCRIRE UNE ASSURANCE-VIE ?

L'assurance-vie est un produit d'épargne de moyen et de long terme avec lequel l'assuré peut poursuivre plusieurs objectifs.

Les raisons de souscription

- Préparer l'acquisition d'un logement.
- Financer une création d'entreprise.
- Réaliser un rêve, un voyage, etc.
- Financer les études des enfants.
- Préparer la retraite.
- Préparer la succession.

L'assurance-vie permet de faire fructifier ou constituer un capital, compléter ses revenus ou encore transmettre son patrimoine. En raison de sa grande souplesse et de la multiplicité des objectifs qu'elle peut atteindre, l'assurance-vie est considérée comme le « couteau suisse de l'épargne française ».

LES DIFFÉRENTS CONTRATS DES ASSURANCES-VIE

L'assuré peut accéder à des contrats différents en fonction de supports qui peuvent y être logés.

LES CONTRATS MONOSUPPORT

Ils ne comportent qu'un seul support, le fonds euros, autrement dénommé l'actif général. Adossé à un actif financier investi sur les marchés financiers, **il bénéficie de la garantie de capital.** Le rendement (également appelé « participation aux bénéfices ») du fonds euros est communiqué annuellement par l'assureur sous forme d'un taux net et les intérêts sont capitalisés.

LES CONTRATS MULTISUPPORTS

Ils donnent la possibilité aux assurés d'accéder à plusieurs supports de placement, fonds euros et unités de compte. Ces dernières peuvent être de nature diverse : monétaire, obligataire, immobilière, mixte. Elles ne bénéficient pas d'une garantie en capital et évoluent en fonction de leurs valeurs de marché. Ces fluctuations à la hausse ou à la baisse sont au bénéfice ou au risque du souscripteur. Depuis une dizaine d'années, les contrats proposés aux assurés sont essentiellement des contrats multisupports. **Aujourd'hui, les contrats multisupports sont les plus fréquemment souscrits.**

LES CONTRATS « VIE-GÉNÉRATION »

Créés en 2013, **ces contrats d'assurance-vie permettent de bénéficier d'un abattement sur les droits de transmission en contrepartie d'investissements dans le financement des petites et moyennes entreprises (PME) et des entreprises de taille intermédiaire (ETI).** Ils prennent la forme d'un contrat monosupport en unités de compte, ces dernières devant être investies pour au moins 33 % de l'actif dans certains secteurs de l'économie française (et européenne) jugés prioritaires par le législateur : PME, ETI, le logement social et intermédiaire, ou des entreprises de l'économie sociale et solidaire. En contrepartie de ce cadre d'investissement, les capitaux transmis en cas de décès du souscripteur bénéficient d'un abattement de 20 % des sommes soumises à l'imposition, avant l'abattement général de 152 500 € par bénéficiaire. Ces contrats n'ont pas rencontré le succès escompté. Quelques milliers ont été distribués et l'encours est inférieur à 2 milliards d'euros.

LES CONTRATS « EUROCROISSANCE » OU FONDS « EUROCROISSANCE »

Ils se caractérisent par la présence d'un fonds eurocroissance. **Un fonds eurocroissance peut être intégré à une assurance-vie multisupports, aux côtés d'un fonds euros et de supports en unités de compte.** Il peut également être accessible comme support unique d'une assurance-vie monosupport qui prend alors comme nom « contrat eurocroissance ». À la différence des fonds euros, où **la garantie en capital** est totale et permanente, celles des fonds eurocroissance **est à terme et peut ne pas être totale.** En règle générale, la garantie en capital (totale ou partielle) promise par l'assureur n'est acquise par le souscripteur ou adhérent qu'au terme d'une certaine durée. Le Code des assurances a fixé à 8 ans la durée de détention minimale (à compter du premier versement) pour bénéficier de cette garantie, mais l'assureur (ou le souscripteur dans le cadre de contrats collectifs) peut choisir une échéance plus lointaine (10, 15, 20 ans…). En contrepartie de cette garantie à terme et, le cas échéant partielle, le taux de rendement est potentiellement plus élevé.
Les sommes capitalisées sur un fonds eurocroissance ne sont pas bloquées jusqu'à l'échéance choisie (8 ans ou plus). **Des rachats anticipés demeurent tout à fait possibles.** En revanche, le détenteur du contrat ne bénéficie alors d'aucune garantie en capital. Le montant retiré dépend dans ce cas uniquement de la valorisation du fonds eurocroissance à la date de retrait.

FONDS EUROS ET UNITÉS DE COMPTE

LES FONDS EUROS

Le fonds en euros est un support d'investissement spécifique aux contrats d'assurance-vie et aux contrats de capitalisation. Il se distingue par une **garantie en capital,** ce qui en fait un placement sécurisé, adapté aux épargnants recherchant une stabilité et une performance régulière.
L'assureur garantit à l'épargnant qu'il ne peut pas perdre d'argent (hors frais de gestion et fiscalité). **Les intérêts acquis chaque année sont capitalisés.** Cela signifie que chaque année, ils s'ajoutent au capital et produisent eux-mêmes des intérêts les années suivantes. **L'épargne reste disponible à tout moment,** avec des conditions de rachat flexibles (sauf en cas de clauses spécifiques dans le contrat).

Quelques notions clés

- Les fonds euros représentant 72 % de l'encours des contrats d'assurance-vie, leurs rendements sont suivis avec attention.
- Les fonds euros bénéficient d'une garantie en capital de la part de l'assureur. Leur rendement est fixé annuellement par l'assureur. Chaque fonds euros a son rendement.
- Le rendement des fonds en euros des contrats d'assurance-vie repose sur plusieurs facteurs économiques et financiers d'une part et dépend, d'autre part, des investissements réalisés par les assureurs, investissements qui doivent tenir compte de la réglementation en vigueur.
- Les fonds en euros sont majoritairement investis dans des actifs relativement sécurisés afin de pouvoir garantir le capital.

LES UNITÉS DE COMPTE

Une unité de compte (UC) est un **support d'investissement proposé dans les contrats d'assurance-vie multisupports.** Contrairement aux fonds en euros, **les UC ne garantissent pas le capital,** mais offrent un potentiel de rendement plus élevé en fonction des marchés financiers.

Actifs financiers pouvant être investis dans les unités de compte

Actions (fonds actions, ETF)
Dépendantes des performances des marchés boursiers.

Obligations (fonds obligataires)
Influencées par les taux d'intérêt et le risque de crédit.

Immobilier (SCPI, OPCI, SCI)
Lié aux performances du marché immobilier.

Fonds diversifiés
Combinaison de plusieurs classes d'actifs pour une meilleure gestion du risque.

Produits structurés
Offrant des rendements conditionnels en fonction d'indices ou de scénarios de marché.

Le détenteur d'un contrat d'assurance-vie doit veiller à diversifier ses unités de compte. À cette fin, les assureurs en proposent un vaste choix : parts de fonds d'investissement qui peuvent être spécialisés sur un type d'actifs, une zone économique, des secteurs d'activités… ; ETF ou fonds structurés…

Les unités de compte conviennent aux épargnants prêts à prendre des risques pour dynamiser leur épargne. Elles sont adaptées aux investisseurs ayant un horizon de placement moyen et long terme de 5 à 10 ans pour absorber les fluctuations des marchés.

AVANTAGES

- Meilleur rendement potentiel que le fonds en euros.
- Large diversification (actions, obligations, immobilier, etc.).
- Accès aux marchés financiers via des fonds gérés par des experts.

INCONVÉNIENTS

- Aucun capital garanti : risque de perte en fonction des marchés.
- Volatilité élevée sur les supports actions.
- Frais plus élevés que les fonds en euros (gestion, arbitrage, entrée/sortie).

EST-IL POSSIBLE D'AVOIR DES TITRES EN VIFS DANS UN CONTRAT D'ASSURANCE-VIE ?

Des titres en vifs (actions, obligations ou autres instruments financiers achetés sur les marchés sans passer par un intermédiaire tels qu'un fonds d'investissement) **peuvent être directement placés dans un contrat d'assurance-vie,** mais cela dépend du type de contrat souscrit. Ce type d'investissement est généralement réservé aux contrats d'assurance-vie en gestion libre ou en gestion sous mandat. Cette faculté est réservée aux contrats haut de gamme. Ces titres peuvent être également logés dans des contrats dits luxembourgeois ou des contrats de capitalisation. Un montant d'investissement minimum élevé est souvent requis.

Ce type d'investissement est généralement réservé aux contrats d'assurance-vie en gestion libre ou en gestion sous mandat.

Les contrats avec titres en vifs permettent à l'assuré de choisir ses propres actions et obligations pour une gestion plus fine du portefeuille. Il a ainsi la possibilité de combiner une gestion de compte-titres tout en bénéficiant de la fiscalité de l'assurance-vie. Ce type de support permet à l'assuré de conserver le contrôle sur les investissements contrairement aux fonds gérés par des sociétés de gestion. A contrario, **l'exposition aux risques est plus élevée.** Il est possible, sous certaines conditions, de loger des actions non cotées dans son contrat d'assurance-vie, voire des actions de la société de l'assuré. Cette opération (encadrée) permet de transmettre une partie du capital de son entreprise en cas de décès de son dirigeant.

QU'EST-CE QU'UN CONTRAT DIT LUXEMBOURGEOIS ?

Un contrat d'assurance-vie luxembourgeois est un **contrat d'assurance-vie géré par des assureurs dont le siège social est au Luxembourg** et qui obéit, par conséquent, à la législation de ce pays. Ces contrats sont accessibles en France via des compagnies d'assurances, des courtiers ou des conseillers en gestion de patrimoine. Ces contrats, en raison de leurs spécificités, ont rencontré un grand succès après la crise des subprimes en 2008-2009 et après la crise des dettes souveraines de la zone euro en 2010-2012. Tous les grands établissements financiers disposent de filiales au Luxembourg pour proposer des contrats dits luxembourgeois. La signature d'un tel contrat est totalement légale sous réserve d'être déclarée.

Tous les grands établissements financiers disposent de filiales au Luxembourg pour proposer des contrats dits luxembourgeois.

Ces contrats constituent des solutions d'épargne et de transmission patrimoniale en raison des garanties de sécurité qu'ils offrent – supérieures à celles des contrats français –, de leur grande flexibilité en matière d'investissement et de leur portabilité internationale. **Ils sont particulièrement adaptés aux investisseurs souhaitant sécuriser leur capital et optimiser la gestion patrimoniale.** Longtemps réservés aux détenteurs de patrimoine élevé, les contrats luxembourgeois tendent, depuis quelques années, à devenir plus accessibles.

AVANTAGES

- Protection maximale : grâce au super privilège et au Triangle de Sécurité, dispositif propre au Luxembourg.
- Flexibilité d'investissement : avec un large choix d'actifs et titres en vifs en particulier
- Portabilité internationale : idéal pour les expatriés.
- Aucune pénalisation fiscale pour les résidents français.
- Diversification des supports et possibilité d'accéder à plusieurs devises.

INCONVÉNIENTS

- Coût de gestion potentiellement plus élevé qu'un contrat français classique.
- Montant minimum souvent plus élevé mais ce produit se démocratise : 250 000 € en moyenne.
- Contrat nécessitant un conseil pour une gestion optimale.
- Pas d'avantage fiscal spécifique par rapport à un contrat français.

QUEL EST LE RENDEMENT DES CONTRATS D'ASSURANCE-VIE ?

Le rendement des contrats d'assurance-vie est fonction de celui de ses supports, fonds euros, unités de compte, fonds eurocroissance.

LE RENDEMENT DES FONDS EUROS

Les rendements des fonds euros dépendent essentiellement de celui des obligations d'État. Une partie de ces rendements est fonction d'une poche dite de diversification qui peut comprendre des actions, des actifs immobiliers, des obligations corporate, etc.

La gestion des fonds euros relève des assureurs. Ils peuvent investir davantage en immobilier ou en actifs risqués pour améliorer la performance du fonds.

2,6 %

Rendement moyen des fonds euros en 2024

LES PROVISIONS POUR PARTICIPATION AUX BÉNÉFICES (PPB)

Les assureurs peuvent **constituer des réserves à partir des gains réalisés sur les fonds euros,** pour être redistribuées ultérieurement, afin de stabiliser les rendements dans le temps. Ce sont les provisions pour participation aux bénéfices (PPB).

La PPB est une réserve comptable alimentée par la part des bénéfices non immédiatement distribuée aux assurés. Elle appartient collectivement aux assurés et doit être restituée dans un délai maximal de 8 ans. Cette provision **permet aux assureurs de lisser les rendements servis en puisant dans cette réserve lors des années moins favorables,** assurant ainsi une certaine stabilité des taux crédités aux contrats d'assurance-vie. Les assureurs doivent redistribuer au moins 90 % des bénéfices techniques, qui correspondent aux excédents résultant de la différence entre les primes perçues et les sinistres payés, ajustés des frais de gestion. Ils doivent également reverser au minimum 85 % des bénéfices financiers, issus des revenus générés par les placements des primes collectées.

La PPB est une réserve comptable alimentée par la part des bénéfices non immédiatement distribuée aux assurés.

La PPB, bien que constituée au bénéfice des assurés, n'est pas individualisée. Ainsi, en cas de rachat total ou partiel d'un contrat, l'assuré ne peut pas prétendre à une quote-part spécifique de la PPB.

LE RENDEMENT DES UNITÉS DE COMPTE

Sur ces dix dernières années, le rendement moyen des unités de compte se situe autour de 6 % par an. Celui-ci **dépend de la gestion réalisée par les fonds d'investissement** dont elles sont l'émanation **et de l'évolution des marchés.**

4,6 %

Rendement moyen des unités de compte en 2024

QUELS SONT LES FRAIS SUR LES CONTRATS D'ASSURANCE-VIE ?

L'assureur prélève des frais tout au long de la vie du contrat. Ces frais sont la contrepartie des services proposés dans le cadre de la gestion des contrats d'assurance-vie.

Les différents types de frais

Frais de dossier
Frais fixes payables une seule fois lors de la souscription du contrat. Tous les contrats d'assurance-vie ne prévoient pas de tels frais.

Frais d'entrée
Dus au moment de la souscription du contrat d'assurance-vie (ou lors de l'adhésion pour les contrats collectifs).

Frais de gestion ou frais sur encours
Annuels et proportionnels à la valorisation du contrat.

Frais de versement
Acquittés au moment du versement des primes ou des cotisations.

Frais d'arbitrage
Dus en cas de changement de supports au sein du contrat d'assurance-vie.

Frais d'arrérages
Acquittés en cas de versement d'une rente.

L'assuré peut être confronté à des frais de rachats (en cas de retraits) ou de clôture (en cas de fermeture du contrat d'assurance-vie).

Depuis le 1er juin 2022, les organismes d'assurance commercialisant des contrats d'assurance-vie ou des plans d'épargne retraite assurance doivent afficher les frais pratiqués sur leur site Internet. La présentation doit se faire sous la forme d'un tableau standard qui regroupe les frais par catégorie.

QUELLES SONT LES OBLIGATIONS D'INFORMATION DES ASSUREURS ?

Ces dernières années, le législateur a renforcé le devoir de conseil des assureurs auprès des assurés. Les obligations d'informations ont été ainsi considérablement accrues.

Informations au moment de la souscription du contrat d'assurance-vie

- Une proposition d'assurance (ou de contrat) incluant un projet de lettre de renonciation. Ce document doit préciser notamment l'objet du contrat, les obligations respectives de chaque partie, les frais facturés, les procédures de désignation du bénéficiaire, et si nécessaire les possibilités de rachat ou de transfert.
- Une note d'information récapitulative des caractéristiques essentielles du contrat et les conditions d'exercice de la faculté de renonciation.

Dans le cadre d'un contrat individuel, l'assureur peut communiquer au souscripteur un document unique regroupant la proposition d'assurance/de contrat et la note d'information, sous réserve que ce document comprenne un encadré précisant en caractères très apparents la nature du contrat et ses caractéristiques essentielles. L'assureur doit, à tout moment, être en capacité de fournir ces informations à ses assurés.

Après la conclusion du contrat, l'assureur doit délivrer, chaque année, auprès des assurés les informations afin qu'ils puissent avoir une vision claire des rendements et des coûts de gestion.

QUEL EST LE RÉGIME FISCAL DES RACHATS ?

Le régime fiscal a été sujet à d'importantes modifications ces trente dernières années. Compte tenu du caractère non rétroactif des dispositions fiscales concernant les contrats d'assurance, **la fiscalité dépend de la date de signature du contrat et de la date des versements.**

Pour les contrats ouverts avant le 1er janvier 1983, seuls les gains issus des primes versées après le 10 octobre 2019 sont assujettis à impôt et prélèvements sociaux. Pour les gains antérieurs, seuls les prélèvements sociaux sont exigés.

En cas de rachat, les gains issus des primes versées avant le 27 septembre 2017 sont soumis à l'imposition au barème progressif de l'impôt sur le revenu ou sur option au prélèvement forfaitaire libératoire (PFL).

Les gains issus de primes versées après le 27 septembre 2017 sont soumis d'office au prélèvement forfaitaire unique (12,8 % au titre de l'impôt) auxquels s'ajoutent les prélèvements sociaux (17,2 %) soit un total de 30 %. Sur option, l'assuré peut opter pour le barème de l'impôt sur le revenu. Cette option s'applique alors à l'ensemble des revenus financiers éligibles au barème de l'impôt sur le revenu. En prenant l'option de l'impôt sur le revenu, l'assuré devra également s'acquitter des prélèvements sociaux.

EN RÉSUMÉ

Âge du contrat	Versements effectués avant le 27 septembre 2017	Versements effectués à compter du 27 septembre 2017
Moins de 4 ans	Prélèvements sociaux : 17,2 % + Prélèvement forfaitaire libératoire : 35 %	Prélèvements sociaux : 17,2 % + Prélèvement forfaitaire unique : 12,8 %
Entre 4 et 8 ans	Prélèvements sociaux : 17,2 % + Prélèvement forfaitaire libératoire : 15 %	
Plus de 8 ans	Prélèvements sociaux : 17,2 % + Abattement : 4 600 € (9 200 € pour un couple) Puis prélèvement forfaitaire libératoire de 7,5 %	Prélèvements sociaux : 17,2 % + Abattement : 4 600 € (9 200 € pour un couple) Puis 7,5 % sur les gains issus des versements inférieurs à 150 000 € et 12,8 % sur les gains issus des versements supérieurs à 150 000 €

ASSURANCE-VIE ET IMPÔT SUR LA FORTUNE IMMOBILIÈRE (IFI)

Les contrats d'assurance-vie ne sont pas soumis à l'IFI à l'exception des unités de compte investies en SCPI et OPCI à hauteur de leur quote-part investie dans l'immobilier.

QUELS SONT LES CAS D'EXONÉRATION FISCALE ET SOCIALE POUR L'ASSURANCE-VIE ?

Les gains issus du contrat d'assurance-vie ne sont pas fiscalisés si le titulaire du contrat (ou son conjoint ou partenaire de PACS) relève d'un des cas suivants :

- **Licenciement** : la privation d'emploi du souscripteur du contrat, de son conjoint ou partenaire de PACS ouvre droit à cette exonération en cas de rachat du contrat. Selon la loi, la condition pour en profiter est que cette perte d'emploi doit résulter d'un fait indépendant de sa volonté. En outre, la personne doit être inscrite à France Travail et ne pas avoir retrouvé de travail durant la période d'exonération.
- **Mise en retraite anticipée**.
- **Invalidité** (catégorie 2 ou 3 de la sécurité sociale).
- **Cessation d'activité** consécutive à un jugement de liquidation judiciaire.

L'exonération vaut pour les gains perçus jusqu'à la fin de l'année suivant l'événement le touchant. Les produits restent toutefois soumis aux prélèvements sociaux. Néanmoins, ces derniers bénéficient d'une exonération quand le dénouement du contrat résulte de l'invalidité du bénéficiaire ou de celle du conjoint. Pour bénéficier de cette exonération, le souscripteur/adhérent doit s'abstenir d'opter pour le prélèvement forfaitaire libératoire et fournir les justificatifs nécessaires.

LES RÈGLES POUR LES PRÉLÈVEMENTS SOCIAUX EN MATIÈRE D'ASSURANCE-VIE

Dans les contrats ne comportant qu'un fonds en euros, ces prélèvements sociaux sont prélevés chaque année à la source et directement déduits des intérêts crédités sur votre compte.
Dans les contrats multisupports, les règles diffèrent selon la nature des fonds retenus. Depuis 2011, les revenus générés par les actifs investis dans le compartiment « euros » des contrats sont également soumis aux prélèvements sociaux chaque année, et non plus lors du dénouement du

contrat. En cas de rachat, total ou partiel, les produits réalisés sont soumis aux prélèvements sociaux au taux global en vigueur au moment du retrait (rachat), du dénouement ou du décès. Un mécanisme de restitution est prévu si le montant des prélèvements sociaux déjà supportés en cours de vie du contrat par les actifs en euros est supérieur au montant des prélèvements sociaux calculés lors de ce dénouement ou de ce rachat.
Les gains réalisés sur les supports en unités de compte des contrats multisupports sont soumis aux prélèvements sociaux à l'occasion des rachats ou en cas de décès du titulaire du contrat. Le taux applicable est en principe celui en vigueur au moment du retrait, du dénouement ou du décès.

17,2 %

Taux global des prélèvements sociaux depuis janvier 2018

L'assuré qui détient un contrat d'assurance-vie de plus de 8 ans a tout intérêt à effectuer des rachats progressifs en fonction de ses besoins. En jouant sur les abattements de 4 600 ou 9 200 €, il peut ainsi réduire la facture fiscale tout en continuant à faire fructifier l'épargne du contrat.

QUEL EST LE RÉGIME FISCAL DE LA RENTE EN ASSURANCE-VIE ?

Les rentes viagères (arrérages de rentes) ne sont imposables (impôt sur le revenu et prélèvement sociaux) que sur une fraction de leur montant et en fonction de l'âge du rentier lors du premier versement de la rente.

Imposition de la rente

70 %
de sa valeur si le titulaire a moins de 50 ans.

50 %
de sa valeur si le titulaire a entre 50 et 59 ans

40 %
de sa valeur si le titulaire a entre 60 et 69 ans

30 %
de sa valeur si le titulaire a plus de 70 ans.

Les rentes viagères sont soumises également aux prélèvements sociaux : 17,2 % depuis le 1er janvier 2018. Quand la rente est constituée au bénéfice d'un couple, on retient l'âge du plus âgé des deux.

QUEL EST LE RÉGIME FISCAL DE L'ASSURANCE-VIE AU NIVEAU DE LA SUCCESSION ?

L'assurance-vie offre la possibilité de bénéficier sous certaines conditions d'un régime fiscal attractif en matière de succession. Ce régime dépend de la date d'ouverture du contrat et de celle des versements. Les droits à acquitter sont également fonction de l'âge du souscripteur au moment des versements. Ils sont enfin fonction des sommes versées aux bénéficiaires.

En matière de succession, l'assurance-vie obéit à des règles spécifiques. **Contrairement à une idée reçue, elle n'échappe pas toujours à la fiscalité.** Tout dépend du moment où le contrat a été signé, du moment où les primes ont été versées, et surtout de l'âge de l'assuré au moment de ces versements.

Contrats souscrits avant le 20 novembre 1991	Contrats souscrits à compter 20 novembre 1991
Primes versées avant le 13 octobre 1998	**Primes versées avant le 13 octobre 1998**
Avant les 70 ans de l'assuré	**Avant les 70 ans de l'assuré**
Aucune fiscalité à l'entrée dans la succession, seuls les prélèvements sociaux s'appliquent.	Exonération des droits de succession, mais prélèvements sociaux sur les gains.
Après les 70 ans de l'assuré	**Après les 70 ans de l'assuré**
Même régime. Pas d'impôt sur le capital transmis, mais prélèvements sociaux sur les produits.	Application de l'article 757 B du CGI. Seules les primes dépassant 30 500 € sont soumises aux droits de succession. Les produits restent non imposables à la succession, mais subissent les prélèvements sociaux.
Primes versées à partir du 13 octobre 1998	**Primes versées à partir du 13 octobre 1998**
Avant les 70 ans de l'assuré	**Avant les 70 ans de l'assuré**
Exonération jusqu'à 152 500 € par bénéficiaire. Puis taxation à 20 % jusqu'à 852 500 € (soit 700 000 € de tranche taxable). Au-delà : taux majoré à 31,25 %.	Règles identiques à celles des anciens contrats : article 990 I. Exonération jusqu'à 152 500 € par bénéficiaire, puis 20 %, puis 31,25 %.
Après les 70 ans de l'assuré	**Après les 70 ans de l'assuré**
Ce n'est plus l'article 990 I du CGI mais l'article 757 B qui s'applique. Seules les primes versées sont soumises aux droits de succession, après un abattement unique de 30 500 €, tous bénéficiaires confondus. Les produits capitalisés restent exonérés d'impôt, mais soumis aux prélèvements sociaux.	Article 757 B, avec le seuil des 30 500 € global pour les droits de succession, et prélèvements sociaux sur les gains.

EN RÉSUMÉ
La date du contrat (avant ou après le 20/11/1991) détermine les droits acquis dans le temps.
La date des versements (avant ou après le 13/10/1998) modifie le régime applicable.
L'âge de l'assuré au moment du versement (avant ou après 70 ans) fait basculer de l'article 990 I (favorable) à l'article 757 B (moins favorable).
Les assurés doivent privilégier les versements avant 70 ans et les répartir entre plusieurs bénéficiaires pour tirer parti des abattements individuels. Après 70 ans, l'avantage se réduit, notamment parce que l'abattement de 30 500 € est global, et que les droits de succession peuvent rapidement s'appliquer.

QUELS SONT LES CADRES FISCAUX DE LA RENTE DE SURVIE ET DE L'ÉPARGNE HANDICAP ?

Le contrat « rente-survie » est un contrat d'assurance en cas de décès qui garantit le versement d'un capital ou d'une rente viagère à un enfant ou à tout autre parent en ligne directe ou collatérale jusqu'au troisième degré de l'assuré, ou à une personne réputée à charge de celui-ci, lorsque ces bénéficiaires sont atteints d'une infirmité qui les empêche soit de se livrer à une activité professionnelle normalement rentable, soit, s'ils sont âgés de moins de 18 ans, d'acquérir une instruction ou une formation professionnelle d'un niveau normal.

Le contrat « épargne handicap » est un contrat d'assurance-vie d'une durée effective d'au moins 6 ans, souscrit par une personne atteinte, lors de la souscription, d'une infirmité qui l'empêche de se livrer dans des conditions normales de rentabilité à une activité professionnelle, et qui prévoit le versement d'une rente viagère ou d'un capital à son profit.

Ils ouvrent droit, chaque année à une réduction d'impôt égale à 25 % du montant des primes dans la limite de 1 525 € + 300 € par enfant à charge (soit une économie d'impôt maximale de 456,25 € pour un couple avec 1 enfant).

Cette limite s'applique à l'ensemble des contrats « rente survie » et « épargne handicap » souscrits par les membres d'un même foyer fiscal. Si un rachat intervient dans les six premières années d'un contrat « épargne handicap », la réduction d'impôt peut être remise en cause.

QU'EST-CE QUE LA CLAUSE BÉNÉFICIAIRE D'UN CONTRAT D'ASSURANCE-VIE ?

Le contrat d'assurance-vie permet de préparer la transmission du patrimoine. À cette fin, l'assuré doit remplir avec attention la clause bénéficiaire. La clause bénéficiaire est la partie du contrat qui permet de désigner la ou les personnes qui recevront un capital lors du décès de l'assuré. Le ou les bénéficiaires peuvent être également désignés par testament. À défaut d'être nommément désignés, ce sont les héritiers qui bénéficient du capital de l'assurance-vie.

Les bénéficiaires d'un contrat d'assurance-vie

- **Si l'assuré désigne plusieurs bénéficiaires,** il doit veiller à préciser, dans la clause bénéficiaire, la répartition (en pourcentage) du capital souhaitée entre les différents bénéficiaires.
- **L'assuré a la possibilité de désigner la ou les personnes de son choix.** Le bénéficiaire peut être une personne physique mais aussi une personne morale (une association caritative par exemple).
- **Il n'est, en revanche, pas possible de désigner comme bénéficiaires** d'un contrat d'assurance-vie : les membres de professions médicales ayant soigné l'assuré avant son décès ; les mandataires judiciaires à la protection des majeurs ; les ministres du Culte ; les animaux.
- La répartition du capital entre les bénéficiaires nommément désignés **ne peut pas aboutir à déshériter les héritiers de l'assuré.** Ces derniers peuvent contester le choix du ou des bénéficiaires en prouvant que les versements réalisés sur le contrat d'assurance-vie sont manifestement exagérés.
- **Le caractère exagéré des primes versées est laissé à l'appréciation souveraine des juges** du fond, au regard de différents critères. Ils analysent si la réserve de succession est atteinte ou non par le versement du capital. Le juge a la faculté d'ordonner la réintégration des sommes dans le patrimoine et entrer ainsi le contrat d'assurance-vie dans la succession.
- **Le ou les bénéficiaire(s) désigné(s) sont libres de disposer du capital comme ils l'entendent**, sauf dans les contrats obsèques où les bénéficiaires désignés doivent utiliser le capital pour financer les obsèques de l'assuré.
- Tout au long du contrat, **l'assuré peut, sous conditions, modifier la clause bénéficiaire.** Si le ou les bénéficiaires ont accepté formellement la désignation, elle est irrévocable.

À défaut d'avoir indiqué un ou des bénéficiaires, en cas de décès de l'assuré, les sommes capitalisées reviennent de droit aux héritiers.

EST-CE QU'UN CONTRAT D'ASSURANCE-VIE EST TRANSFÉRABLE ?

Les contrats d'assurance-vie ne sont pas transférables d'une compagnie d'assurance à une autre. L'assuré est contraint pour changer d'assureur de clore son contrat et de perdre l'antériorité fiscale.

TRANSFERT ENTRE CONTRATS AU SEIN D'UN MÊME ASSUREUR

Depuis 2005, la loi permet le transfert d'un contrat monosupport (investi exclusivement en fonds euros) vers un contrat multisupport (fonds euros + unités de compte) sans perte d'antériorité fiscale. **C'est ce qu'on appelle un transfert Fourgous.** Ce transfert impose que 20 % minimum des sommes transférées soient investies en unités de compte.

TRANSFERT ENTRE CONTRATS D'ASSURANCE-VIE (LOI PACTE 2019)

Depuis la loi Pacte de 2019, un contrat d'assurance-vie peut être transféré vers un autre au sein du même assureur ou vers un assureur du même groupe sans perdre l'antériorité fiscale (pour accéder à de meilleures conditions de gestion ou de performance sans repartir de zéro fiscalement).

Ces deux modalités de transfert sont sans incidence fiscale : aucune fiscalité n'est due au moment du transfert. En outre, les contrats transférés conservent leur antériorité fiscale.

TRANSFÉRABILITÉ D'UN CONTRAT D'ASSURANCE-VIE EN CAS DE DÉCÈS

En cas décès du titulaire, le contrat d'assurance-vie est liquidé au profit des bénéficiaires désignés ou des héritiers. Dans le cas d'un contrat souscrit en co-adhésion par un couple marié, deux scénarios existent en cas de décès d'un des conjoints.

• Si les fonds appartiennent aux deux époux et que l'un des deux décède, la moitié du contrat est intégrée à la succession du défunt. L'autre moitié reste disponible pour l'époux survivant.

• Si les fonds appartiennent exclusivement à l'un des conjoints (régime de séparation des biens), le contrat est liquidé et les fonds sont transmis aux bénéficiaires désignés.

Un contrat co-souscrit ne permet pas automatiquement le maintien du contrat au profit du conjoint survivant. Il est donc important de bien structurer la souscription en fonction des objectifs patrimoniaux.

LES CONTRATS DE CAPITALISATION

Les contrats de capitalisation ressemblent aux contrats d'assurance-vie et fonctionnent selon les mêmes supports (fonds euros, unités de compte). Ils se distinguent, en revanche, de l'assurance-vie en permettant de donner un contrat de capitalisation de son vivant (ce qui n'est pas possible avec un contrat d'assurance-vie). Ils ne bénéficient pas, en revanche, du régime dérogatoire en cas de décès.

Ils se distinguent de l'assurance-vie en permettant de donner un contrat de capitalisation de son vivant.

Ainsi, le contrat de capitalisation est transmissible par donation (en pleine propriété ou en démembrement) ou par succession, sans perte de l'antériorité fiscale. Contrairement à l'assurance-vie, **il n'y a pas de garantie décès.** Le contrat de capitalisation fait partie de la succession du souscripteur et ses héritiers lui sont automatiquement substitués après s'être acquittés des droits de succession dans les conditions de droit commun. Ils peuvent ainsi conserver le contrat de capitalisation, avec son antériorité fiscale, jusqu'à son échéance ou en demander le rachat.

Le contrat de capitalisation est transmissible ou par succession, sans perte de l'antériorité fiscale.

Le titulaire d'un contrat de capitalisation peut transmettre la nue-propriété tout en conservant l'usufruit. Cette opération permet de réduire les droits à payer dans le cas des donations. Une transmission d'un contrat de capitalisation permet d'exonérer d'impôts les gains réalisés. La plus-value d'un contrat cédé ou légué échappe ainsi à l'imposition.

Chapitre 11

LE PLAN D'ÉPARGNE EN ACTIONS

Le plan d'épargne en actions (PEA) a été créé en 1992 en France. Avec ce produit, le législateur a souhaité encourager l'investissement en actions tout en offrant un cadre fiscal avantageux pour les particuliers. Depuis sa création, ce produit a connu plusieurs évolutions, notamment avec l'introduction du PEA-PME en 2014 pour favoriser le financement des petites et moyennes entreprises.

QUELS SONT LES GRANDS PRINCIPES D'UN PEA ?

Le PEA est un compte-titres ou un contrat de capitalisation assorti d'avantages fiscaux conditionnés au respect de certaines règles. Il permet d'acquérir des actions et des titres d'OPCVM de l'Union européenne, tout en bénéficiant, sous certaines conditions, d'une exonération d'impôt sur les dividendes et les plus-values.

7 millions

de résidents français titulaires d'un PEA, en 2023

L'encours des PEA est proche de 120 milliards d'euros en 2024. Son augmentation, ces dernières années, s'explique par la bonne tenue des marchés et par les versements des titulaires.

Deux types de PEA

Le PEA classique bancaire
Constitué d'un compte en espèces et d'un compte-titres. Les versements réalisés sur le compte en espèces servent ensuite à acheter les titres inscrits au compte-titres.

Le PEA classique assurance
Il prend la forme d'un contrat de capitalisation libellé en unités de compte (UC).

Depuis 2014, il est par ailleurs possible d'ouvrir un plan d'épargne en actions « PME-ETI » (PEA PME/ETI), dédié aux investissements dans les petites et moyennes entreprises et de taille intermédiaire. Comme le PEA classique, il peut prendre la forme d'un compte en espèces associé à un compte-titres (bancaire) ou d'un contrat de capitalisation (assurance).

Depuis 2019, les jeunes majeurs rattachés au foyer fiscal de leurs parents ou d'un de leurs parents peuvent disposer également d'un PEA jeune.

LE PLAFOND DU PEA

Le plafond de versement sur les PEA classiques (bancaire ou assurance) **est fixé à 150 000 €.** Celui du PEA PME-ETI a été porté, par la loi Pacte de mai 2019, de 75 000 € à 225 000 €.
Depuis la loi Pacte, **il est, par ailleurs, possible de cumuler un PEA classique avec un PEA-PME.** La somme totale versée sur ces deux plans par un même titulaire ne peut pas dépasser 225 000 €. De plus, le plafond des versements

sur les PEA classiques ne peut excéder 150 000 € même en cas de cumul. Les versements peuvent être réalisés en une ou plusieurs fois pendant toute la durée du plan. Seuls les versements en numéraires sont autorisés. Les virements de titres sur un PEA sont interdits. Il n'est pas possible de transférer des actions d'un compte-titres ordinaire vers un PEA.

QUI PEUT OUVRIR UN PEA ?

Seules les personnes majeures domiciliées en France peuvent ouvrir un PEA et une personne ne peut détenir qu'un seul PEA. Un couple pacsé ou marié peut détenir deux PEA. Un enfant majeur rattaché au foyer fiscal de ses parents, qui est donc pris en compte pour le calcul de l'impôt sur le revenu de ses derniers, peut aussi sous certaines conditions ouvrir un PEA jeune.

QUELS SONT LES TITRES ÉLIGIBLES À UN PEA ?

Les versements sont placés sur le compte espèces du PEA à partir duquel seront effectués les achats de titres. En cas de revente de titres, les sommes qui en sont issues sont également placées sur ce compte-espèces.

Avec les versements effectués sur un PEA, il est possible d'acquérir :
- **des actions et titres** assimilés de sociétés dont le siège social est situé en France ou dans un État membre de l'Union européenne, en Islande ou en Norvège et qui sont soumises à l'impôt sur les sociétés ou à un impôt équivalent.
- **des OPC** investis à 75 % en actions et titres assimilés mentionnés ci-dessus.

Il est également possible d'acquérir des parts de fonds indiciels ETF sous certaines conditions qui peuvent être de nature mondiale et ainsi dépasser le cadre logiquement purement européen du PEA.

COMMENT UN PEA PME/ETI FONCTIONNE-T-IL ?

Depuis 2014, il est possible de souscrire à un PEA PME/ETI – plan d'épargne en actions dédié aux petites et moyennes entreprises (PME) et aux entreprises de taille intermédiaire (ETI). **On peut y loger des titres de PME et des titres de fonds spécialisés dans les PME.** Le régime fiscal est le même que celui du PEA.

QUELLES SONT LES CONDITIONS D'ACCÈS ET LES SPÉCIFICITÉS DU PEA JEUNE ?

Les jeunes adultes rattachés au foyer fiscal peuvent, depuis la loi Pacte du 22 mai 2019, également détenir un PEA. Ils doivent, pour cela, être âgés de plus de 18 ans et de moins de 21 ans ou de moins de 25 ans pour ceux et celles qui poursuivent leurs études. Avant l'entrée en vigueur de la loi Pacte, l'ouverture d'un PEA était réservée aux seules personnes ayant la qualité de contribuable (qu'ils soient imposables ou non), ce qui n'était pas le cas des jeunes rattachés. Les versements sont plafonnés à 20 000 €. Les autres règles applicables aux PEA le sont pour le PEA jeune.

Les versements sont plafonnés à 20 000 €.

À la fin du rattachement du jeune au foyer fiscal de ses parents, le PEA jeune se transforme en PEA classique, plafonné à 150 000 € tout en gardant son ancienneté et ses avantages fiscaux. Le plafond de versement de 20 000 € ne vient pas en déduction du plafond du PEA de la personne à laquelle est rattaché fiscalement le majeur. Les versements réalisés sur le PEA jeune au profit du jeune majeur sont donc pris en compte dans le plafond global de 225 000 €.

QUELLE EST LA DURÉE DE VIE D'UN PEA ?

La durée de vie normale d'un PEA est d'**au moins 5 ans,** sachant qu'il n'y a pas de durée limite pour ce produit. **En revanche, les retraits avant 5 ans entraînent la clôture du plan,** sauf dans les cas suivants : reprise ou création d'entreprise, licenciement, invalidité, mise à la retraite anticipée du titulaire ou de son époux ou partenaire de PACS, retrait du plan des titres de sociétés en liquidation.
Les retraits partiels après 5 ans n'entraînent pas la clôture du plan. Il continue donc de fonctionner et il est possible de faire de nouveaux versements depuis l'adoption de la loi Pacte en 2019.

EST-IL POSSIBLE DE TRANSFÉRER UN PEA ?

Le transfert de PEA d'un établissement à un autre est possible. **En cas de transfert, ce sont des liquidités qui sont transférées et non des titres.** Ce transfert est sans incidence sur la date d'ouverture ni sur l'exonération fiscale des produits des titres qui y sont inscrits.

QUELS SONT LES CAS DE CLÔTURE D'UN PEA ?

- Décès du titulaire.
- Tout retrait avant 5 ans (hors cas de retraits autorisés).
- Non-respect d'une des conditions du fonctionnement (par exemple dépassement du plafond des versements, souscription d'un deuxième PEA ou d'un deuxième PEA PME/ETI).
- Transfert du domicile fiscal du plan dans un des États et territoires non coopératifs (hors espace économique européen).
- Retrait après 5 ans de la totalité des sommes ou valeurs et conversion des capitaux en rente viagère (dans le cadre des PEA assurance).

Des cas de retraits anticipés sans clôture sont autorisés si le titulaire ou son conjoint sont dans une des situations suivantes : licenciement, invalidité (2e ou 3e catégorie), mise à la retraite.

QUEL EST LE RÉGIME FISCAL DU PEA ?

Pendant la durée du PEA, **les dividendes et les plus-values générés par les placements effectués dans le cadre du plan ne sont pas imposables, à condition d'être réinvestis dans le PEA** et sous réserve d'une durée d'ouverture.

L'imposition des revenus d'un PEA dépend de la date du premier retrait après l'ouverture du plan

En l'absence de retrait avant 5 ans
Les revenus et plus-values sont exonérés. Toutefois, concernant les titres non cotés, l'exonération des revenus est plafonnée chaque année à 10 % du montant de ces titres (c'est-à-dire leur valeur d'acquisition).

En cas de retrait avant 5 ans
Le gain net réalisé depuis l'ouverture du plan est imposé au taux du prélèvement forfaitaire unique (12,8 %) sauf en cas d'option pour l'imposition au barème progressif de l'impôt sur le revenu.

Toutefois, les retraits anticipés bénéficient d'une exonération dans certaines situations, notamment : décès du titulaire du plan, financement de la création ou de la reprise d'une entreprise sous certaines conditions.

LE PEA ET LES PRÉLÈVEMENTS SOCIAUX ?

Les gains issus des placements effectués dans un PEA sont soumis aux prélèvements sociaux au moment des retraits ou rachats :

- **Pour les PEA ouverts à compter du 1er janvier 2018,** le taux de prélèvement retenu est celui applicable lors du retrait, soit 17,2 % pour le taux en vigueur depuis le 1er janvier 2018.
- **Pour les PEA ouverts avant le 1er janvier 2018,** quand le PEA a plus de 5 ans (lors du premier retrait), les taux historiques sont maintenus sur la fraction des gains acquis avant 2018. Les gains acquis postérieurement à cette date sont taxés au taux du prélèvement en vigueur à la date du retrait (17,2 % en 2017).

PEA/COMPTE-TITRES : LES DIFFÉRENCES

Le PEA offre une fiscalité plus intéressante que le compte-titres à condition d'être ouvert depuis 5 ans. À compter de la 5e année, les gains ne sont soumis qu'aux prélèvements sociaux. Ceux issus d'un compte-titres doivent subir, en outre le prélèvement forfaire unique de 12,8 % ou le barème de l'impôt sur le revenu. Les titres éligibles sont limités dans le PEA aux valeurs actions européennes mais néanmoins de nombreux fonds indiciels (ETF) monde peuvent y être logés. **Le compte-titres peut accueillir tous les types de supports.**

Le PEA offre une fiscalité plus intéressante que le compte-titres à condition d'être ouvert depuis 5 ans.

LES SPÉCIFICITÉS DU PEA ASSURANCE

C'est un contrat de capitalisation souscrit auprès d'une compagnie d'assurance et les sommes sont investies en unités de compte. À la différence d'un PEA bancaire, les titres ne sont pas acquis en direct. Il est possible de prévoir une sortie en rente viagère à l'expiration de la 5e année de détention. non imposable à l'impôt sur le revenu. Elle est, en revanche, soumise aux prélèvements sociaux après application d'un abattement tenant compte de l'âge du titulaire du contrat au moment où il fait la demande de dénouement. La durée du PEA assurance est déterminée dans le cadre du contrat et, en cas de décès, il entre dans l'actif successoral du souscripteur. Au décès de celui-ci, l'enveloppe PEA est clôturée, mais le contrat ne se dénoue pas. Les héritiers bénéficient de l'antériorité fiscale attachée au contrat.

À la différence d'un PEA bancaire, les titres ne sont pas acquis en direct.

Chapitre 12

L'ÉPARGNE SALARIALE

L'épargne salariale vise à associer les salariés aux performances et aux résultats des entreprises. Elle comprend l'intéressement, la participation ainsi que les éventuels abondements des employeurs. Est également associée la prime de partage de la valeur (PPV). Par ailleurs, deux outils ont été créés dans le cadre de l'épargne salariale : le plan d'épargne entreprise (PEE) et le plan d'épargne retraite collectif (PERECO).

QUELQUES CHIFFRES CLÉS

12,8 millions
de salariés en France
disposent d'au moins un produit d'épargne salariale en 2024.

416 000
entreprises en France
proposent un produit d'épargne salariale.

240 700
entreprises en France
proposent un produit d'épargne retraite collectif.

21,7 milliards d'euros
Collecte brute de l'épargne salariale, en 2024.

200 milliards d'euros
Encours de l'épargne salariale, fin 2024.

Source AFG, Association française de gestion.

COMMENT FONCTIONNE L'INTÉRESSEMENT ?

L'intéressement (créé en 1959) est un dispositif facultatif d'épargne salariale en France qui permet aux salariés de recevoir une prime liée aux performances ou aux résultats de leur entreprise. Il repose sur un accord collectif et vise à associer financièrement les salariés aux bons résultats de l'entreprise. Les sommes perçues peuvent être immédiatement versées ou placées sur un plan d'épargne salariale (PEE ou PER) avec des avantages fiscaux et sociaux.La mise en place de l'intéressement est facultative. Tous les salariés

Il repose sur un accord collectif et vise à associer financièrement les salariés aux bons résultats de l'entreprise.

ont accès à l'intéressement sous réserve d'une condition d'ancienneté qui ne peut excéder trois mois. Dans les entreprises de moins de 250 salariés, les chefs d'entreprise et les mandataires sociaux peuvent accéder à l'intéressement.

L'entreprise peut choisir entre une répartition uniforme, en fonction du salaire **ou une répartition proportionnelle** en fonction de la durée de présence dans l'entreprise au cours de l'exercice ou une répartition intégrant plusieurs de ces critères.

Le montant global de l'intéressement ne peut pas excéder :
• 20 % des salaires bruts et rémunérations versées à l'ensemble des personnes inscrites à l'effectif de l'entreprise ou des établissements concernés par l'accord.
• 50 % du plafond annuel de la sécurité sociale (PASS).

Les primes d'intéressement sont versées au plus tard le dernier jour du 7e mois suivant la clôture de l'exercice. Les sommes sont automatiquement versées sur le PEE depuis le 1er janvier 2016. Les salariés peuvent s'opposer à ce versement et demander à récupérer immédiatement son montant. Ils peuvent également l'affecter au plan d'épargne retraite d'entreprise collectif (PERCO, PERECO).

QU'EST-CE QUE LA PARTICIPATION ?

La participation (créée en 1959) est un dispositif obligatoire d'épargne salariale dans les entreprises de plus de 50 salariés depuis 1967, qui consiste à redistribuer une part des bénéfices de l'entreprise aux salariés. Son montant est calculé selon une formule légale ou conventionnelle. Les sommes peuvent être versées immédiatement ou placées sur un plan d'épargne (PEE ou PER) avec exonérations fiscales et sociales sous certaines conditions. Elle vise à associer les salariés aux résultats de l'entreprise sur le long terme. **Elle est facultative dans les entreprises de moins de 50 salariés.**

La participation [...] consiste à redistribuer une part des bénéfices de l'entreprise aux salariés.

La participation est calculée en retenant soit la formule de base (prenant en compte les bénéfices, les capitaux propres, la valeur ajoutée et les salaires) ou une autre formule qui doit être plus intéressante pour les salariés.

Pour la répartition de la participation entre les salariés, l'entreprise a le choix entre les formules suivantes :
- Répartition uniforme.
- Répartition proportionnelle au salaire.
- Répartition proportionnelle à la durée de présence dans l'entreprise au cours de l'exercice.
- Répartition utilisant conjointement plusieurs de ces critères.

Quel que soit le mode de répartition, les droits de chaque bénéficiaire sont limités à 75 % du PASS. La participation doit être versée avant le 1er jour du 5e mois suivant la clôture de l'exercice concerné.

Les bénéficiaires ont le choix entre le versement immédiat de tout ou partie de leurs avoirs et leur blocage. À défaut de choix, conformément à la loi du 9 novembre 2010 portant réforme des retraites, la participation est affectée, de la manière suivante :
- Pour moitié dans le PERCO ou PERECO quand il a été mis en place dans l'entreprise.
- Pour moitié dans les conditions prévues par l'accord de participation.

Dans les entreprises appliquant un accord dérogatoire, le montant des droits dont le salarié peut demander le versement immédiat peut être limité à celui résultant de la formule légale.
Si le bénéficiaire verse sa quote-part dans un plan d'épargne salariale (PEE, PERCO ou PERECO), les sommes sont alors versées dans un compte courant bloqué. Il bénéficie, le cas échéant, des cas de déblocage anticipé prévus par la réglementation en vigueur.

COMMENT UN PEE FONCTIONNE-T-IL ?

Le PEE (créé en 1986) doit être négocié quand, dans l'entreprise, il y a au moins un délégué syndical ou un comité social et économique. En cas d'échec des négociations ou quand l'entreprise n'est pas soumise à négociation, le PEE peut être mis en place par décision unilatérale de l'employeur. Tous les salariés peuvent accéder au PEE quand il est institué sous réserve d'une condition d'ancienneté qui ne peut excéder trois mois. Les retraités et les préretraités ayant des avoirs dans le PEE peuvent le conserver. Le PEE est alimenté par le versement de la participation, de l'intéressement, les versements volontaires des titulaires et les abondements de l'employeur.

Tous les salariés peuvent accéder au PEE quand il est institué sous réserve d'une condition d'ancienneté [...]

L'intéressement est, depuis le 1er janvier 2016, investi par défaut dans le PEE, comme cela était déjà le cas pour la participation. Le montant cumulé des versements dans le PEE ne peut pas excéder 25 % de la rémunération annuelle brute ou du revenu d'activité professionnel soumis à l'impôt sur le revenu au titre de l'année précédente. L'entreprise doit prendre à sa charge les frais liés à la tenue de compte.
L'employeur peut compléter les versements avec un abondement. Ce dernier ne peut excéder trois fois le montant versé par le salarié, dans la limite de 8 % du plafond annuel de la sécurité sociale (PASS) par bénéficiaire soit 3 768 € en 2025. L'abondement doit être général et collectif.

LES VERSEMENTS POSSIBLES SUR UN PEE

Provenance des versements

- L'intéressement.
- La participation.
- Versements volontaires du salarié.
- Droits monétisés d'un compte épargne temps (CET).
- Transferts provenant d'autres plans d'épargne salariale (sauf du PERCO ou du PERECO).
- L'abondement, c'est-à-dire de versements de la part de l'entreprise.

La période logique d'indisponibilité du PEE est fixée à 5 ans, mais il est prévu néanmoins 10 cas de déblocage anticipé :

- Mariage ou conclusion d'un PACS.
- Violence conjugale.
- Naissance ou adoption du 3e enfant.
- Acquisition ou agrandissement de la résidence principale.
- Cessation du contrat de travail.
- Divorce, dissolution du PACS avec résidence d'au moins un enfant au domicile du bénéficiaire.
- Surendettement du bénéficiaire.
- Création ou reprise d'une entreprise par le bénéficiaire, ses enfants, son conjoint ou la personne liée à un PACS, l'exercice d'une profession non salariée ou l'acquisition de parts d'une SCOP.
- Invalidité de 2e ou de 3e catégorie du bénéficiaire, de ses enfants, du conjoint ou de la personne liée par un PACS.
- Décès du bénéficiaire ou de son conjoint ou de la personne liée par un PACS.

Régulièrement, les pouvoirs publics mettent en œuvre des déblocages anticipés afin par exemple de relancer la consommation ou de soutenir le pouvoir d'achat des ménages.

COMMENT SONT AFFECTÉES LES SOMMES VERSÉES SUR UN PEE ?

Les sommes versées sur un PEE peuvent être affectées à l'acquisition de fonds commun de placement entreprise (FCPE), d'actions de l'entreprise, de SICAV, de valeurs mobilières émises par l'entreprise ou par une entreprise du groupe. Le gestionnaire doit proposer un fonds d'investissement en économie solidaire.

Les sommes détenues sont transférables vers un autre PEE ou PEI, un PERCO ou un PERECO. Un salarié changeant d'entreprise peut demander le transfert des sommes de son PEE si sa nouvelle entreprise en dispose d'un également.

QUELLE EST LA FISCALITÉ APPLICABLE À L'ÉPARGNE SALARIALE ?

RÉGIME FISCAL ET SOCIAL POUR LES ENTREPRISES

La participation, l'intéressement et l'abondement sont exonérés, dans la limite de leurs plafonds respectifs, de charges sociales et sont déductibles fiscalement de l'impôt sur les sociétés.

Ils sont, depuis le 1er septembre 2012, soumis au forfait social de 20 %. Depuis 2016, des dispositions d'allégement ou de suppression du forfait social ont été instituées notamment en faveur des PME.

RÉGIME FISCAL ET SOCIAL APPLICABLE AUX SALARIÉS

FISCALITÉ

• Les salariés qui font le choix de récupérer les sommes qui leur ont été versées au titre de la participation et/ou de l'intéressement sont imposables. Ces sommes doivent être intégrées dans la déclaration d'impôt sur le revenu.

• S'ils font, en revanche, le choix de placer les sommes versées dans un PEE, un PERCO ou dans un PERECO, les salariés sont exonérés d'impôt sur le revenu dans la limite de certains plafonds.

• Au moment de la sortie du PEE, du PERCO, du PERECO et dans le cas des déblocages légaux, la sortie en capital est exonérée d'impôt sur le revenu.

• Pour la sortie en rente, dans le cadre du PERCO ou du PERECO, c'est la fiscalité de la rente viagère à titre onéreux qui s'applique avec un abattement qui dépend de l'âge du souscripteur au moment de sa mise en place.

La rente à titre onéreux sera fiscalisée à hauteur de :

70 % du montant constitué en cas de départ avant 50 ans.

50 % entre 50 et 59 ans.

40 % entre 60 et 69 ans.

30 % au-delà de 69 ans.

PRÉLÈVEMENTS SOCIAUX

Les prélèvements sociaux s'appliquent sur les plus-values en cas de sortie en capital au taux de 17,2 %.

Pour la sortie en rente, les prélèvements sociaux sont dus sur la même assiette que celle soumise à l'impôt sur le revenu.

LE PEE, UN PLACEMENT À NE PAS NÉGLIGER

Le PEE est un produit intéressant. Il est, en partie, alimenté par l'entreprise via l'épargne salariale et via des abondements. Il bénéficie d'une fiscalité attractive. Il permet même à des salariés modestes de disposer d'une épargne qui peut être investie en actions.

Dans les entreprises qui ont mis en place un PEE, les salariés ont souvent également accès à un plan d'épargne retraite collectif (PERECO).

Chapitre 13

PRÉPARER SA RETRAITE EN ÉPARGNANT

72 % des non-retraités estiment que leur pension est ou sera insuffisante pour vivre correctement à la retraite[1]. Les craintes sur l'indexation des pensions ainsi que le retour du débat sur le déficit des régimes de retraite expliquent ce haut niveau d'inquiétude qui constitue une des principales motivations d'épargne des ménages.

[1] Enquête 2025 AG2R LAMONDIALE-Amphitéa-Cercle de l'Épargne.

QUE FAIRE POUR PRÉPARER SA RETRAITE ?

Pour préparer leur retraite, les ménages disposent de nombreuses solutions à leur disposition :
- Acquérir leur résidence principale.
- Se lancer dans l'investissement immobilier locatif.
- Souscrire un ou plusieurs produits financiers dédiés ou pas à la retraite (assurance-vie, PEA, PER).

En 2024, plus de la moitié des Français déclaraient épargner en vue de leur retraite. La proportion d'épargnants pour la retraite est fonction des revenus et de l'âge. Les femmes sont moins nombreuses à mettre de l'argent de côté que les hommes pour la retraite car leurs revenus sont inférieurs à ceux de ces derniers.

Pour préparer financièrement leur retraite, les Français optent souvent pour l'assurance-vie ou l'investissement immobilier locatif. Ils peuvent également choisir un produit dédié à la retraite. Certaines entreprises disposent par ailleurs de produits collectifs d'épargne retraite soit à cotisations définies, soit à prestations définies. La loi Pacte a simplifié la réglementation de l'épargne retraite avec la création du plan d'épargne retraite (PER) qui remplace une kyrielle d'anciens produits lancés sans plans d'ensemble au fil des décennies.

[...] Les Français optent souvent pour l'assurance-vie ou l'investissement immobilier locatif.

POURQUOI L'ÉPARGNE RETRAITE EST-ELLE AUSSI PEU DÉVELOPPÉE EN FRANCE ?

La France a fait des choix différents en matière de retraite que ses partenaires. Cette spécificité n'est pas sans lien aux difficultés à créer un régime général d'assurance-vieillesse au XIXe siècle et dans la première partie du XXe siècle. Ce n'est qu'à la fin de la Seconde Guerre mondiale que la France a mis en œuvre une couverture vieillesse accessible à toutes et à tous. Le choix a été alors d'opter pour le « tout répartition ». À la différence d'autres pays, le deuxième pilier de retraite mis en place par les partenaires sociaux, sur une base professionnelle, a également retenu le principe de la répartition. La forte croissance économique et le baby-boom constituaient deux atouts majeurs pour la mise en place de la répartition.

Le choix a été alors d'opter pour le « tout répartition ».

QUELS SONT LES FRANÇAIS QUI ONT UN PRODUIT D'ÉPARGNE RETRAITE ?

Moins du quart de la population active est couverte par un produit d'épargne retraite en France. L'épargne retraite concerne essentiellement les cadres, les indépendants et les professions libérales ainsi que les salariés des grandes entreprises.

Taux de couverture produits épargne retraite en 2021 (en %)

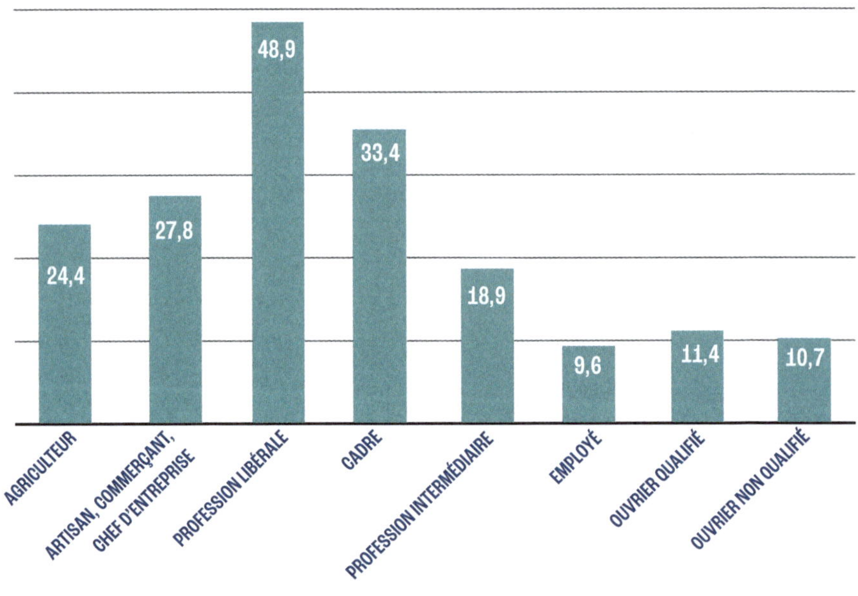

Source : Cercle de l'Épargne – données INSEE

COTISATIONS ET PRESTATIONS DÉFINIES

Deux catégories de produits d'épargne retraite existent en France : ceux à cotisations définies et ceux à prestations définies. Les premiers, où le risque est porté par l'assuré, sont les plus souscrits par les particuliers et les entreprises.

LES PRODUITS À COTISATIONS DÉFINIES

Dans le cadre d'un régime à cotisations définies, l'assuré connaît le montant des cotisations à acquitter mais ne connaîtra le montant de la pension ou du capital qui lui sera versé qu'au moment de la liquidation du produit, logiquement au moment de la retraite. Le PER créé par la loi Pacte est un produit à cotisations définies tout comme l'étaient le PERP, la Préfon, l'UMR, le contrat Madelin, l'article 83 et le PERCO.

LES PRODUITS À PRESTATIONS DÉFINIES

Avec ces produits, l'entreprise par l'intermédiaire, le cas échéant, d'une compagnie d'assurances, s'engage sur un montant de prestations à verser à ses anciens salariés ou à certaines catégories d'entre eux.

Deux options pour ces régimes

Régime différentiel
Versement de rentes permettant de garantir un taux de remplacement. Ces pensions s'ajustent en fonction du niveau des pensions obligatoires.

Régime additif
Versement de rentes représentant un pourcentage du salaire.

Le versement des droits acquis au titre du contrat peut être conditionné à la présence des salariés dans les effectifs au moment du départ à la retraite. **Les contrats sont alors qualifiés de contrats « à droits aléatoires »,** le nombre de bénéficiaires réel n'étant connu qu'au moment ou du départ effectif à la retraite du salarié ou de son départ de l'entreprise tout comme le montant à verser.

Les contrats de retraites à prestations définies ont longtemps fait l'objet de critiques. Des « golden parachute » accordés à certains dirigeants, assimilés à tort à des retraites chapeaux, ont en effet, pu choquer. Le régime des retraites à prestations définies a ainsi été profondément modifié par la loi Pacte de 2019 et par l'ordonnance du 3 juillet 2019.

LE PLAN D'ÉPARGNE RETRAITE (PER)

QUELLES SONT LES GRANDES RÈGLES DE FONCTIONNEMENT DU PER ?

Le PER est le produit d'épargne retraite à cotisations définies qui, depuis le 1er octobre 2020, s'est substitué aux anciens produits d'épargne retraite. Il a pour objet l'acquisition et la jouissance de droits viagers ou le versement d'un capital à compter de la date de liquidation de la pension dans un régime obligatoire d'assurance-vieillesse ou de l'âge légal.

Le PER est un produit d'épargne retraite (appelé aussi « retraite supplémentaire ») doté d'un régime juridique et fiscal spécifique.

Buts du législateur

- Harmoniser les règles de l'épargne retraite.
- Élargir les sorties en capital.
- Faciliter la transférabilité des produits d'épargne retraite.
- Favoriser une gestion plus dynamique de l'épargne.
- Accroître la concurrence.

Trois catégories de PER peuvent être distinguées : le plan d'épargne retraite individuel (PERI), le plan d'épargne retraite entreprise collectif (PERECO) et le plan d'épargne retraite entreprise obligatoire (PERO).

PER Individuel		Particuliers Travailleurs non salariés
PER Entreprise	**PER Entreprise collectif** (PERECO)	Tous les salariés d'une entreprise si le produit est mis en place
	PER Entreprise obligatoire (PERO)	Tous les salariés ou catégorie de salariés selon des critères objectifs

QUE SONT DEVENUS LES ANCIENS PRODUITS D'ÉPARGNE RETRAITE ?

À compter du 1er octobre 2020, les anciens produits ne sont plus commercialisés. Il n'est donc plus possible de souscrire de nouveaux PERP, contrats Madelin, article 83. Les bénéficiaires des anciens produits peuvent, en revanche, continuer à effectuer des versements. Ils ont également la possibilité de transférer leurs produits vers un PER.

LE PLAN D'ÉPARGNE RETRAITE INDIVIDUEL

Les épargnants ont le choix entre un PER individuel assurance ou un PER individuel compte-titres. Si les deux produits sont proches, ils ont quelques différences qui peuvent conduire l'épargnant à privilégier l'un ou l'autre.

Les deux types de PER

Le PER assurance
Contrat d'assurance souscrit auprès d'un assureur.

Le PER compte-titres
Compte-titres ouvert auprès d'un établissement bancaire ou d'un gestionnaire d'actifs.

STRUCTURE ET FONCTIONNEMENT

Le PER assurance ressemble à un contrat d'assurance-vie. Il permet d'investir dans des fonds en euros (le capital investi est garanti) et en unités de compte (UC), avec des possibilités de gestion pilotée ou libre.
Le PER compte-titres fonctionne comme un compte-titres classique, permettant d'investir directement en actions, obligations, ETF, OPCVM, etc.

SÉCURITÉ ET RENDEMENT

Le PER assurance avec le recours aux fonds en euros permet de garantir une partie des cotisations. En contrepartie, le rendement des fonds euros peut s'avérer plus faible que celui des titres de marché. Néanmoins, l'épargnant peut accéder à des unités de compte.
Le PER compte-titres permet de loger un grand nombre d'actifs (OPC, ETF, actions, obligations non cotées, etc.). Il est plus souple en matière de gestion que le PER assurance. Les frais sont en règle générale plus faibles pour les PER compte-titres que pour les PER assurance. Les PER compte-titres ne permettent pas l'accès à des options de prévoyance qui sont fréquentes sur les PER assurance. Les PER compte-titres ne permettent pas d'accéder à la gestion pilotée et de sécurisation progressive en fonction de l'âge. La sortie des PER compte-titres s'effectue en capital ou en rente comme pour le PER assurance même si sa logique est plus capital que rente.

FISCALITÉ EN CAS DE DÉCÈS

Le PER assurance bénéficie d'un avantage fiscal au moment de la transmission (abattement de 152 500 € en cas en décès avant 70 ans, au-delà et jusqu'à 700 000 € taxation de 20 % puis 31,25 %). Après 70 ans, l'abattement est réduit à 30 500 €, puis imposition aux droits de succession.
Pour le PER compte-titres, il n'y a pas d'avantage fiscal spécifique. L'ensemble des biens capitalisés sont incorporés dans la succession.

PER COMPTE-TITRES OU PER ASSURANCE ?

L'épargnant privilégiant la sécurisation du capital et la transmission est plus susceptible d'opter pour le PER assurance. **Pour une gestion plus active, le PER compte-titres est plus intéressant** (accès à des placements boursiers diversifiés, et des frais plus faibles).

La solution est peut-être de combiner les deux : un PER assurance pour sécuriser une partie de l'épargne et bénéficier d'avantages successoraux, et un PER compte-titres pour dynamiser l'épargne sur le long terme.

COMMENT FONCTIONNE LA GESTION PILOTÉE PROPOSÉE PAR DÉFAUT DANS LE CADRE DU PER ?

Dans le cadre du plan d'épargne retraite, par défaut, les titulaires bénéficient d'une gestion pilotée de leur capital. Ce mode de gestion vise à **optimiser l'allocation des actifs en fonction du profil de risque de l'épargnant et de son horizon de placement.** Ce mode de gestion est pour les épargnants souhaitant déléguer la gestion de leur épargne tout en combinant sécurité et rendement potentiel.

La gestion pilotée repose sur le choix d'un profil d'investissement correspondant aux attentes et à la sensibilité au risque de l'épargnant. **En fonction du profil sélectionné, les investissements sont répartis sur différentes classes d'actifs** (actions, obligations, fonds monétaires) dans des proportions variables.

Les principaux profils proposés

Le choix du profil relève de l'épargnant qui peut se faire conseiller. En fonction du degré d'appétence au risque, il optera pour tel ou tel profil.

Prudent

Majoritairement investi en actifs sécurisés (obligations, fonds en euros) avec un faible niveau de risque.

Équilibré

Un compromis entre rendement et sécurité, avec une répartition entre actifs risqués et non risqués.

Dynamique

une forte exposition aux actions et aux actifs risqués, offrant un potentiel de performance plus élevé mais avec une volatilité accrue.

Dans la gestion pilotée des plans d'épargne retraite, **une approche dite « gestion à horizon » est dans la grande majorité des cas appliquée.** Elle consiste à sécuriser progressivement l'épargne à mesure que la retraite approche.
La réglementation impose des seuils minimaux d'actifs à faible risque pour chaque profil, ajustés en fonction de la durée restante avant la retraite. Pour plus d'informations, consultez le site amf-france.org.

Par défaut, c'est-à-dire sauf avis contraire du titulaire du PER, la gestion est pilotée. Cette gestion pilotée permet une sécurisation de l'actif du PER en fonction de l'âge.

QUELLES SONT LES DIFFÉRENTES POSSIBILITÉS DE SORTIE DE L'ÉPARGNE PLACÉE DANS UN PER ?

La sortie logique du PER intervient au moment de la retraite. L'âge de liquidation du PER en France correspond à l'âge légal de départ à la retraite, soit 64 ans pour la génération née en 1968 et après (réforme 2023 sur les retraites). Pour les générations antérieures, l'âge varie entre 62 et 64 ans selon l'année de naissance.

Des cas de déblocage anticipés avant l'âge légal de départ à la retraite existent néanmoins :

- Acquisition de la résidence principale (uniquement pour la sortie en capital, hors droits issus des versements obligatoires).
- Invalidité du titulaire, de son conjoint ou de son partenaire de PACS.
- Décès du conjoint ou du partenaire de PACS.
- Expiration des droits au chômage (inscription à France Travail après licenciement et fin des droits).
- Surendettement (décision de la commission de surendettement).
- Cessation d'activité non salariée suite à un jugement de liquidation judiciaire.

En résumé, sauf cas exceptionnels, le PER peut être liquidé à partir de l'âge légal de la retraite avec un choix entre sortie en capital, en rente viagère ou un mix des deux.

QUELS SONT LES MODES DE SORTIE DU PER ?

- En rente ou en capital pour les PER individuel.
- En rente ou en capital pour les PER entreprise collectif.
- En rente pour les PER entreprise obligatoire.

QUEL EST LE RÉGIME FISCAL DU PER À L'ENTRÉE ?

Le système fiscal du PER varie selon les compartiments et selon les options prises par le titulaire.

QUEL EST LE RÉGIME FISCAL DU PER À LA SORTIE ?

La fiscalité dépend de la nature des versements et des compartiments ainsi que de l'option prise par le contribuable.

LES PRODUITS COLLECTIFS SOUSCRITS DANS LE CADRE DE L'ENTREPRISE

COMMENT FONCTIONNE LE PLAN D'ÉPARGNE RETRAITE D'ENTREPRISE COLLECTIF (PERECO) ?

Le PERECO s'inscrit dans le prolongement de l'épargne salariale. C'est un produit d'épargne mis en œuvre au sein de l'entreprise que l'employeur peut abonder et sur lequel le salarié peut effectuer des versements. **Un PERECO est obligatoirement mis en place pour l'ensemble des salariés.** Une condition d'ancienneté peut être exigée. Elle ne peut excéder trois mois. Un PER d'entreprise collectif peut prévoir l'adhésion par défaut des salariés de l'entreprise, sauf avis contraire de ces derniers.

Un ancien salarié peut continuer à effectuer des versements sur le PERECO. Ces versements ne bénéficient pas, en revanche, des versements complémentaires de l'entreprise et les frais afférents à leur gestion sont à sa charge. Cette possibilité n'est pas ouverte au salarié dès lors qu'il a accès à un plan d'épargne retraite d'entreprise collectif dans la nouvelle entreprise où il est employé.

Un salarié a le droit de transférer ses droits individuels vers un autre PER sans départ de l'entreprise mais cette possibilité n'est ouverte qu'une fois tous les trois ans.

Ce que peut recevoir le PERECO

- Les versements volontaires du salarié avec la possibilité de renoncer à l'avantage fiscal à l'entrée. Cette option irrévocable doit être exercée au plus tard lors du premier versement.
- Les sommes versées au titre de la participation, de l'intéressement, de l'abondement de l'employeur des droits inscrits au compte épargne temps (CET) ou, en l'absence de CET, des sommes correspondantes à des jours de repos non pris. Le congé annuel ne peut être affecté que pour sa durée excédant 24 jours ouvrables, et dans la limite de 10 jours par an.
- Les sommes en provenance d'un autre PER entreprise par transfert des versements obligatoires (transfert « compartiment 3 »).

Les entreprises peuvent, même en l'absence de contribution du salarié, effectuer un versement initial ou des versements périodiques sur ce plan, sous réserve d'une attribution uniforme à l'ensemble des salariés, sans que le montant annuel de ces versements ne puisse excéder 2 % du plafond annuel de la sécurité sociale (PASS). Ces versements sont pris en compte pour apprécier le respect du plafond d'abondement. Lorsqu'un PERECO est institué, l'entreprise peut, par ailleurs, décider de mettre en place des versements obligatoires (« compartiment 3 »), sous réserve que ces versements soient destinés à une ou plusieurs catégories de salariés constituées à partir des critères objectifs. Un comité de surveillance du plan doit être constitué. Il est chargé de veiller à la bonne gestion du plan et à la représentation des intérêts des titulaires (art L224-22 du Code monétaire et financier).

Lorsqu'un PERECO est institué, l'entreprise peut, par ailleurs, décider de mettre en place des versements obligatoires [...]

COMMENT FONCTIONNE LE PLAN D'ÉPARGNE RETRAITE ENTREPRISE OBLIGATOIRE (PERO)

Le PERO est un produit mis en place au sein de l'entreprise et est donc collectif. À la différence du PERECO, dans le cadre du PERO, **l'employeur s'engage à acquitter des cotisations régulières** pour ce type de produit, cotisations qui peuvent être complétées par celles du salarié.

Le PERO est mis en place au bénéfice de l'ensemble des salariés de l'entreprise ou d'une ou plusieurs catégories de salariés.

PER ENTREPRISE, QUELLE FISCALITÉ S'APPLIQUE AUX VERSEMENTS DES EMPLOYEURS ?

Un taux de forfait social réduit de 20 à 16 % est applicable pour les versements de l'employeur sur un PER d'entreprise (PERECO et PERO) si les sommes collectées sont affectées à au moins 10 % à l'acquisition de titres susceptibles d'être employés dans un plan d'épargne en actions (PEA) destiné au financement des petites et moyennes entreprises et des entreprises de taille intermédiaire.

LA TRANSFÉRABILITÉ DU PER

QUELLES SONT LES RÈGLES DE TRANSFÉRABILITÉ DES PER ?

La loi Pacte de 2019 organise une large transférabilité des PER tout en respectant les compartiments. L'épargnant ne peut pas réaliser plus d'un transfert de ses droits individuels tous les trois ans. Les droits individuels relatifs aux PER d'entreprise auxquels le salarié est affilié à titre obligatoire ne sont transférables que lorsque le titulaire n'est plus tenu d'y adhérer.

Les frais encourus à l'occasion d'un transfert d'un PER ne peuvent excéder 1 % des droits acquis et sont nuls à l'issue d'une période de 5 ans à compter du 1er versement dans le plan ou quand le transfert intervient à compter de son arrivée à échéance.

LES PRODUITS D'ÉPARGNE RETRAITE À PRESTATIONS DÉFINIES

LE NOUVEAU RÉGIME PRESTATIONS DÉFINIES : UN CONTRAT À DROITS ACQUIS

Depuis le 4 juillet 2019, un nouveau régime à prestations définies s'applique en France. Il a remplacé les deux types de contrats « article 39 », le régime additif et le régime différentiel. Depuis cette date, les « article 39 » sont passés de contrats à droits aléatoires à contrats à droits acquis. Aucun nouveau régime de retraite à droits aléatoires ne peut être institué depuis. Les anciens contrats dits article 39 peuvent continuer à fonctionner.

Pour mémoire, l'article 39 comportait deux dispositifs :

• **le régime additionnel** offrant un revenu de remplacement égal à un pourcentage du salaire de fin de carrière ;

• **le régime différentiel** garantissant un complément de revenu déterminé de telle façon que son montant additionné à celui des pensions atteigne un niveau prédéterminé du salaire de fin de carrière. Ce régime est qualifié de « retraite chapeau ».

Dans l'un ou l'autre cas, l'entreprise peut choisir librement la catégorie de salariés couverts.

LES RÈGLES DES NOUVEAUX CONTRATS

L'adhésion au contrat peut être subordonnée à une durée de présence minimale du bénéficiaire dans l'entreprise et l'acquisition des droits à retraite du même contrat peut être soumise à une condition de durée de cotisations. La somme de ces deux durées ne peut, cependant, excéder trois ans.

Quand le bénéficiaire quitte l'entreprise avant d'avoir acquis des droits à retraite, les cotisations versées par l'employeur et, le cas échéant, le bénéficiaire, leur sont remboursées. Les droits définitivement acquis après le départ de l'entreprise et avant la liquidation de la retraite sont revalorisés annuellement comme ceux des bénéficiaires encore présents dans l'entreprise ou selon le taux de revalorisation des prestations de pension servies. Les droits acquis sont reversés au bénéficiaire à compter, au plus tôt, de la date de liquidation de sa pension dans un régime obligatoire d'assurance-vieillesse. Les prestations sont exprimées sous forme de rente et sont, le cas échéant, versées sous déduction de celles perçues au titre des différents régimes des retraites obligatoires auxquels est affilié le bénéficiaire.

Quand le bénéficiaire quitte l'entreprise avant d'avoir acquis des droits à retraite, les cotisations versées par l'employeur et, le cas échéant, le bénéficiaire, leur sont remboursées.

Les droits supplémentaires sont acquis chaque année, sans possibilité d'acquisition rétroactive au titre d'une année antérieure à l'année d'adhésion ou d'affiliation au contrat de retraite supplémentaire. Les droits supplémentaires sont exprimés en pourcentage de la rémunération du bénéficiaire au titre de l'année considérée, tel qu'elle est prise en compte pour la détermination de l'assiette des cotisations de sécurité sociale. Les droits acquis annuellement

Les droits acquis annuellement ne peuvent excéder 3 % du salaire annuel du bénéficiaire.

ne peuvent excéder 3 % du salaire annuel du bénéficiaire. Un plafond de prestations a par ailleurs été institué. La rente ne peut pas dépasser 30 % du salaire annuel. La mise en place d'un régime en prestations définies est subordonnée à l'existence d'un plan d'épargne retraite collectif, d'un régime collectif de retraite d'entreprise (PERCO, PERECO ou PERO).

LE TRAITEMENT SOCIAL ET FISCAL DES RÉGIMES À DROITS ACQUIS

Les primes versées par l'employeur à l'organisme assureur sont :
• Déductibles de l'assiette de l'impôt sur les sociétés.
• Soumises à une nouvelle contribution de 29,7 % (L. 137-11-2 du Code de la sécurité sociale).
• Non imposables pour les bénéficiaires.

Les prestations versées au bénéficiaire sont soumises :
• **À l'impôt sur le revenu** selon le régime des rentes à titre gratuit (imposition après abattement de 10 %).
• **Aux prélèvements sociaux** (contribution additionnelle de solidarité pour l'autonomie, contribution sociale généralisée, contribution au remboursement de la dette sociale, cotisation maladie).
• **À la taxation spécifique de 7 % et 14 %** qui est fonction du montant de la pension délivrée pour les rentes versées au titre des retraites liquidées depuis le 1er janvier 2011 (7 % pour la part des rentes supérieure à 400 € et inférieure ou égale à 600 € par mois et 14 % pour la part des rentes supérieure à 600 € par mois).

Le nouveau dispositif n'est pas applicable aux régimes antérieurs relevant de l'article L. 137-11 du Code de la sécurité sociale (CSS) qui ont cessé, au plus tard le 20 mai 2014, d'accepter de nouveaux affiliés actifs. Les bénéficiaires des dispositifs antérieurs peuvent continuer à acquérir des droits conditionnels, en revanche aucun nouvel adhérent ne peut être affilié à un régime existant depuis le 4 juillet 2019.

Aucun nouveau droit supplémentaire conditionnel à prestations ne pourra être acquis au titre des périodes d'emploi postérieures au 1er janvier 2020, sauf pour les bénéficiaires ayant adhéré avant le 20 mai 2014 à un tel régime.

Dans ces différents cas, ces droits à prestations pourront donc continuer à être subordonnés à l'achèvement de la carrière du bénéficiaire dans l'entreprise.

Chapitre 14

L'OR, LE BITCOIN, LES NFT

L'or et le bitcoin battent des records avec la multiplication des crises. L'un et l'autre sont des valeurs refuges. Ils ne génèrent pas de revenus mais d'importantes plus-values. Ces valeurs refuges ne peuvent être que des placements de diversification.

L'OR, UNE VALEUR REFUGE INDÉMODABLE

L'OR, LE PLUS ANCIEN OU PRESQUE DES PLACEMENTS ?

Entre 2015 et 2025, le cours de l'or a été multiplié par plus de trois. L'once d'or au mois de mars 2025 s'échangeait à plus de 3 000 dollars.

Même si l'or a perdu sa valeur monétaire en 1976, il conserve son rôle de **valeur refuge.** En période de crises et d'incertitudes, son cours tend à augmenter. En revanche, sa valeur augmente dès le retour au calme. Il est donc important de ne pas acheter à contre-courant.

Le cours de l'or dépend de la production d'or, de la demande émanant des banques centrales et des investisseurs privés, ainsi que des besoins de l'industrie et de la bijouterie/orfèvrerie.

POURQUOI L'OR FASCINE-T-IL ?

L'or, par sa rareté, sa densité, son éclat et sa pérennité, a occupé une place à part dans les échanges. C'est un symbole de richesse et de puissance. C'est également une source de fantasmes.

177 200 tonnes
d'or ont été extraits dans le monde

85 900 t
pour la bijouterie

35 500 t
pour l'épargne

30 500 t
pour les réserves des banques centrales et autres institutions officielles comme le FMI

21 600 t
pour les applications industrielles

Les réserves mondiales d'or encore à exploiter s'élevaient à environ 54 000 tonnes à la fin de l'année 2024[1]. Les réserves d'or restantes sont inférieures à 30 % de la quantité déjà extraite.

[1] Estimations du World Gold Council.

L'or s'est imposé comme étalon des monnaies jusqu'en 1976. Jusqu'aux accords de Bretton Woods (15 août 1971), les États pouvaient convertir en or leurs réserves libellées en dollars sachant que les autres monnaies étaient définies par rapport au dollar. La fin de cette convertibilité dollar/or a été décidée par le président Richard Nixon pour faire face au déséquilibre commercial américain en dévaluant le dollar. Les accords de la Jamaïque des 7 et 8 janvier 1976 ont, par ailleurs, supprimé officiellement le rôle de l'or comme étalon. Depuis, il demeure, malgré tout, un des éléments de réserve des grandes banques centrales. Il est un marqueur de puissance. À ce titre, les États émergents ont, ces dernières années, acquis de l'or afin de se mettre au niveau de leur nouveau statut économique et financier.

L'or demeure, malgré tout, un des éléments de réserve des grandes banques centrales.

L'OR EST-IL UN VÉRITABLE PLACEMENT ?

En tant que matière première, l'or ne rapporte rien : il ne sert aucun intérêt ni aucun dividende. Mais il conserve une aura et son attrait est double : il peut être un moyen de paiement ultime et générer aussi une plus-value potentielle (sous réserve de l'acheter et de le vendre au bon moment).
L'« or placement » se présente sous différentes formes. Il peut être acquis de manière physique, sous forme d'ETC (Exchange Traded-Commodities) ou à travers des parts de fonds investissant dans de l'or ou des sociétés aurifères.

Forme des placements en or

- **Barres, lingots ou plaquettes.** Le lingot d'or est constitué d'or sous la forme d'une plaque, d'une plaquette ou d'un lingot d'un poids supérieur à 1 gramme et dont la pureté est supérieure ou égale à 995 millièmes.
- **Pièces de monnaie** comme le Napoléon.
- **Or physique**, sous réserve d'un certain degré de pureté.
- **Or papier,** représenté par des titres de mines aurifères, des options, des trackers. Plus de 300 entreprises minières d'or cotées sont présentes sur les places financières, essentiellement américaines, britanniques ou canadiennes.

Le prix de l'or possédé n'est pas égal à son poids car il faut en effet prendre en compte des facteurs liés au support. Ainsi, le prix incorpore ce qui est appelé la prime de l'or.

La prime de l'or = (la valeur de la pièce-sa valeur en or)/valeur en or

Plus les pièces sont petites et difficiles à produire et plus leur prime risque d'être élevée. Elle est également fonction de la qualité de l'épreuve. Une pièce de mauvaise qualité, mal conservée subira une perte de valeur. La prime dépend, enfin, de l'offre et de la demande. Elle diffère en fonction du lieu où s'effectue la vente.

Un nombre croissant d'épargnants choisissent non plus la possession directe mais l'achat de titres représentatifs des cours. Pour les titres cotés, ce type de placement prend le nom d'ETF (Exchange Traded-fund). Ce sont des fonds indiciels attachés à un actif coté en bourse qui a pour but de répliquer un indice de référence. L'or n'étant pas un actif côté, le suivi de son cours passe par un ETC (Exchange Traded-Commodities). Le principal avantage du tracker or réside dans sa gestion passive et donc peu coûteuse, entre 0,1 % et 0,9 %. Les frais de gestion n'impactent donc que peu le rendement de l'investissement. En théorie, dans le cadre d'un tracker or, la société de gestion investit sur une dette soutenue par le prix de l'or. Elle n'achète pas directement des lingots. Nombreux d'ailleurs sont les fonds qui ne disposent pas de stock d'or suffisant pour faire face à des retraits massifs de la part des épargnants.

Un nombre croissant d'épargnants choisissent non plus la possession directe mais l'achat de titres représentatifs des cours.

COMMENT ÉVOLUE LE COURS DE L'OR ?

Il dépend des aléas de la conjoncture économique et de la géopolitique. Il augmente en période de crise en raison de sa valeur refuge et les politiques monétaires des grandes banques centrales peuvent influer sur son cours. Le cours évolue en fonction de l'offre et de la demande. L'offre dépend des volumes extraits et de la demande globale. La demande dépend des politiques des banques centrales d'achat ou vente d'or, des besoins de l'industrie, ainsi que ceux de l'orfèvrerie et des épargnants. Les banques centrales des pays émergents achètent des quantités importantes d'or ces dernières années afin de réduire leur exposition au dollar et par souci de crédibilité.

Le cours évolue en fonction de l'offre et de la demande.

LA LÉGISLATION FISCALE DE LA VENTE DE L'OR EN FRANCE ?

La loi Hamon de 2014 a renforcé la législation sur les ventes d'or (bijoux, pièces, objets...) afin de mieux protéger les vendeurs qui cèdent leurs biens contre de l'argent. **Un contrat de prévente est désormais obligatoire.** Il comporte des informations comme le poids et le titrage des bijoux ou des objets, le cours officiel et le prix de vente détaillé (taxes et frais compris).

Les négociants doivent afficher les prix de rachat de manière visible. Cette obligation concerne aussi bien les magasins que les sites de rachat en ligne. À défaut, ils s'exposent à une amende de 3 000 € ou de 15 000 € si le négociant est une société. Les particuliers qui vendent leur or ont droit à un délai de rétractation de 24 heures. Dans ce délai d'un jour, si le vendeur souhaite récupérer son bien, il ne peut subir aucune pénalité.

En moyenne, **les vendeurs d'or se rémunèrent à hauteur de 2 à 4 % par transaction,** et ceux effectuant les rachats, entre 4 et 10 %. Les frais sur les trackers sont plus faibles.

La vente de l'or peut être soumise à l'impôt sur les plus-values. Le calcul s'effectue selon des principes comparables à ceux qui régissent les plus-values immobilières : imposition au taux forfaitaire de 19 % + 17,2 % (prélèvements sociaux) soit un total de 36,2 %. La plus-value est réduite de 5 % par année de conservation au-delà de la deuxième. Il y a donc exonération totale après 22 ans de détention.

Le vendeur peut opter pour une taxation forfaitaire de 11 % sur le prix de vente au titre de la taxe sur les métaux précieux, à laquelle il faut ajouter 0,5 % de CRDS. Ainsi, la taxation totale est de 11,5 %. Cette imposition s'applique en cas d'absence de preuve de la date d'achat. La vente des bijoux contenant de l'or est exonérée de taxes dans la limite de 5 000 €. La TVA s'applique sur les ventes d'or pour les pièces dont la prime est supérieure ou égale à 80 %.

LES CRYPTOACTIFS : POURQUOI UN TEL ENGOUEMENT ?

LE BITCOIN EST-IL L'OR DES TEMPS DIGITAUX ?

Depuis sa création en 2009, le cryptoactif bitcoin fascine. Il a connu une croissance phénoménale. Il s'est installé, malgré sa forte volatilité, dans les placements en particulier des plus jeunes et est désormais accessible sous forme d'ETF. Est-il devenu incontournable ? Le bitcoin est « un actif virtuel stocké sur un support électronique permettant à une communauté d'utilisateurs l'acceptant en paiement de réaliser des transactions sans avoir à recourir à la monnaie légale[1] ». Plusieurs milliers d'autres cryptoactifs existent.

Depuis sa création en 2009, le cryptoactif bitcoin fascine. Il a connu une croissance phénoménale.

[1] Selon la Banque de France.

Un produit qui attire les jeunes

36 %
des jeunes de 18 à 24 ans sont intéressés par les cryptoactifs en 2025

13 %
des plus de 65 ans sont intéressés par les cryptoactifs en 2025

Un produit qui intéresse de plus en plus les Français

En **2023**,
15 % des Francais estiment que les cryptoactifs sont intéressants (année marquée par une forte chute du cours du bitcoin).

En **2025**,
21 % des Francais estiment que les crytoactifs sont intéressants

Enquête annuelle du Cercle de l'Épargne, AG2R LA MONDIALE et AMPHITÉA de 2025

Les cryptoactifs sont des actifs numériques virtuels qui reposent sur la technologie de la *blockchain* (chaîne de bloc) à travers un registre décentralisé et un protocole informatique crypté.

Évolution du cours du bitcoin en 3 dates

- **9 février 2011 :** le bitcoin atteint la parité avec le dollar américain, chaque bitcoin valant alors 1 $.
- **27 novembre 2023 :** le cours du bitcoin dépasse pour la première fois les 1 000 $.
- **11 juillet 2025 :** le bitcoin a établi un record à 118 254 $.

Pour les nouvelles générations, le bitcoin et les autres cryptoactifs font miroiter des gains rapides. Leur grande volatilité expose cependant leurs détenteurs à des pertes importantes. **Les cryptoactifs ne sont pas en tant que tels des monnaies. Ils ne sont pas considérés comme des étalons ni comme des éléments de réserve, en raison de leur forte volatilité et leur faible transparence.** La différence des cryptoactifs avec les monnaies officielles provient du fait que ces dernières disposent d'un pouvoir de cours légal que les agents économiques sont obligés d'utiliser au sein du territoire sur lequel il s'exerce. Malgré tout, de plus en plus de commerces, d'entreprises acceptent le paiement en bitcoin.

QUELS SONT LES UTILISATEURS DE CRYPTOACTIFS ?

Les cryptomonnaies sont acceptées comme moyen de paiement sur certains sites Internet. Des commerçants dans des pays d'Europe du Nord acceptent d'être payés en bitcoins. À Vancouver, à Berlin, sur la côte ouest des États-Unis, le paiement des loyers en bitcoins est possible pour certains logements. Aux États-Unis, durant les campagnes électorales, des dons en bitcoins ont été réalisés.

La popularité croissante des cryptoactifs a entraîné le développement de nombreux services financiers. Ainsi, dans le domaine des infrastructures de marché, des plateformes d'échange permettant l'achat et la vente de cryptoactifs contre de la monnaie ayant cours légal ont été créées. Ces plateformes permettent à des utilisateurs n'ayant pas participé au processus de création d'acquérir des cryptoactifs, ou de convertir en monnaies. Des instruments d'investissement associés aux cryptoactifs, comme la constitution de fonds ou la mise en place d'instruments dérivés, ont été également créés comme cela a été le cas à l'initiative du Chicago Board Options Exchange ou du Chicago Mercantile Exchange. Un pays a, par ailleurs, accepté d'utiliser le bitcoin comme monnaie officielle, le Salvador.

La popularité croissante des cryptoactifs a entraîné le développement de nombreux services financiers.

COMMENT ACQUÉRIR DES BITCOINS ?

Les particuliers peuvent facilement acquérir des bitcoins directement ou par l'intermédiaire de parts de fonds indiciels (ETF) qui répliquent l'évolution du cours. L'achat peut s'effectuer via une plateforme d'échange. C'est la méthode la plus courante. Il suffit de créer un compte sur une plateforme, de vérifier son identité et de déposer des fonds.

Plateformes populaires en France

- **Binance :** plateforme internationale, avec de nombreux cryptos disponibles.
- **Coinbase :** facile à utiliser, idéale pour les débutants.
- **Kraken :** fiable et reconnue.
- **Bitstamp :** ancienne et bien régulée.
- **Paymium :** plateforme française spécialisée dans le bitcoin.
- **Zebitex :** autre plateforme française.

LES ÉTAPES POUR ACHETER DES BITCOINS SUR UNE PLATEFORME

1. Créer un compte sur la plateforme choisie.
2. Vérifier son identité (procédure KYC avec pièce d'identité).
3. Déposer des fonds (virement SEPA, carte bancaire, PayPal selon la plateforme).
4. Acheter des bitcoins en passant un ordre d'achat.
5. Transférer les bitcoins vers un portefeuille sécurisé (optionnel mais recommandé).

• L'achat peut s'effectuer **via un distributeur automatique de bitcoins** (BATM). Certains distributeurs automatiques permettent d'acheter du bitcoin en espèces. On les trouve dans certaines grandes villes françaises via des services comme CoinATMRadar.
• L'achat peut s'effectuer **via des plateformes de vente entre particuliers** (P2P). Ces plateformes permettent d'acheter directement des bitcoins auprès d'autres utilisateurs.
• L'achat peut s'effectuer **via un courtier en cryptomonnaie.** Certains services permettent d'acheter des bitcoins facilement contre une commission, par exemple : Coinhouse (anciennement Maison du bitcoin, basée en France) ; Bitpanda (courtage simplifié pour bitcoin et autres cryptos).
• L'achat peut être réalisé **en acquérant des parts d'un ETF Bitcoin.** Ce mode d'accès peut être privilégié pour les épargnants qui ne souhaitent pas se lancer dans l'achat direct sur des plateformes dédiées.

QUELQUES CONSEILS POUR SÉCURISER SES BITCOINS

L'acheteur doit veiller au sérieux de la plateforme. **Il doit vérifier si elle dispose d'un agrément pour les opérations financières :** il peut se renseigner auprès de l'ACPR ou de l'AMF. Il convient d'utiliser un portefeuille crypto sécurisé (ex. Ledger, Trezor, Electrum) plutôt que de laisser ses bitcoins sur une plateforme. **L'activation de l'authentification à deux facteurs (2FA) pour sécuriser son compte est conseillée.** L'épargnant doit mémoriser les codes pour éviter toute perte sur la *blockchain*. Le particulier doit vérifier les frais (dépôt, retrait, transaction) avant d'acheter.

QUELLE EST LA FISCALITÉ APPLICABLE AUX BITCOINS ET AUTRES CRYPTOACTIFS ?

En France, la fiscalité applicable aux gains sur les bitcoins et les cryptomonnaies dépend du type d'opération effectuée et du statut du détenteur. Voici les principales règles fiscales en vigueur.

VENTE OCCASIONNELLE DE BITCOINS OU DE CRYPTOACTIFS (PARTICULIERS)

Les plus-values réalisées par les particuliers, lors de la cession de cryptomonnaies, sont exonérées d'impôt si le total des cessions dans l'année est inférieur à 305 €, conformément à l'article 150 VH bis du code général des impôts.

Au-delà de 305 €, les plus-values sont imposables, quelle que soit la fréquence des transactions, occasionnelles ou habituelles. Depuis le 1er janvier 2023, **deux types d'imposition sont disponibles**, au choix du contribuable en fonction de ses intérêts :

- **Le prélèvement forfaitaire unique** (PFU au taux de 30 % comprenant l'impôt sur le revenu à un taux forfaitaire de 12,8 % auquel s'ajoutent les prélèvements sociaux au taux global de 17,2 %).
- **Le barème progressif** de l'impôt sur le revenu.

Exemple de calcul

En cas d'achat d'un bitcoin (BTC) à 50 000 € et en cas de revente à 96 000 €, la plus-value est de 46 000 €.
Impôt dû en cas d'option au PFU : 46 000 x 30 % = 13 800 €.

TRADING RÉGULIER OU ACTIVITÉ PROFESSIONNELLE

Si l'administration fiscale considère que l'activité est régulière et assimilable à une activité professionnelle (*day trading*, arbitrage fréquent, etc.), **le vendeur de bitcoins ou de cryptoactifs relève du régime des bénéfices industriels et commerciaux (BIC).**

L'imposition s'effectue alors selon le barème progressif de l'impôt sur le revenu avec possibilité de déduire certaines charges liées à l'activité (frais de transaction, matériel informatique, etc.).

DÉCLARATION ET OBLIGATIONS COMPTABLES PLUS COMPLEXES

Le minage de bitcoins est assimilé à une activité professionnelle et relève soit du régime des bénéfices non commerciaux (BNC) s'il est exercé à titre individuel, soit du régime des bénéfices industriels et commerciaux (BIC) s'il est structuré comme une entreprise. Les gains issus du minage sont imposables dès leur acquisition et non à la revente.

RÈGLES APPLICABLES EN CAS D'ÉCHANGE DE CRYPTOACTIFS

L'échange entre cryptos (Bitcoin ⟶ Ethereum, etc.) est soumis à un régime spécifique. Depuis la loi de finances 2022, **l'échange entre cryptomonnaies n'est pas imposable,** tant qu'il ne s'agit pas d'un passage en monnaie fiduciaire (euros). Seule la conversion en euros déclenche une imposition.

DÉCLARATION OBLIGATOIRE DES COMPTES À L'ÉTRANGER

En cas de détention d'un compte sur une plateforme étrangère (ex. Binance, Kraken, Coinbase), **le titulaire doit le déclarer chaque année aux impôts** (formulaire n° 3916-BIS) sous peine d'amendes (750 à 1 500 € par compte non déclaré).

TRANSMISSION, DONATION ET SUCCESSION

En cas de donation, **la fiscalité dépend des droits de donation applicables** (barème standard selon le lien de parenté). En cas de décès, les bitcoins entrent dans la succession et sont imposés comme tout autre bien.

AVEC LES CRYPTOACTIFS, QUELS SONT LES RISQUES POUR LES PARTICULIERS ?

Les cryptoactifs, à la différence des actions ou des obligations, ne se négocient pas sur un marché, organisé, régulé et contrôlé. Leur caractère hautement spéculatif peut générer des gains mais aussi des pertes importantes. Le manque de transparence sur les modalités d'émission et d'achat occasionne une forte volatilité. Pour les particuliers qui possèdent des cryptoactifs, leur conservation est sujette à des cyberrisques, et n'offre aucune protection pour sécuriser ces avoirs.

Les cryptoactifs, à la différence des actions ou des obligations, ne se négocient pas sur un marché, organisé, régulé et contrôlé.

Il existe des risques avérés de piratage des portefeuilles électroniques qui permettent le stockage des cryptoactifs. Si les cryptomonnaies sont logées sur un ordinateur, en cas de vol ou de destruction de ce dernier, les bitcoins sont perdus. **Les détenteurs ont peu de recours en cas de vol de leurs avoirs par des pirates informatiques.**

En cas de fraude, les cryptoactifs ne sont pas assortis, dans l'Union européenne, d'une garantie légale de remboursement à tout moment et à la valeur nominale. **Ils ne bénéficient d'aucune sécurité.** La Banque de France et la Banque Centrale européenne ne sont pas les banquiers en dernier ressort en cas de malversation ayant un lien avec le bitcoin. Le recours à des ETF en bitcoins est évidemment un moyen de se prémunir contre de tels risques.

Chapitre 15

PLACEMENTS ALTERNATIFS

Des épargnants sont tentés par des placements plus exotiques qui sortent des chemins battus. Attention, les placements atypiques peuvent laisser augurer des bénéfices mais peuvent également donner lieu à des pertes importantes. Ces placements sont, en règle générale, peu ou pas réglementés, ce qui limite les voies de recours de l'épargnant en cas de problème. Il est conseillé de recourir à ce type de placements avec parcimonie et en connaissance de cause.

LE VIN EST-IL UN BON PLACEMENT ?

Le vin, au-delà du plaisir gustatif, peut constituer un placement. **L'évolution du prix des grands crus a, ainsi, attiré des épargnants.** Ce type de placements nécessite quelques connaissances et la prise de certaines précautions notamment en lien au caractère fragile du produit.

COMMENT SE CONSTITUER SA CAVE ?

Un particulier peut décider de se constituer sa propre cave, non pas pour sa consommation personnelle, mais pour effectuer un placement. L'objectif : acheter des bouteilles au plus bas prix pour réaliser, après une période de stockage, des plus-values. Un minimum de connaissances est nécessaire.
Le particulier aura tout avantage de suivre les indices suivants :
• **Le « Liv-Ex » :** le marché des vins fins de Londres qui enregistre les cours des transactions entre marchands.
• **Le Winedex :** publié par la société Idealwine, constitué à partir des transactions constatées dans les salles de vente en France.
• **« WineDecider » :** comparateur français en ligne qui recherche les prix des vins de plus de 450 vendeurs sur Internet.
Pour les vins de Bordeaux, le guide Parker est évidemment un outil utile.
Au préalable, le particulier investisseur en vin devra s'équiper d'une cave et surveiller sa température. Si les bouteilles sont mal conservées, elles perdent toute valeur.

LES CAVES PATRIMONIALES D'INVESTISSEMENT EN VIN : BONNE IDÉE ?

Des entreprises se proposent de constituer une cave « clé en main ». La gestion, l'entreposage et la revente sont alors délégués à un professionnel. Les clients sont propriétaires des bouteilles. **Avec cette formule, la conservation des bouteilles est réalisée par un professionnel.** Le risque est que le gestionnaire recueille l'argent sans effectuer les achats et monte ainsi un système pyramidal, dit de Ponzi.

QUELLE EST LA FISCALITÉ APPLICABLE AUX VENTES DE BOUTEILLES DE VIN ?

En France, la fiscalité applicable à la vente de bouteilles, notamment dans le cadre de plus-values, **dépend du type de bien vendu et du montant de la transaction.**

VENTE DE BIENS DE COLLECTION (BOUTEILLES DE VIN, D'ALCOOL, ETC.) :

Si la vente concerne des biens de collection (par exemple des bouteilles de vin rares), **la plus-value réalisée lors de la vente est généralement soumise au régime des plus-values mobilières.**

Les plus-values réalisées lors de la vente de biens de collection peuvent être exonérées si le montant de la vente est inférieur à 5 000 € par an. Au-delà de 5 000 €, la plus-value est soumise à l'impôt sur le revenu au taux de 19 %, ainsi qu'aux prélèvements sociaux à hauteur de 17,2 %. En résumé, la taxation totale peut s'élever à 36,2%. Un abattement s'applique en fonction des années de détention.

Il est recommandé d'avoir tous les documents d'achat pour pouvoir apprécier le montant de la plus-value. Quand le vendeur particulier ne peut pas justifier la date ou le prix d'acquisition du bien vendu (les bouteilles de vin de collection), l'administration fiscale applique une taxe forfaitaire directement sur le prix de vente. Cette taxe forfaitaire est fixée à 6 % du montant total de la vente, auquel s'ajoute 0,5 point de CRDS.

LE RÉGIME EN CAS DE VENTES PROFESSIONNELLES

Si la vente des bouteilles est considérée comme une activité professionnelle, l**e régime fiscal applicable est celui des bénéfices industriels et commerciaux (BIC).**

LE VIN PAPIER, UNE BONNE SOLUTION ?

Les épargnants peuvent acquérir des parts d'un fonds d'investissement spécialisé dans le vin. Après avoir levé des fonds auprès de particuliers, les gestionnaires achètent une cave d'investissement et la revendent pour faire augmenter la valeur du fonds. **Les clients ne sont donc pas propriétaires de bouteilles, mais de titres du fonds.** Il faut vérifier que le fonds choisi ait l'agrément de l'AMF (obligatoire). Les épargnants ont tout avantage à regarder de près la structure du capital du fonds. **Pour éviter une forte volatilité, les fonds ayant un capital élevé sont conseillés.**

L'ACQUISITION DE PARTS D'UNE EXPLOITATION VITICOLE

Les épargnants peuvent acquérir des parts de groupement foncier viticole (GFV), dont la valeur oscille entre 6 000 et 100 000 €. Ces sociétés civiles mettent en commun l'épargne de plusieurs investisseurs, pour acheter différentes parcelles de vignes, en assurer l'exploitation avec un bail à long terme, gérer la commercialisation du vin et reverser chaque année une quote-part des loyers tirés des vignobles aux associés. Les parts de GFV sont un placement de niche, relativement rare. Ces produits sont proposés par certains établissements financiers. Les parts de GFV ne sont valorisées qu'à hauteur de 25 % de leur valeur jusqu'à 101 897 € et à 50 % au-delà pour l'IFI. En cas de succession, les mêmes abattements fiscaux sont pratiqués.

Les parts de GFV sont un placement de niche, relativement rare.

LA FORÊT, UN INVESTISSEMENT DURABLE ?

Les épargnants peuvent acquérir des parts de groupements forestiers (GF) qui sont des sociétés civiles particulières ayant pour objet exclusif la constitution, l'amélioration, l'équipement, la conservation d'un ou plusieurs massifs forestiers, ainsi que l'acquisition de forêts ou de terrains à boiser.Il s'agit d'un placement à long terme, dont le ratio rendement/risque est décorrélé des marchés financiers. Les risques de l'investissement sont répartis entre les associés. Cet investissement permet tout à la fois de concilier protection de l'environnement et avantage fiscal.

Cet investissement permet tout à la fois de concilier protection de l'environnement et avantage fiscal.

L'acquisition de parts de GF ouvre droit à une réduction d'impôt égal à 25 % du montant investi sous condition que les parts sociales soient conservées de 5 à 8 ans et que le GF applique pendant 15 ans un plan simple de gestion visant à assurer la pérennité de l'exploitation forestière. L'avantage fiscal s'applique dès l'année de l'investissement. Il n'est pas toujours cumulable avec la réduction d'impôt sur la fortune immobilière (IFI). Cet avantage fiscal est, par ailleurs, soumis au plafonnement des niches fiscales de 10 000 €. Le contribuable pourra privilégier l'abattement à l'IFI qui s'appliquera dans la limite de 75 % de la valeur vénale des parts de GF détenus (hors trésorerie). Cet abattement est porté à 100 % sur certains groupements forestiers.

Cet avantage fiscal est, par ailleurs, soumis au plafonnement des niches fiscales de 10 000 €.

L'achat de parts de GF offre enfin un abattement de 75 % sur la transmission, uniquement sur la valeur vénale de la forêt détenue par le GF (hors frais de souscription et trésorerie).

- **Si l'acquisition des parts a eu lieu sur le marché primaire :** il n'y a aucune durée de détention minimum pour bénéficier de l'avantage fiscal.
- **Si l'acquisition des parts a eu lieu sur le marché secondaire :** l'abattement est applicable sous réserve d'une détention par le défunt durant au moins deux avant son décès.

L'avantage fiscal est conditionné au respect d'une gestion durable par le GF pendant 30 ans. Cet avantage fiscal s'applique au moment de la transmission et est cumulable avec les autres avantages fiscaux.

FAUT-IL INVESTIR SUR LES MARCHÉS DE DEVISES (FOREX) ?

Dans les années 2010, l'investissement sur les marchés de devises (FOREX) a attiré un certain nombre d'épargnants à la recherche d'émotions fortes. **Les fluctuations des devises sont rapides et peuvent offrir de fortes plus-values, mais également des moins-values tout aussi importantes.** Des sites en ligne proposent d'investir sur ce type de marchés avec des gains et aussi des pertes élevées. Des sites frauduleux se sont multipliés, logés en dehors de l'Union européenne. L'AMF et l'ACPR ont appelé les candidats au Forex à la vigilance. Il est conseillé de vérifier si l'intermédiaire n'est pas sur une des listes noires tenues à jour par ces deux autorités de contrôle.

L'AMF et l'ACPR ont appelé les candidats au Forex à la vigilance.

LES PARKINGS, L'IMMOBILIER SANS LES CONTRAINTES ?

L'investissement locatif dans les parkings constitue **une option attractive en raison de son ticket d'entrée abordable, d'une gestion simplifiée.** Les charges sont plus faibles que pour un logement et les contraintes liées à la fin d'un bail sont plus légères.

Sur le plan fiscal, **si les revenus annuels générés par la location de parkings ne dépassent pas 15 000 €, l'investisseur peut bénéficier du régime microfoncier.** Ce régime permet un abattement forfaitaire automatique de 30 %, avec imposition sur les 70 % restants, ajoutés aux revenus globaux soumis au barème progressif de l'impôt sur le revenu (IR).
Au-delà de 15 000 €, ou sur option volontaire, l'investisseur relève du régime réel. Ce régime permet de déduire des revenus locatifs l'ensemble des charges réelles (taxe foncière, intérêts d'emprunt, travaux d'entretien, frais de gestion, assurances).
En cas de plus-value à la revente, les parkings suivent le régime des plus-values immobilières classique. Les parkings sont assujettis à la taxe foncière. Dans certaines communes, les parkings individuels peuvent être soumis à une taxe spécifique sur les surfaces de stationnement.

La location classique de parkings réalisée par un propriétaire individuel est exonérée de TVA. Toutefois, si la location est associée à une prestation hôtelière ou commerciale (par exemple, parking public exploité avec services spécifiques), elle devient soumise à la TVA au taux normal. Par ailleurs quand l'investisseur possède un nombre élevé de parkings, leur assujettissement à la TVA peut intervenir. En effet, si l'activité revêt un caractère professionnel ou commercial en raison du nombre élevé de places louées, de l'organisation mise en place, ou d'une gestion active, l'investisseur peut basculer dans un régime soumis à TVA.

Les parkings entrent dans l'assiette de l'impôt sur la fortune immobilière qu'ils soient détenus en direct ou via une SCI. Si les parkings sont utilisés exclusivement pour une activité professionnelle du contribuable (ex. : location commerciale de parkings à grande échelle), ils peuvent néanmoins bénéficier de l'exonération liée à l'outil professionnel, à condition que les critères précis soient remplis (activité commerciale avérée, gestion active et directe, revenus principaux de l'activité professionnelle).

Les parkings entrent dans l'assiette de l'impôt sur la fortune immobilière.

LE RENDEMENT LOCATIF DES PARKINGS

En moyenne nationale, le rendement brut de la location de parkings se situe entre 5 % et 8 % par an. Dans les grandes villes, il peut atteindre 10 %. Après prise en compte des charges (taxe foncière, charges de copropriété, entretien éventuel, assurances, frais de gestion), **le rendement net se situe entre 3 et 6 % au niveau national.** Cette tendance à la baisse s'explique par plusieurs facteurs : le développement des alternatives à la voiture individuelle, telles que les transports en commun, le vélo et la marche, ainsi que les politiques publiques visant à réduire la place de la voiture en ville.

LES DIAMANTS, ÇA BRILLE !

Les diamants sont également recherchés. Deux types d'achats sont possibles : l'achat physique et l'achat de parts de fonds spécialisés dans les diamants (diamant/papier).

ACHAT PHYSIQUE

Trois catégories de diamants sont accessibles :
- **Les diamants d'investissement :** il s'agit de diamants certifiés par des laboratoires indépendants.
- **Les diamants de couleur** (Fancy Color) : il s'agit de diamants rares, notamment les diamants roses (Argyle Pink Diamonds), bleus et verts, qui ont une forte valorisation historique. Le marché de ces pierres est plus spéculatif.
- **Les diamants bruts :** l'investissement est également risqué et réservé aux professionnels connaissant la coupe et la revente.

Le prix dépend de la qualité des pierres. Le problème du stockage se pose, par ailleurs, dans les mêmes conditions que l'or.

FAUT-IL INVESTIR DANS « LE DIAMANT PAPIER » ?

Pour ne pas gérer les pierres en direct, l'épargnant peut investir dans des actions de sociétés minières cotées ou opter pour des fonds qui investissent dans le secteur des diamants ou dans des ETF sur les diamants.
Certaines plateformes proposent des investissements fractionnés en diamants via la blockchain.

QUELQUES POINTS À PRENDRE EN CONSIDÉRATION

Contrairement à l'or, revendre un diamant peut être difficile. Il n'y a pas de cotation officielle. La valeur dépend des transactions entre particuliers et des enchères. Les intermédiaires ont tendance à prendre des marges importantes. L'investisseur doit faire attention aux fraudes et contrefaçons en se méfiant des pierres non certifiées et des vendeurs peu fiables.

LES WAGONS DE FRET ET CONTENEURS

Investir dans des wagons de fret ou des conteneurs maritimes peut constituer un moyen de diversification **pour les épargnants avertis**.

INVESTISSEMENT DANS LES WAGONS DE FRET

Certains fonds communs de placement à risque (FCPR) permettent aux épargnants d'investir dans des wagons de fret. **Les tickets d'entrée peuvent être élevés, autour de 30 000 €** avec une durée minimale, en règle générale, de 5 ans. Le rendement annuel peut atteindre de 5 à 7 % brut.
L'épargnant peut également investir dans des sociétés cotées spécialisées dans la location et la gestion de wagons de fret.

INVESTISSEMENT DANS LES CONTENEURS MARITIMES

Les épargnants peuvent acquérir des conteneurs maritimes et les louer à des compagnies de transport. Le prix d'un conteneur standard varie entre 1 000 et 3 000 $. Les revenus tirés de la location des conteneurs sont imposés comme revenus mobiliers au prélèvement forfaitaire unique (PFU) de 30 % (12,8 % d'impôt + 17,2 % prélèvements sociaux). **Le conteneur maritime est considéré comme un bien meuble corporel, donc non imposable à l'IFI.** Lors de la revente, les plus-values réalisées peuvent être taxées (régime général des plus-values mobilières au PFU de 30 %).
Le conteneur maritime peut représenter un investissement alternatif attractif en diversification patrimoniale pour un épargnant cherchant à combiner rendement régulier et exonération d'IFI.

L'Autorité des marchés financiers (AMF) a émis des mises en garde concernant certaines propositions d'investissement dans des conteneurs, signalant des offres frauduleuses. **Il est donc crucial de vérifier la légitimité des sociétés proposant ces investissements et de faire preuve de vigilance.** Des risques de perte en capital sont à prendre en compte.

LES ŒUVRES D'ART, LES PARCHEMINS, LES LIVRES RARES

Les œuvres d'art, les parchemins anciens et les livres rares sont des actifs atypiques recherchés pour leur valeur patrimoniale, esthétique, historique et émotionnelle. Ces actifs bénéficient traditionnellement d'un intérêt marqué de la part des investisseurs.

Les raisons de ces investissements

- La protection contre l'inflation.
- La faible corrélation avec les marchés financiers classiques.
- L'attrait croissant auprès de collectionneurs internationaux.
- Le caractère tangible et matériel de ces objets.

Ces placements entrent dans la catégorie des actifs réels ou « alternatifs », vers lesquels les investisseurs ont tendance à se tourner dans les périodes d'incertitude économique ou financière.

Les œuvres d'art et les livres anciens sont considérés comme des actifs de diversification dont les prix sont faiblement corrélés avec les marchés boursiers et obligataires traditionnels. **Leur valorisation est potentiellement élevée sur le long terme** en fonction de leur rareté et de leur qualité ou appréciation par le public. Ces actifs bénéficient de conditions fiscales avantageuses au moment des successions et donations.

Par nature, l'évaluation du prix de ces biens est complexe et sujette à des fluctuations. **Ces biens sont peu liquides sauf pour certaines œuvres très recherchées.** L'épargnant doit également prendre en compte les coûts annexes non négligeables (frais d'assurance, de conservation, d'expertises, de restauration éventuelle).

QUEL EST LE RÉGIME FISCAL POUR LES ŒUVRES D'ART EN FRANCE ?

Le régime fiscal applicable en France est particulièrement avantageux, ce qui contribue à la popularité de ces actifs dans une logique patrimoniale.

FISCALITÉ À L'ACQUISITION

Les achats d'œuvres d'art réalisés auprès d'un professionnel sont soumis à une TVA réduite à 5,5 %.
Pour les achats auprès d'un particulier, il n'y a pas de TVA mais des droits de mutation éventuels peuvent s'appliquer en cas de succession ou de donation.

FISCALITÉ EN DÉTENTION

Exonération totale de l'impôt sur la fortune immobilière (IFI) pour les œuvres d'art, livres rares et manuscrits. Cette caractéristique constitue un avantage fiscal important pour les contribuables fortunés, puisque ces biens n'entrent pas dans le champ taxable à l'IFI.
Aucun impôt spécifique sur la détention annuelle des œuvres d'art.

FISCALITÉ EN CAS DE REVENTE

Lors de la revente, le vendeur peut choisir entre deux régimes fiscaux :

- **Option 1 : taxation forfaitaire sur le prix de vente**

Taxe forfaitaire de 6 % du prix de cession (+ 0,5 % CRDS), soit 6,5 % au total.
Avantage : simplicité administrative, pas besoin de justifier d'un prix d'achat ou d'une date d'acquisition.

- **Option 2 : régime des plus-values mobilières**

Taxation de 36,2 % (19 % impôt + 17,2 % prélèvements sociaux) sur la plus-value réalisée.
Abattement annuel à partir de la 3e année de détention : exonération complète après 22 ans de détention.
Cela nécessite la présentation de preuves de la date et du prix d'acquisition (factures, certificats, etc.).
Ce second régime est souvent plus avantageux sur le long terme, particulièrement si la plus-value potentielle est significative et si l'acquisition a été correctement documentée.

FISCALITÉ EN CAS DE TRANSMISSION (SUCCESSION ET DONATION)

Pour les successions ou les donations, les œuvres d'art et biens rares bénéficient du régime fiscal commun : soumission aux droits de succession ou de donation au tarif général (de 5 % à 45 % selon le lien de parenté et le montant transmis).
Néanmoins, les héritiers ont la possibilité de payer les droits en nature (« dation en paiement ») en transférant des œuvres au profit de l'État.

Pour se lancer dans une diversification artistique de son patrimoine, l'épargnant doit être un connaisseur ou recourir à des expertises professionnelles pour sécuriser les acquisitions. Ce secteur a connu ces dernières années des escroqueries retentissantes (scandale Artistophil avec 18 000 épargnants victimes) avec des promesses de gains exagérées reposant sur des pyramides de Ponzi.

EST-IL POSSIBLE DE FAIRE FORTUNE AVEC DES SNEAKERS ?

De plus en plus de jeunes investissent dans les sneakers (chaussures initialement conçues pour la pratique sportive, mais détournées pour un usage quotidien en milieu urbain) afin de dégager des plus-values en cas de revente. **Cet investissement atypique nécessite une bonne compréhension du marché et une stratégie bien définie.**

Le collectionneur investisseur doit suivre les tendances et connaître les modèles les plus prisés. Des plateformes comme StockX ou Wethenew permettent de suivre les cotes en temps réel et d'identifier les paires à fort potentiel. Le collectionneur a tout avantage à participer aux tirages au sort pour l'achat de modèles en édition limitée. Il est conseillé d'utiliser des plateformes de revente sécurisées. Le marché des sneakers est confronté à de nombreuses contrefaçons. Il convient de veiller au sérieux des vendeurs et des acheteurs avant de s'engager sur ce marché. Si la vente dépasse 5 000 €, logiquement les plus-values sont imposables.

Le marché des sneakers est confronté à de nombreuses contrefaçons.

LES COLLECTIONS DE TIMBRES

Beaucoup plus traditionnelles, les collections de timbres peuvent également constituer un élément du patrimoine. De 6 à 7 millions de Français seraient collectionneurs. Ces derniers sont de moins en moins nombreux. Ils ont en moyenne plus de 60 ans. Pour estimer la valeur des timbres, il est recommandé de consulter des catalogues de cotation ou de faire appel à des experts philatéliques. Les maisons de vente aux enchères spécialisées publient régulièrement des catalogues détaillant les prix de départ et les estimations de chaque lot, ce qui peut servir de référence. Au niveau fiscal, le régime des plus-values s'applique.

De 6 à 7 millions de Français seraient collectionneurs.

Chapitre 16

LES FINTECHS ET LES NOUVELLES TECHNIQUES D'ÉPARGNE

L'essor des startups dans le secteur financier conduit à celui de nouvelles méthodes ou techniques pour épargner. L'épargne par arrondi, l'investissement automatisé, le cashback ou l'épargne avec virements programmés se développent et s'adressent en priorité aux jeunes épargnants ouverts aux plateformes en ligne.

QU'EST-CE QUE L'ÉPARGNE PAR ARRONDI ?

L'épargne par arrondi est une **méthode d'épargne automatisée qui repose sur l'arrondi des transactions bancaires à l'euro supérieur ou sur un multiple défini, avec le différentiel automatiquement transféré sur un compte d'épargne, un placement ou un investissement.** Cette technique est particulièrement prisée par les jeunes générations et les adeptes de la finance comportementale, car e**lle permet d'épargner de manière quasi indolore et progressive.** Elle n'est pas sans défaut malgré tout...

QUELLES SONT LES DIFFÉRENTES FORMES D'ÉPARGNE AVEC ARRONDI ?

L'épargne avec la technique des arrondis repose sur un principe simple. Chaque paiement réalisé avec une carte bancaire est arrondi au montant supérieur, et la différence est épargnée. Selon les offres des banques et des fintechs, il existe plusieurs variantes.

• **Arrondi à l'euro supérieur**
Si un achat coûte 9,60 €, il est arrondi à 10,00 €.
Les 0,40 € restants sont automatiquement transférés sur un compte d'épargne.
• **Arrondi au multiple le plus proche**
Si un achat coûte 5,40 €, il peut être arrondi à 10 € permettant de placer 4,60 €.
• **Arrondi avec un coefficient multiplicateur**
Certaines banques permettent d'augmenter l'arrondi en le multipliant par 2, ou 3.
En cas d'arrondi classique à l'euro supérieur, un achat de 4,20 € permet d'épargner 1,60 € en cas de facteur deux (0,8 x 2).

QUELS SONT LES ACTEURS PROPOSANT CE SERVICE EN FRANCE EN 2025 ?

Plusieurs établissements bancaires et fintechs ont adopté cette solution pour encourager l'épargne :
• **Le LCL** offre un programme d'épargne automatique avec arrondi sur un livret A ou un PEL.
• **Le Crédit Agricole** propose une solution similaire, avec un transfert vers des comptes d'épargne classiques.
• **La BNP Paribas (Hello Bank!)** permet l'épargne par arrondi sur Hello+.
• **Revolut** propose l'arrondi avec placement automatique dans des « vaults » (coffres numériques) ou sur des investissements en bourse.
• **Monabanq** offre une épargne avec arrondi transférée sur un livret épargne.
• **Lydia** permet d'arrondir chaque transaction et d'épargner dans un portefeuille dédié.

L'épargne par arrondi est simple par son automaticité. **Elle ne nécessite aucun effort de la part de l'utilisateur,** permettant la mise en place d'une épargne régulière. Celle-ci se constitue de manière progressive et indolore. Le montant économisé est faible à chaque transaction, mais peut, cumulé sur plusieurs mois, représenter une somme significative. L'épargnant a la possibilité de personnaliser l'arrondi et le montant à transférer pour s'adapter à ses capacités financières. Certaines banques permettent d'orienter l'épargne vers des livrets, des placements en actions ou des cryptomonnaies.

Elle ne nécessite aucun effort de la part de l'utilisateur, permettant la mise en place d'une épargne régulière.

Cette méthode d'épargne ne permet pas de constituer une épargne de précaution importante en peu de temps. **Elle est liée à la consommation. Plus une personne dépense, plus elle épargne,** ce qui peut être contre-intuitif pour ceux qui cherchent à mieux gérer leur budget. Les frais peuvent être importants. Certaines banques facturent des frais de gestion ou limitent le choix des supports d'épargne. Certaines fintechs proposent d'investir l'épargne arrondie en bourse, ce qui peut entraîner des pertes en cas de fluctuations des marchés.

Cette méthode d'épargne ne permet pas de constituer une épargne de précaution importante en peu de temps.

QUEL EST LE MODE DE FONCTIONNEMENT DE L'ÉPARGNE EN CASHBACK ?

C'est un système permettant d'**épargner automatiquement une partie des remboursements (cashbacks) obtenus lors d'achats réalisés avec une carte bancaire ou via une application dédiée auprès de commerçants affiliés.** Au lieu de simplement récupérer de l'argent sur son compte courant, d'avoir des points ou des avantages dans le réseau de commerces, le cashback est directement réinvesti dans un produit d'épargne.

L'utilisateur effectue des achats auprès de partenaires commerciaux qui offrent du cashback (grandes enseignes, e-commerce, supermarchés….). En contrepartie à son affiliation, il peut bénéficier sur ses achats d'un remboursement, par exemple 2 % du montant dépensé. Au lieu d'être reversé sur un compte courant, **le cashback est placé dans un produit d'épargne** (livret, assurance-vie, ETF, crypto, etc.).

Les acteurs français des solutions d'épargne en cashback

- **Lydia Cashback Épargne :** l'application bancaire Lydia permet de récupérer du cashback sur des achats effectués avec la carte Lydia et d'épargner directement les gains sur un compte rémunéré. Le taux de cashback est variable selon les enseignes partenaires. Le placement s'effectue sur un livret rémunéré intégré à l'application.
- **Younited Pay & Épargne :** propose un service de cashback sur les achats réalisés chez les partenaires. Le taux du cashback est variable selon les commerçants partenaires. Les versements sont réalisés sur un compte rémunéré ou sur une assurance-vie.
- **Revolut Savings Vaults** propose une option permettant d'arrondir les paiements par carte et de verser la différence dans une « cagnotte » d'épargne ou d'investir automatiquement le cashback perçu. Les versements sont réalisés sur un livret rémunéré ou sur investissement en actions/cryptos.
- **BoursoBank** permet de récupérer du cashback sur les paiements effectués avec ses cartes et propose une option pour reverser ce cashback directement sur un livret d'épargne.

Avec le cashback, aucun effort financier n'est demandé. L'épargne est la conséquence d'un achat réalisé dans un réseau de commerces affiliés. Le montant du cashback dépend des partenaires et peut fluctuer. **Pour épargner, l'utilisateur doit réaliser ses achats chez les commerçants affiliés, ce qui peut être contraignant.** Certains marchands offrent du cashback uniquement pour des achats spécifiques. Certaines applications limitent le montant de cashback pouvant être placé.

QU'EST-CE QUE L'INVESTISSEMENT AUTOMATISÉ ?

L'investissement automatisé repose sur des algorithmes et des robots-conseillers (*robo-advisors*) ainsi que sur l'intelligence artificielle pour gérer les placements financiers à la place de l'investisseur, sans intervention humaine directe. Ce système repose sur une allocation optimisée et automatique des fonds, souvent via des portefeuilles diversifiés, adaptés au profil de risque de l'utilisateur. Ce type d'investissement permet d'accéder à des stratégies autrefois réservées aux gestionnaires de patrimoine et aux institutions financières.

L'investissement automatisé peut reposer sur des virements programmés. L'épargnant s'engage à faire des versements qui seront gérés par le système automatisé.

QUEL EST LE MODE DE FONCTIONNEMENT DE L'INVESTISSEMENT AUTOMATISÉ ?

L'investissement automatisé repose sur plusieurs étapes clés.

Avant de démarrer, l'utilisateur doit répondre à un questionnaire permettant de définir :
• Son appétence au risque (prudent, équilibré, dynamique).
• Ses objectifs financiers (épargne à long terme, retraite, revenus complémentaires).
• Son horizon d'investissement (court, moyen ou long terme).

Une fois le profil défini, un algorithme construit un portefeuille optimisé en diversifiant les investissements sur plusieurs classes d'actifs:
• Actions (ETF, marchés émergents, marchés développés).
• Obligations (États, entreprises, souveraines).
• Immobilier (SCPI, REIT).
• Matières premières (or, pétrole, métaux rares).
• Cryptomonnaies (pour les plateformes offrant ce type d'investissement).

L'algorithme ajuste, par la suite, régulièrement le portefeuille en fonction de l'évolution des marchés financiers et des conditions économiques :
• **Rééquilibrage automatique :** ajustement des proportions pour maintenir l'allocation cible.
• **Réinvestissement des gains :** les dividendes et intérêts générés sont automatiquement réinvestis.
• **Optimisation fiscale :** certains *robo-advisors* proposent des stratégies pour minimiser l'impact fiscal (ex. : arbitrage fiscal).

QUELS SONT LES PRINCIPAUX TYPES D'INVESTISSEMENT AUTOMATISÉ ?

De plus en plus d'établissements financiers proposent ce type d'investissement. Le recours aux *robo-advisors* (conseillers financiers automatisés) est fréquent sur les plateformes en ligne. Les services de banque privée le proposent de plus en plus à leurs clients pour des contrats d'assurance-vie par exemple.
Les frais de gestion dans le cadre d'une gestion automatisée sont, en règle générale, réduits (0,6 % à 1 % contre 2 % à 3 % pour une gestion traditionnelle).
Ce mode de gestion ne nécessite aucune connaissance en finance et permet une diversification automatique. En revanche, la gestion peut être mécanique, peu personnalisée et moins flexible qu'une gestion avec une intervention humaine. Les épargnants doivent veiller au sérieux des applications proposant ce mode de gestion.

Les frais de gestion dans le cadre d'une gestion automatisée sont, en règle générale, réduits.

L'ÉPARGNE AVEC VIREMENT PROGRAMMÉ, UNE BONNE SOLUTION ?

• En optant pour des virements programmés, l'épargnant décide d'effectuer des transferts automatiques de son compte courant vers un compte d'épargne ou un compte d'investissement à une fréquence préalablement déterminée (mensuelle, hebdomadaire, trimestrielle, etc.). **Ce mécanisme permet d'éviter les oublis et favorise une approche systématique de l'épargne.**

• En automatisant l'épargne, l'épargnant s'assure de mettre de côté une partie de ses revenus sans effort. **Le caractère régulier permet de constituer au fil de l'eau un capital.** Les virements programmés évitent de dépenser l'intégralité de ses revenus, permettent de prévoir des imprévus et de renforcer sa stabilité financière. Ils jouent un rôle de sécurisation d'autant plus qu'ils sont automatisés. En investissant progressivement, les risques liés à la volatilité des marchés sont réduits.

• **L'épargnant peut choisir le montant de ses virements, la périodicité ainsi que les supports de placements qui bénéficieront de ces derniers** (livrets, plan d'épargne en actions, assurance-vie, plan d'épargne retraite, etc.). Il a la possibilité de répartir l'épargne entre différents produits permettant de combiner disponibilité, sécurité et performance. **Il peut réviser périodiquement les montants et les supports.** L'épargnant doit faire attention aux frais de ces virements et veiller régulièrement à la bonne allocation de son épargne. Cette technique peut être associée à des modes de gestion de l'épargne sophistiqués (gestion déléguée, gestion profilée, gestion avec robo-advisors, etc.).

MÉTHODE	MODE DE FONCTIONNEMENT	AVANTAGES	INCONVÉNIENTS
ÉPARGNE PAR ARRONDI	Arrondi des transactions bancaires, différentiel épargné	Automatique, indolore, adaptable	Montants faibles, dépendant des dépenses
VIREMENTS PROGRAMMÉS	Montant fixe transféré régulièrement sur un compte d'épargne	Prédictible, efficace pour des objectifs précis	Peut s'avérer contraignant en cas de revenus variables
INVESTISSEMENT AUTOMATISÉ	Virements investis en bourse	Rendement potentiel élevé	Risque de perte en capital
ÉPARGNE EN CASHBACK	Une partie des remboursements d'achats est épargnée	Rentabilise les dépenses courantes	Dépend du programme de fidélité et des enseignes partenaires

Chapitre 17

LE CROWDFUNDING

Le crowdfunding, ou financement participatif, est un mode de financement qui repose sur la collecte de fonds auprès d'un grand nombre de personnes via une plateforme en ligne sur Internet, sans passer par les circuits financiers traditionnels comme les banques ou les investisseurs institutionnels.

Le crowdfunding a été encadré par les pouvoirs publics mais n'en demeure pas moins un espace de placements à risques. En France, ce secteur est strictement encadré par des mesures nationales et européennes visant à protéger les investisseurs et assurer la transparence des plateformes.

QUELLES SONT LES DIFFÉRENTES FORMES DE CROWDFUNDING ?

Le financement participatif se décline en plusieurs catégories, selon le mode de contribution et les contreparties proposées aux investisseurs.

LE DON AVEC OU SANS RÉCOMPENSE

Les contributeurs financent un projet sans attendre de retour financier direct. Des possibilités de récompense symbolique sont possibles. Par exemple, le donateur peut financer la réalisation d'un film et recevoir une invitation pour assister à sa projection.

Ce type de crowdfundng **concerne le monde associatif, les activités culturelles, les innovations scientifiques.** Les principales plateformes sur lesquelles des projets se financent par des dons sont Ulule ou KissKissBankBank.

Ce type de crowdfunding n'est pas soumis à une réglementation spécifique, sauf s'il s'agit d'une collecte d'une association qui bénéficie d'aides fiscales au titre des dons.

LE PRÊT PARTICIPATIF (CROWDLENDING)

Des particuliers ou entreprises prêtent de l'argent à un porteur de projet avec ou sans intérêts.

Deux formes de prêt participatif

Prêt rémunéré	Prêt non rémunéré
Les investisseurs reçoivent des intérêts en contrepartie du prêt.	L'argent est prêté sans attente de gain financier.

Cet appel à l'épargne peut émaner de PME, d'artisans, de commerçants, etc. Les principales plateformes présentes sur ce créneau sont October et Lendopolis.

Cette activité est encadrée par l'Autorité des marchés financiers (AMF) et l'Autorité de contrôle prudentiel et de résolution (ACPR).
Un plafond de 5 000 € par prêteur et par projet pour les particuliers et de 1 million d'euros par projet pour l'entreprise bénéficiaire a été institué.

L'INVESTISSEMENT EN CAPITAL (CROWDEQUITY)

Les investisseurs prennent une participation dans une entreprise en échange d'actions. Ce mode de financement est utilisé notamment par les start-up.

Les deux plateformes engagées sur ce type de crowdfunding sont : WiSEED et Sowefund.
Depuis novembre 2023, un d'agrément de Prestataire de services de financement participatif (PSFP), en vertu du règlement européen ECSP, est obligatoire. La surveillance est assurée par l'AMF et l'ACPR. Le plafond de ressources collectées par ces plateformes est de 5 millions d'euros par projet et par an.

LE CROWDFUNDING OBLIGATAIRE

Les contributeurs prêtent de l'argent sous forme d'obligations émises par une entreprise. À la différence du crowdlending, l'investissement s'effectue sous forme de titres financiers et non de prêts directs.

Les deux principales plateformes agissant sur ce secteur sont : Lendopolis et WiSEED.
Le crowdfunding obligataire est encadré par l'AMF et est soumis aux mêmes règles que le crowdequity.

LE FINANCEMENT EN ROYALTIES

Les investisseurs reçoivent une rémunération indexée sur le chiffre d'affaires du projet financé. Logiquement, la mise initiale ne donne pas lieu à remboursement. La rémunération varie en fonction des performances économiques du projet.

Ce mode de financement est pratiqué dans le secteur musical et par les entreprises en forte croissance.

Les principales plateformes qui le proposent sont : WeShareBonds, MyOptions.

Ce mode de crowdfunding est moins encadré que le crowdlending.

LE CROWDFUNDING IMMOBILIER (VOIR P. 66)

Le crowdfunding immobilier permet aux particuliers et aux professionnels d'investir collectivement dans des projets immobiliers. Les investisseurs financent des projets immobiliers sous forme d'actions ou d'obligations. Ce mode de crowdfunding est notamment utilisé dans le cadre de programmes de promotion immobilière.

Deux formes d'investissement

En actions
Participation directe dans une société porteuse du projet.

En obligations
Financement via des titres de créance avec une rentabilité fixe.

Les principales plateformes proposant ce type de crowdfunding sont Homunity, ClubFunding, Fundimmo.

Cette activité est encadrée par l'AMF avec une obligation de statut PSFP pour les plateformes proposant des titres financiers.

QUELS SONT LES RENDEMENTS DU CROWDFUNDING ?

Le rendement potentiel du crowdfunding dépend du type d'investissement choisi et des risques associés.

- **Pour le crowdfunding en actions (Equity Crowdfunding),** les rendements varient fortement, de 0 à 20 % et voire plus. Mais de nombreux projets échouent avec une perte de capital total. Les premières années, le versement de dividendes est rare. L'horizon d'investissement est de 5 à 10 ans minimum.
- **Pour le crowdfunding immobilier,** le rendement moyen se situe entre 8 % et 12 %, le capital étant bloqué entre 12 et 36 mois. Les retards de livraison des logements ou de faillite du promoteur peuvent annuler ou réduire le remboursement. Jusqu'en 2022, le crowdfunding a généré des gains non négligeables. La hausse des taux d'intérêt et la crise de l'immobilier ont provoqué d'importantes difficultés chez des promoteurs qui recouraient au crowdfunding.
- **Pour le crowdlending (prêts aux entreprises),** les gains se situent entre 3 % et 10 % par an, selon le risque du projet. Il y a une possibilité de perdre sa mise en cas de faillite de l'emprunteur. L'horizon d'investissement se situe, en moyenne entre 1 et 5 ans.

• **Pour le crowdfunding en royalties (revenus partagés)**, l'investisseur reçoit un pourcentage du chiffre d'affaires généré par le projet. Le rendement potentiel est de 5 à 15 % par an, en fonction du succès commercial du projet. Ce placement est à risques élevés.

Exemple

Un investisseur finance une start-up musicale à hauteur de 2 000 € en échange de 5 % des revenus sur 5 ans.
Si la start-up génère 100 000 € de chiffre d'affaires annuel, il perçoit 5 000 € au total sur 5 ans.

RÉCAPITULATIF

Type de crowdfunding	Rendement moyen	Horizon d'investissement	Risque
Equity (actions)	0 % à + 20 % (parfois x 10)	5-10 ans	Très élevé
Immobilier	8 % à 12 %	1-3 ans	Moyen
Prêt aux entreprises (crowdlending)	3 % à 10 %	1-5 ans	Moyen à élevé
Royalties	5 % à 15 %	Variable	Élevé

QUELS SONT LES RISQUES EN INVESTISSANT VIA LE CROWDFUNDING ?

Il est recommandé d'investir sur des plateformes de droit européen et agréées.

Afin de garantir un développement du financement participatif dans un environnement sécurisé, un cadre juridique unique des intermédiaires en assurance, banque et finance (ORIAS). Le financement participatif ne peut être pratiqué qu'à titre accessoire en veillant au sérieux de la plateforme et du projet sur lequel l'investissement porte. Il est recommandé d'investir sur des plateformes de droit européen et agréées.

RISQUE POUR LES INVESTISSEURS ET POUR LES PORTEURS DE PROJETS

• Dans le cas du crowdfunding en actions (equity crowdfunding) ou du crowdfunding obligataire, **l'investisseur peut perdre tout ou partie de son capital** si l'entreprise échoue ou fait faillite. Le capital n'est pas garanti.
• Les titres acquis via le crowdfunding sont souvent non cotés en bourse. **Il peut être difficile, voire impossible, de revendre rapidement ses parts avant une éventuelle sortie** (revente à un autre investisseur, rachat par l'entreprise ou introduction en bourse).
• **Le retour sur investissement est variable en fonction des projets.** Les règles d'information sont moins strictes que sur les marchés réglementés.
• Il convient de **privilégier les plateformes ayant un agrément AMF ou ACPR**.

RÉCAPITULATIF

Type de Crowdfunding	Description	Exemples de plateformes	Encadrement et réglementation
Don avec ou sans récompense	Les contributeurs financent un projet sans attente de retour financier. Peut inclure une contrepartie symbolique.	Ulule, KissKissBankBank	Aucune réglementation spécifique sauf recours aux dispositifs d'incitation fiscale en faveur des associations
Prêt participatif (crowdlending)	Les contributeurs prêtent de l'argent avec ou sans intérêts.	October, Lendopolis	Encadré par l'AMF et l'ACPR. Plafond : 5 000 € par prêteur et 1 M € par projet.
Investissement en capital (crowdequity)	Les contributeurs investissent en capital dans une entreprise.	Sowefund, WiSEED	PSFP obligatoire depuis 2023, encadré par l'AMF et l'ACPR
Crowdfunding obligataire	Les contributeurs prêtent sous forme d'obligations émises par une entreprise.	Lendopolis, WiSEED	Encadré par l'AMF, soumis aux mêmes règles que le crowdequity
Financement en royalties	Les contributeurs sont rémunérés en fonction du chiffre d'affaires du projet financé.	WeShareBonds, MyOptions	Moins encadré que le crowdlending, peut nécessiter un agrément PSFP
Crowdfunding immobilier	Les investisseurs financent des projets immobiliers sous forme d'actions ou d'obligations.	Homunity, ClubFunding, Fundimmo	Encadré par l'AMF PSFP. Obligatoire pour les plateformes proposant des titres financiers

Chapitre 18

QUELLE ÉPARGNE POUR LES JEUNES ?

Pour bien épargner, il faut, dit l'adage, commencer tôt. L'ouverture d'un livret A à la naissance fait partie des rites initiatiques. Apprendre aux enfants à ne pas dépenser l'ensemble des étrennes est une règle d'éducation amplement partagée. Quels sont les produits d'épargne destinés aux jeunes et à qui appartient l'argent des mineurs ?

En 2021, l'épargne détenue par les mineurs s'élevait ainsi à 40 milliards d'euros.

40 %
des mineurs possèdent un livret A.

15 %
des mineurs possèdent un livret jeune.

5 %
des mineurs possèdent une assurance-vie.

5 %
des mineurs possèdent un PEL.

Source : étude d'impact de la loi relative à l'Industrie verte.

Dès la naissance, les parents peuvent ouvrir pour leurs enfants un livret A, un plan d'épargne logement, un compte épargne logement, un livret ordinaire, un contrat d'assurance-vie, un compte-titres ou un plan d'épargne avenir climat. À partir de 12 ans, ils peuvent ouvrir à leur profit un livret jeune. Dès les 16 ans de l'enfant, les parents peuvent ouvrir un compte courant avec un chéquier et une carte de paiement. Les parents doivent donner leur accord pour l'ouverture du compte et se porter caution. Les parents restent responsables en cas d'incident sur le compte bancaire de leur enfant mineur (découvert, chèque sans provision, etc.). Certaines banques proposent des cartes de paiement incluant une autorisation préalable avec des limites de retraits et paiements.

LE LIVRET A, UN INCONTOURNABLE !

Avec un plafond de 22 950 €, les parents peuvent y mettre les étrennes de fin d'année. Les grands-parents peuvent aussi en ouvrir un, mais avec l'accord préalable des parents. En revanche, le livret de développement durable et solidaire (LDDS) et le livret d'épargne populaire ne peuvent être ouverts que par une personne majeure.

Documents à fournir pour ouvrir un livret A au nom d'un enfant:

- Une pièce d'identité de l'enfant (ou le livret de famille).
- Une pièce d'identité du représentant légal (parent ou tuteur).
- Un justificatif de domicile des parents.
- Une attestation sur l'honneur confirmant que l'enfant ne possède pas déjà un livret A (car un seul est autorisé par personne).

Jusqu'à 12 ans, seuls les parents ou représentants légaux peuvent effectuer des retraits et dépôts. À partir de 12 ans, certaines banques permettent à l'enfant d'effectuer des retraits avec l'accord des parents. **À 16 ans, l'enfant peut gérer son livret A seul** sauf opposition des parents. À 18 ans, l'enfant devient entièrement responsable de son compte.

Comme un adulte, un mineur ne peut avoir qu'un seul livret A, quel que soit l'établissement bancaire. Les revenus du livret A sont exonérés d'impôt et de prélèvements sociaux.

LE LIVRET JEUNE, UN PRODUIT MÉCONNU

Les livrets jeunes sont réservés à toute personne âgée de 12 à 25 ans. Leur plafond est faible, 1 600 € (hors intérêts capitalisés), ce qui explique sa **faible notoriété.** Le taux d'intérêt annuel est librement fixé par les banques, mais doit être au moins égal à celui du livret A, soit au minimum 2,4 % au 1er février 2025. À compter du 25e anniversaire du titulaire, le livret jeune est clos. Le livret jeune est complètement liquide.

Documents à fournir pour ouvrir un livret jeune au nom d'un enfant

- Une pièce d'identité du mineur (carte d'identité ou passeport).
- Une pièce d'identité du représentant légal (si l'enfant a moins de 16 ans).
- Un justificatif de domicile récent.
- Une attestation sur l'honneur confirmant que l'enfant ne possède pas déjà un livret jeune.

De 12 à 16 ans, l'ouverture et la gestion nécessitent l'autorisation des parents. **De 16 à 18 ans, le mineur peut gérer seul son livret jeune**, sauf opposition des parents. À partir de 18 ans, l'enfant gère librement son compte. À 25 ans, le livret jeune est automatiquement clôturé.

Les revenus du livret jeune sont exonérés d'impôt et de prélèvements sociaux.

LES LIVRETS BANCAIRES ORDINAIRES

En cas de saturation du livret A ou du livret jeune, les parents peuvent opter pour un livret ordinaire mais **les taux de rémunération sont en règle générale faibles.** Ces produits peuvent être ouverts pour les enfants par leurs parents ou tuteurs légaux. Les grands-parents ou autres membres de la famille peuvent verser de l'argent sur le livret mais ne peuvent généralement pas l'ouvrir sans l'accord des parents.

En principe, un mineur peut détenir un livret ordinaire dès la naissance. Mais l'accès à certains super livrets peut être limité selon les banques (l'accès est parfois réservé aux 12 ans et plus).

Documents à fournir pour ouvrir un livret ordinaire au nom d'un enfant

- Une pièce d'identité de l'enfant (ou copie du livret de famille).
- Un justificatif de domicile des parents.
- Une pièce d'identité des représentants légaux.
- La signature des parents ou tuteurs.
- Un dépôt initial minimum, dont le montant varie selon les banques (généralement de 10 à 100 €) peut être exigé.

En règle générale, avant les 12 ans de l'enfant, seuls ses parents/représentants légaux peuvent effectuer des retraits. À partir de 12 ans, certaines banques permettent à l'enfant de réaliser des retraits, mais l'accord parental peut être nécessaire. **Après 16 ans, l'enfant peut, sous certaines conditions, disposer librement de son épargne** (sauf opposition des parents).

RÉGIME FISCAL ET SOCIAL DES LIVRETS ORDINAIRES

Contrairement aux livrets réglementés (exonérés d'impôt et de prélèvements sociaux), les intérêts des livrets bancaires classiques et des superlivrets sont **soumis au prélèvement forfaitaire unique** (PFU) de 30 % (12,8 % d'impôt sur le revenu + 17,2 % de prélèvements sociaux) **ou à l'imposition au barème progressif** (sur option), si plus avantageux.

Pour un enfant mineur, les intérêts perçus sont ajoutés aux revenus des parents et soumis à leur imposition.

La rémunération des livrets ordinaires est en règle générale faible, autour de 1 % en 2025.

LE PLAN D'ÉPARGNE LOGEMENT (PEL)

Les enfants mineurs peuvent disposer d'un PEL (plafond de 61 200 €). Il peut être ouvert par les parents, le représentant légal ou les grands-parents avec autorisation explicite des parents. Le PEL était souvent ouvert afin de préparer l'acquisition de la résidence principale. Les parents constituaient ainsi un apport et créaient un droit à prêts via le PEL. **La fiscalisation de ce produit, depuis 2018, en a réduit l'attrait.**

Documents à fournir pour ouvrir un PEL au nom d'un enfant

- Une pièce d'identité du mineur (ou livret de famille).
- Une pièce d'identité du représentant légal (parent ou tuteur).
- Un justificatif de domicile des parents.
- Une attestation sur l'honneur certifiant que l'enfant ne possède pas déjà un PEL.

Les représentants légaux (parents ou tuteur) gèrent le compte jusqu'à la majorité. **À partir de 18 ans, l'enfant peut utiliser son PEL comme bon lui semble,** même s'il n'achète pas de bien immobilier.

Comme pour un PEL détenu par une personne majeure, des versements minimum sont exigés :
• Dépôt minimum à l'ouverture : 225 €
• Versement obligatoire de 45 € minimum par mois, ou 135 € par trimestre ou 540 € par an.

Le plafond des dépôts est de 61 200 € (hors intérêts capitalisés), l'argent est bloqué durant quatre ans.

RÉGIME FISCAL ET SOCIAL DU PEL

• **Pour les PEL ouverts avant 2018,** les intérêts sont exonérés d'impôt sur le revenu jusqu'à la veille du douzième anniversaire du plan.
• **Les PEL ouverts à partir de 2018** sont soumis au prélèvement forfaitaire unique de 30 % (dont 17,2 % de prélèvements sociaux et 12,8 % d'impôt sur le revenu). Sur option, les revenus peuvent être soumis au barème de l'impôt sur le revenu avec paiement des prélèvements sociaux par ailleurs. Les revenus sont alors ajoutés à ceux des parents.

Le PEL est devenu depuis 2018 un placement faiblement attractif que ce soit pour les adultes ou les jeunes.

LE COMPTE D'ÉPARGNE LOGEMENT (CEL)

Le CEL (15 300 €) est une option intéressante pour préparer l'avenir immobilier d'un enfant en lui permettant d'accumuler une épargne disponible et d'**obtenir un prêt immobilier à taux préférentiel.** Contrairement au PEL, le CEL est plus souple, car **l'argent est accessible à tout moment.**

Un mineur peut détenir un CEL, dès la naissance. Les parents ou le tuteur légal doivent gérer le compte jusqu'à la majorité.

Un dépôt minimum à l'ouverture de 300 € est exigé mais il n'est pas nécessaire de réaliser des versements réguliers. Les versements doivent être de 75 € au minimum.

Le taux du CEL est égal à deux tiers de celui du livret A.

Documents à fournir pour ouvrir un CEL au nom d'un enfant

- Une pièce d'identité du mineur (ou livret de famille).
- Une pièce d'identité du représentant légal (parent ou tuteur).
- Un justificatif de domicile des parents.
- Une attestation sur l'honneur certifiant que l'enfant ne possède pas déjà un CEL.

Jusqu'aux 18 ans de l'enfant, seuls les parents ou représentants légaux peuvent gérer le compte. À partir de 16 ans, certaines banques permettent, néanmoins, au mineur de gérer seul son compte, avec l'accord des parents. **À 18 ans, l'enfant devient pleinement responsable de son CEL et peut l'utiliser comme il le souhaite.**

RÉGIME FISCAL ET SOCIAL DU CEL

• **Pour les CEL ouverts avant 2018,** les intérêts sont exonérés d'impôt sur le revenu mais soumis aux prélèvements sociaux.
• **Les CEL ouverts à partir de 2018** sont assujettis au prélèvement forfaitaire unique (PFU) au taux de 30 % (dont 17,2 % de prélèvements sociaux et 12,8 % d'impôt sur le revenu) ou, sur option, au barème de l'impôt sur le revenu, les prélèvements sociaux étant dus. Les revenus sont alors ajoutés à ceux des parents.

Le CEL pour un mineur est un outil souple d'épargne mais son rendement est faible.

LE COMPTE-TITRES POUR UN ENFANT OU COMMENT FAIRE ŒUVRE DE PÉDAGOGIE ?

L'ouverture d'un compte-titres pour un mineur est possible sous certaines conditions, qui varient selon les établissements bancaires, mais reposent sur un cadre légal commun. **C'est une bonne solution pour apprendre aux jeunes le fonctionnement des marchés financiers.**

Seuls les représentants légaux du mineur (généralement les parents ou le tuteur légal) peuvent ouvrir un compte-titres en son nom. Dans le cas d'une gestion sous tutelle, l'ouverture peut nécessiter l'accord du juge des tutelles.

Documents à fournir pour ouvrir un compte-titres au nom d'un enfant

- Une pièce d'identité du mineur (carte d'identité ou passeport).
- Un justificatif de domicile des parents ou du représentant légal.
- Un livret de famille ou une copie de l'acte de naissance.
- Une pièce d'identité des représentants légaux.
- Un extrait du jugement de tutelle en cas de régime de protection.

Le mineur n'a pas la capacité juridique d'agir seul et ne peut, par conséquent, pas effectuer lui-même des transactions sur le compte. Il appartient à ses parents ou représentants légaux de gérer le compte en son nom. Contrairement à un compte-titres classique, **il ne peut pas y avoir de solde négatif.**

À sa majorité, le compte devient accessible au jeune adulte, qui en prend alors le contrôle.

Les dividendes et plus-values peuvent être réinvestis ou perçus sur un compte bancaire ouvert au nom du mineur. Certains établissements permettent aux représentants légaux de gérer activement le portefeuille (achat et vente de titres), tandis que d'autres imposent des restrictions sur certains actifs à risque.

RÉGIME FISCAL ET SOCIAL DU COMPTE-TITRES

Les revenus du compte-titres (dividendes, plus-values) sont soumis à l'impôt sur le revenu. Ils peuvent être rattachés au foyer fiscal des parents et imposés selon le prélèvement forfaitaire unique (PFU) de 30 % ou au barème progressif de l'impôt sur le revenu (avec, par ailleurs, paiement des prélèvements sociaux).

L'ASSURANCE-VIE : UNE BONNE SOLUTION POUR PRÉPARER L'AVENIR

Les contrats d'assurance-vie sont accessibles sans condition d'âge pour les enfants. Les représentants légaux (généralement les parents) peuvent ouvrir un contrat d' assurance-vie au nom de leur enfant mineur. Le tuteur peut également ouvrir un contrat si l'enfant est sous tutelle, mais l'autorisation du juge des tutelles peut être requise. Des grands-parents peuvent souscrire un contrat au nom d'un petit-enfant, mais cela nécessitera généralement l'accord des parents.

Documents à fournir pour ouvrir une assurance-vie au nom d'un enfant

- Une copie du livret de famille ou un acte de naissance.
- Une pièce d'identité du mineur (ou des représentants légaux s'il est très jeune).
- Un justificatif de domicile des parents.
- Une pièce d'identité des représentants légaux.
- Un accord signé des deux parents, sauf en cas d'autorité parentale exclusive.

Le contrat est géré par les parents/représentants légaux jusqu'à la majorité de l'enfant. Ce dernier ne peut pas retirer les fonds avant sa majorité, sauf exception (accord du juge des tutelles). **À sa majorité (18 ans), le jeune devient pleinement titulaire du contrat** et peut, alors, effectuer des rachats ou des arbitrages librement.

Le contrat détenu par un mineur bénéficie des mêmes avantages fiscaux que ceux des adultes.

Ouvrir une assurance-vie pour un mineur constitue une stratégie intéressante permettant de combiner avantages fiscaux et rendement. Elle est un bon outil de pédagogie.

LE PEA JEUNE : PERMETTRE AUX JEUNES ADULTES D'INVESTIR SUR LES MARCHÉS

Les jeunes majeurs rattachés au foyer fiscal de leurs parents peuvent, depuis la loi Pacte du 22 mai 2019, détenir un PEA. **Ce produit, réservé aux jeunes âgés de 18 à 21 ans,** peut être conservé jusqu'aux 21 ans du titulaire si ce dernier est étudiant. Avant l'entrée en vigueur de la loi Pacte, l'ouverture d'un PEA était uniquement réservée aux personnes ayant la qualité de contribuable (qu'ils soient imposables ou non), ce qui n'était pas le cas des « jeunes rattachés ». Les versements sont plafonnés à 20 000 €. Une fois que le jeune n'est plus rattaché fiscalement à ses parents, le plafond de son PEA passe à 150 000 € (plafond classique).

RÉGIME FISCAL ET SOCIAL DU PEA JEUNE

Le PEA jeune bénéficie du même régime fiscal que le PEA classique, avec des avantages fiscaux importants si les règles de détention sont respectées. Pendant la durée du plan, les plus-values, dividendes et intérêts générés dans le PEA sont exonérés d'impôt sur le revenu tant qu'ils restent investis dans le plan.

Fiscalité applicable lors des retraits (selon la durée de détention)

Durée de détention	Imposition sur les gains	Prélèvements sociaux
Moins de 5 ans	12,8 % (PFU) ou barème progressif	17,2 %
Après 5 ans	Exonération d'impôt sur le revenu	17,2 %

- **À partir de 5 ans,** les gains restent soumis aux prélèvements sociaux (17,2 %) mais sont exonérés d'impôt sur le revenu.
- **Avant 5 ans,** tout retrait entraîne la fermeture du PEA jeune et une imposition des gains au prélèvement forfaitaire unique (PFU) de 30 % (12,8 % d'impôt + 17,2 % de prélèvements sociaux).

Plusieurs exceptions existent permettant des retraits sans fermeture :
- Décès du titulaire.
- Création ou reprise d'une entreprise (sous conditions).
- Invalidité du titulaire ou de son conjoint.

LE PLAN D'ÉPARGNE RETRAITE (PER) N'EST PLUS ACCESSIBLE AUX MINEURS

Depuis le 1er janvier 2024, les mineurs ne peuvent plus ouvrir de PER. Ils ont accès logiquement au plan d'épargne avenir climat depuis le 1er juillet 2024 mais au début de l'année 2025, ce produit n'était que peu ou pas dans les faits accessibles.

LE PLAN D'ÉPARGNE AVENIR CLIMAT (PEAC) : UN PRODUIT JEUNE QUI JOUE À L'ARLÉSIENNE

Les mineurs et jeunes peuvent bénéficier d'un PEAC jusqu'à leur 21 ans (ou 25 ans s'ils poursuivent leurs études). Avant les 16 ans du titulaire, les opérations réalisées sur un PEAC sont soumises à l'autorisation de son représentant légal. De 16 et 18 ans, le titulaire pourra procéder lui-même aux opérations, à moins que son représentant légal ne s'y oppose. **Après 18 ans, le titulaire dispose de tous les droits sur le PEAC.**

Le PEAC peut être ouvert auprès :

- D'une banque et prendra la forme d'un compte-titres et d'un compte en espèces associés.
- D'une compagnie d'assurances, d'une mutuelle, d'une union de mutuelles, d'une institution de prévoyance ou d'une union d'institutions de prévoyance et prendra la forme d'un contrat de capitalisation.

Une même personne ne peut être titulaire que d'un seul plan.

Les versements effectués dans un PEAC sont affectés à l'acquisition de titres financiers contribuant au financement de la transition écologique et d'instruments financiers bénéficiant d'un faible niveau d'exposition aux risques dont les émetteurs ont leur siège en France, dans un autre État membre de l'Union européenne ou dans un autre État appartenant à l'accord sur l'Espace économique européen ayant conclu avec la France une convention d'assistance administrative en vue de lutter contre la fraude et l'évasion fiscales.

Dans le cadre des PEAC ouverts sous la forme d'un contrat de capitalisation, les versements sont affectés à l'acquisition d'unités de compte. Ils pourront, cependant, également être investis en droits exprimés en euros ou en droits exprimés en parts de provision de diversification, pour assurer une réduction progressive des risques financiers. Pour les PEAC bancaires, le titulaire acquiert des parts d'organismes de placement collectifs ou tout autre titre éligible.

Les versements sur le PEAC sont plafonnés au même niveau que le livret A, soit 22 950 € hors capitalisation des intérêts. Les fonds sont bloqués jusqu'à la majorité de son titulaire. **Les plans sont clôturés au plus tard à 30 ans,** sachant que les versements ne peuvent être effectués que jusqu'à 21 ans.

Aucun retrait n'est possible avant les 18 ans du titulaire. Les droits constitués dans le cadre du plan ne peuvent ainsi pas être liquidés ou rachetés, même partiellement. La loi prévoit cependant deux cas de déblocage exceptionnel : l'invalidité du titulaire ou le décès de l'un de ses parents. Par ailleurs, les retraits ne peuvent pas intervenir dans les cinq premières années du plan.

S'agissant des contrats de capitalisation, les retraits partiels de sommes ou de valeurs et les rachats partiels sont possibles et n'entraînent pas la clôture du plan dès lors que celui-ci a été ouvert depuis plus de cinq ans et que son titulaire a atteint l'âge de 18 ans. Quand ces deux conditions sont réunies et qu'un retrait est effectué, plus aucun versement n'est possible dans le plan.

En cas de décès du titulaire du plan avant l'échéance, le plan est clôturé et les sommes ou valeurs y figurant peuvent être retirées par ses ayants droit. La loi précise que les fonds investis sur un PEAC pourront être transférés sur un autre PEAC.

RÉGIME FISCAL ET SOCIAL DU PEAC

Sur le plan fiscal, les intérêts, les dividendes et plus-values sont exonérés d'impôt sur le revenu et de prélèvements sociaux.

Le PEAC se positionne entre un livret A et une assurance-vie en unités de compte, avec une approche à long terme et responsable. Il permet d'initier les jeunes à l'investissement, tout en finançant la transition écologique. Toutefois, son manque de liquidité et la variabilité des rendements en font un produit moins universel que les livrets classiques. AU 30 juin 2025, un seul établissement financier proposait un PEAC.

À QUI APPARTIENT L'ÉPARGNE DES ENFANTS ?

Les parents ne sont pas libres de retirer l'argent qu'ils ont mis sur les livrets de leurs enfants. En effet, les sommes sur les livrets sont la propriété de leur titulaire, qu'il soit majeur ou mineur. Néanmoins, un enfant mineur, ne disposant pas de la capacité juridique, il appartient à ses parents/représentants légaux d'assumer la gestion de l'épargne. Si l'autorité parentale est exercée en commun par les deux parents, chacun d'entre eux est administrateur légal. Dans les autres cas, l'administration légale appartient à celui des parents qui exerce l'autorité parentale en vertu de l'article 382 du Code civil.

Les sommes sur les livrets sont la propriété de leur titulaire, qu'il soit majeur ou mineur.

QUE RECOUVRENT LES ACTES DE GESTION ?

Les opérations ne doivent pas nuire aux intérêts de l'enfant. Avant ses 16 ans, les parents peuvent effectuer des opérations sans lui demander son consentement. Il en est autrement après ses 16 ans. Certaines banques souhaitent que les retraits effectués par les parents se fassent en agence et non en ligne. Par ailleurs, pour les opérations qui dépassent la perception des revenus de l'épargne placée (retrait de capital ou fermeture d'un livret), la présence des deux parents exerçant l'autorité morale est nécessaire.

Les placements étant issus du revenu du travail des mineurs ou de donations, **leurs représentants légaux doivent pouvoir justifier auprès de leur enfant l'utilisation de cette épargne.** Dans tous les cas, en cas d'abus, les enfants peuvent se retourner contre leurs parents.

LES RÈGLES FISCALES DES DONATIONS

Les parents et les grands-parents ont le droit d'effectuer des versements sur les produits d'épargne de leurs enfants ou petits-enfants mais cela doit être assimilable à des cadeaux pour ne pas être assimilés à des dons.

Ces versements prennent alors le nom de « présents d'usage ». Leur montant est limité à des sommes modestes au regard du patrimoine et des revenus. Par ailleurs, ces présents d'usage doivent correspondre à un événement (anniversaire, fête, examen réussi, remise de diplôme…). L'article 852 du Code civil précise que « le caractère de présent d'usage s'apprécie à la date où il est consenti et compte tenu de la fortune du disposant ». À l'occasion d'un rescrit, l'administration fiscale a rappelé que « la jurisprudence civile a défini les présents d'usage comme étant les cadeaux faits à l'occasion de certains événements, conformément à un usage, et n'excédant pas une certaine valeur » (Cour de cassation, 1re chambre civile, 6 décembre 1988 pourvoi n° 87-15083). Le montant à ne pas dépasser tient compte du niveau des revenus des parents ou des grands-parents. Il ne faut pas que le cadeau soit hors de proportion avec les conditions de vie habituelle de l'enfant concerné. Les parents ont tout intérêt à effectuer des versements réguliers lors des événements familiaux et des fêtes et sur plusieurs produits financiers.

Ces versements prennent alors le nom de « présents d'usage ».

Au-delà des présents d'usage, il est possible d'opter pour les donations qui bénéficient d'avantages fiscaux.

Chapitre 19

COMMENT ÉPARGNER DURABLE ET SOLIDAIRE ?

De plus en plus de ménages veulent épargner utile, soit en concourant à la transition écologique, soit en finançant des actions solidaires, soit en finançant la défense nationale. Dans ce dernier cas, ce sont surtout les pouvoirs publics qui souhaitent mobiliser l'épargne en faveur de l'industrie militaire. Il est également possible de flécher son épargne vers l'innovation ou l'immobilier.

COMMENT ÉPARGNER VERT ?

Au niveau européen, la transition énergétique devrait coûter plus de 11 000 milliards d'euros d'ici 2030. Pour la financer, la Commission européenne compte mobiliser l'épargne des ménages. Pour renforcer la confiance des investisseurs dans les titres qu'ils achètent, et accélérer le financement de la transition énergétique, **l'Union européenne a élaboré un standard pour les green bonds (obligations vertes).**

En France, plusieurs dispositions sont en cours de déploiement, que ce soit à travers le règlement européen sur la transparence financière, SFDR pour « Sustainable Finance Disclosure Regulation », la taxonomie ou encore la refonte du label ISR (investissement socialement responsable). La taxonomie européenne désigne une classification des activités économiques en fonction de leurs conséquences sur l'environnement. Son objectif est d'inciter à la réalisation d'investissements accélérant la décarbonation.

Les épargnants ont de nombreuses possibilités pour accéder à des produits d'épargne qui contribuent au financement de la transition écologique.

LE LIVRET DE DÉVELOPPEMENT DURABLE ET SOLIDAIRE (LDDS)

Les banques, à partir des ressources collectées avec le livret de développement durable et solidaire, **prêtent à des entreprises ayant des projets d'investissement concourant à la transition écologique.**

L'ASSURANCE-VIE ET LE PLAN D'ÉPARGNE RETRAITE

Depuis le 1er janvier 2022, les assureurs ont l'obligation de présenter à leurs clients, dans le cadre des contrats multisupports (assurance-vie, PER), au moins une unité de compte (UC) adossée à un fonds bénéficiant du label **ISR (investissement socialement responsable)**, une UC adossée à un fonds labellisé Greenfin et une unité de compte adossée à un fonds solidaire labellisé Finansol.
Certains assureurs proposent également des fonds euros labellisés « vert ». **Il est ainsi possible d'avoir une gestion ISR complète dans les contrats d'assurance-vie ou dans les PER.**

LE PLAN D'ÉPARGNE EN ACTIONS OU LE COMPTE-TITRES

L'épargnant peut également sélectionner des parts d'OPC ayant un des labels mentionnés ci-dessus.

Dans un compte-titres, l'épargnant peut loger des titres verts (parts d'OPC labellisés et des parts de fonds obligataires verts).

QU'EST-CE QU'UNE « OBLIGATION VERTE » ?

Une « obligation verte » (ou *green bond* en anglais) est une **obligation spécifiquement conçue pour financer des projets ayant des effets environnementaux positifs.**

Les projets concernés par les fonds levés

- Énergies renouvelables (éoliens, solaire)
- Gestion durable des ressources en eau
- Gestion durable des déchets
- Efficacité énergétique des bâtiments
- Transport durable
- Protection de la biodiversité

L'émetteur doit communiquer clairement sur l'utilisation des fonds et fournir régulièrement des rapports sur l'avancement et l'impact écologique des projets financés. De nombreuses obligations vertes suivent des référentiels reconnus internationalement, comme les « Green Bond Principles » édictés par l'International Capital Market Association (ICMA), ou obtiennent des certifications indépendantes (par exemple Climate Bonds Initiative).

Les États sont des émetteurs d'obligations vertes. L'État en France est ainsi un des premiers à émettre une telle obligation en 2017. Les collectivités peuvent également émettre des obligations vertes. La Banque mondiale, la Banque européenne d'investissement ainsi que des entreprises privées ou publiques sont aussi des émetteurs. Les obligations vertes sont devenues un **instrument majeur pour mobiliser l'épargne privée vers la transition écologique,** contribuant ainsi à la réalisation des objectifs climatiques internationaux. Le volume d'émissions d'obligations durables devrait atteindre environ 900 milliards d'euros en 2025, soit une hausse de près de 10 % par rapport à 2024[1].

> **L'État en France est ainsi un des premiers à émettre une telle obligation en 2017.**

LE PLAN D'ÉPARGNE AVENIR CLIMAT (PEAC), DE QUOI S'AGIT-IL ?

Créé par la loi Industrie verte, le plan d'épargne avenir climat (PEAC) est un **produit d'épargne vert destiné aux jeunes.** Ce produit est détaillé dans le chapitre consacré à l'épargne et les jeunes (voir p. 192-193).

[1] Selon l'équipe de recherche ESG Fixed Income de Crédit Agricole CIB)

COMMENT S'Y RECONNAÎTRE DANS LA FORÊT DES LABELS ET DES SIGLES « VERTS » ?

L'Union européenne a établi une classification des actifs financiers, classification complétée au niveau national par plusieurs labels (ISR, Greenfin, Finansol).

LA RÉGLEMENTATION EUROPÉENNE

En 2018, la Commission européenne a adopté son premier plan d'action pour la finance durable qui a comme objectifs de **réorienter les flux de capitaux vers des investissements durables en matière environnementale, sociale et de gouvernance.** Ses deux priorités étaient d'intégrer la durabilité dans la gestion des risques et de favoriser la transparence et une vision à long terme.

La Commission a rendu public un règlement appelé « Taxonomie » qui fixe un cadre commun aux entreprises financières et non financières membres de l'Union européenne, afin de partager une même définition de la durabilité, et de lutter contre les pratiques d'écoblanchiment (connu sous le nom de « greenwashing »). Le règlement européen sur la transparence financière (SFDR) établit un classement en fonction des déclarations des gestionnaires des labels qui certifient les fonds (articles 6,8 ou 9).

À QUOI CORRESPONDENT LES TROIS GRANDS LABELS PRÉSENTS EN FRANCE POUR LA FINANCE VERTE ET SOLIDAIRE ?

- **Le label Finansol** est le plus ancien. Créé en 1997, il valorise les aspects sociaux et environnementaux et vise à soutenir des entreprises solidaires (création d'emplois durables, accès au logement, soutien à l'agriculture bio...). Près de 170 fonds sont aujourd'hui labellisés.
- **Le label Greenfin** est un label d'État lancé en 2015 par le ministère de l'Écologie. Pour l'obtenir, les fonds doivent œuvrer pour la transition écologique et investir dans l'un des huit secteurs clés parmi lesquels figurent : les énergies renouvelables, le bâtiment, la gestion des déchets, l'industrie, les transports propres, les nouvelles technologies, l'agriculture et la forêt, ainsi que l'adaptation au changement climatique. 95 fonds sont titulaires de ce label.
- **Le label ISR** est également un label d'État, créé en 2016 par le ministère de l'Économie. Destiné aux fonds d'investissement et aux supports immobiliers type SCPI et OPCI, il atteste que les gestionnaires effectuent une sélection d'investissements en fonction de critères environnementaux sociaux et de gouvernance (critères ESG en abrégé). Ce label a été durci en 2024 avec l'exclusion notamment des entreprises dont l'activité est en lien avec des énergies carbonées.

Au 1er janvier 2025, la France comptait 939 fonds d'investissement bénéficiant du label ISR, selon le comité du label ISR. Ces fonds sont gérés par 174 sociétés de gestion, représentant 90 % des sociétés ayant au moins un fonds labellisé en 2024. Cette diminution par rapport aux 1 342 fonds labellisés fin 2024 s'explique par l'adoption du nouveau référentiel plus exigeant.

LES PLACEMENTS DURABLES SONT-ILS RENTABLES ?

Longtemps, les placements durables ont été jugés moins intéressants que les fonds classiques, mais les écarts tendent à se réduire, l'offre s'étant élargie. **Les secteurs des énergies renouvelables commencent à devenir rentables et à générer des bénéfices.**

Sur le long terme, les placements ISR offrent potentiellement des gains plus importants que les autres. L'augmentation des capitaux qui sont affectés à la transition énergétique ne peut qu'améliorer la rentabilité de ces placements.

QU'EST-CE QU'UN PLACEMENT SOLIDAIRE ?

Les placements solidaires sont des investissements réalisés dans des projets qui visent à **avoir un impact social et environnemental positif, en plus de générer un rendement financier.** Ces placements permettent de soutenir des initiatives qui favorisent l'inclusion sociale, la transition énergétique, ou encore la lutte contre les inégalités. Ils sont généralement orientés vers des entreprises, des structures ou des projets poursuivant des objectifs sociaux et environnementaux.

QUELS SONT LES DIFFÉRENTS PLACEMENTS SOLIDAIRES ?

Les épargnants peuvent investir de manière solidaire en acquérant soit :
- **Des parts d'entreprises dites solidaires.**
- D**es parts des fonds solidaires** qui sont des fonds d'investissement qui orientent une partie de leurs actifs vers des entreprises ou des projets à but social et/ou environnemental. Le label Finansol permet aux épargnants de sélectionner des fonds ayant des objectifs solidaires.
- **Des obligations solidaires** qui sont des emprunts émis par des organisations ou des institutions qui utilisent les fonds levés pour financer des projets solidaires.

Les épargnants peuvent également réaliser des prêts solidaires notamment via les plateformes de crowdfunding. Ce sont des prêts accordés à des associations ou des entreprises qui œuvrent pour des causes sociales ou environnementales.

Le LDDS permet aux épargnants de financer des projets solidaires tout en bénéficiant d'une exonération d'impôt sur les intérêts générés.

Des contrats d'assurance-vie solidaire ou des unités de compte solidaires sont par ailleurs accessibles aux épargnants. Un contrat d'assurance-vie solidaire est une forme particulière de contrat d'assurance-vie dont tout ou partie de l'épargne est investi dans des fonds solidaires. Une part de l'épargne (souvent entre 5 % et 10 %) est obligatoirement investie dans des fonds labellisés solidaires. Ces fonds solidaires financent des projets sociaux, environnementaux ou sociétaux : logements sociaux, entreprises d'insertion, développement durable, microcrédit, etc. La plupart des contrats solidaires bénéficient du label Finansol ou du label ISR (investissement socialement responsable).

Ces fonds solidaires financent des projets sociaux, environnementaux ou sociétaux.

QU'EST-CE QUE L'ÉPARGNE DE PARTAGE ?

Les placements de partage (ou produits d'épargne partage) sont des produits financiers, dont **tout ou partie des intérêts, dividendes ou plus-values sont versés automatiquement, sous forme de dons, à une ou plusieurs associations d'intérêt général ou fondations.** Le don est effectué de manière automatique, directe et régulière par l'établissement financier gérant le placement. Cette pratique s'inscrit dans une démarche d'économie sociale et solidaire (ESS) et bénéficie généralement du label Finansol.

UNE DIVERSITÉ DE PRODUITS DE PARTAGE

Plusieurs produits sont accessibles aux particuliers.

LES LIVRETS SOLIDAIRES ET COMPTES SUR LIVRET

L'épargnant accepte qu'une partie (généralement 25 à 100 %) des intérêts perçus soit reversée automatiquement à une association partenaire.

LES FONDS SOLIDAIRES (OPC)

Ces fonds investissent dans des entreprises sociales et solidaires ou reversent une partie de la performance à des associations partenaires.

L'ASSURANCE-VIE DE PARTAGE
Une part de la rémunération générée par le contrat (intérêts ou plus-values) est versée automatiquement à des associations.

LES FONDS COMMUNS DE PLACEMENT D'ENTREPRISE (FCPE) SOLIDAIRES
Une part des bénéfices réalisés par ces fonds qui dépendent de l'épargne salariale est investie dans des entreprises solidaires ou reversée à des missions d'intérêt général.

QUEL EST LE POIDS DE L'ÉPARGNE SOLIDAIRE EN FRANCE ?

En 2024, l'encours total des produits solidaires dépasse

30 milliards d'euros

+ de 2 milliards d'euros sont spécifiquement liés à l'épargne de partage

Près de 3 millions d'épargnants auraient un placement solidaire

Source : selon Finansol

COMMENT ÉPARGNER EN AIDANT LA DÉFENSE DE MON PAYS ?

Avec la multiplication des tensions géopolitiques, les gouvernements européens se sont engagés dans un processus de réarmement. Afin de le faciliter, le gouvernement français entend mobiliser l'épargne des ménages. **Au mois de mars 2025, le ministre de l'Économie a ainsi annoncé la création d'un fonds d'investissement dédié à la défense.** La création d'un livret d'épargne défense est également à l'étude.

Le fonds d'investissement défense prend la forme d'un organisme de placement collectif avec comme actionnaire de référence la Banque publique d'investissement (BPI). Les épargnants peuvent souscrire des parts ou des unités de compte (assurance-vie) de ce fonds. Le prix d'une part devrait être de 500 €. Les sommes placées sur ce fonds sont bloquées durant 5 ans, période de sa montée en puissance. **Il s'agit donc d'un placement de long terme.**

Ce fonds est doté d'un capital d'au minimum de 450 millions d'euros. Avec ce capital, les gestionnaires de ce fonds peuvent prendre des participations au sein d'entreprises, essentiellement non cotées et émettre des prêts pour les entreprises du secteur de la défense. **Son objectif est donc de renforcer les capacités de financement de la filière de la défense** afin qu'elle puisse répondre à l'augmentation de la demande européenne et française. D'autres fonds mis en œuvre par des acteurs de la place financière française et européenne devraient être également accessibles. Un tel blocage existe également pour des produits comme le FCPI, des fonds qui financent des entreprises à forte croissance, en particulier dans le secteur technologique. En revanche, à la différence des FCPI, le gouvernement n'a pas associé d'avantage fiscal pour l'achat de parts de son fonds défense.

Le choix des fonds d'investissement est la réponse la plus rapide pour mobiliser de manière volontaire l'épargne des ménages. En logeant ces fonds dans l'assurance-vie, l'industrie de la défense accède ainsi au premier placement des ménages dont l'encours a dépassé 2 000 milliards d'euros en janvier 2025. Ces dernières années, les assurés sont de plus en plus prompts à investir en unités de compte. Ces unités de compte ont représenté 40 % de la collecte de l'assurance-vie en 2024, les 60 % restant étant dévolus aux fonds en euros.

En logeant ces fonds dans l'assurance-vie, l'industrie de la défense accède ainsi au premier placement des ménages

Compte tenu de la progression de la demande en équipements militaires, le rendement de ce fonds pourrait être attractif et se situer au-dessus de la moyenne sur longue période.

Chapitre 20

LA PROTECTION DE L'ÉPARGNE DES MÉNAGES

La multiplication des crises inquiète les épargnants. La peur de voir leur épargne disparaître d'un clic d'ordinateur en raison d'un krach, d'une éventuelle banqueroute de l'État ou d'un établissement financier tend à augmenter. Depuis le COVID, celle d'une ponction de l'État pour financer ses dettes se répand également aidée en cela par la diffusion en masse de fausses, informations sur les réseaux sociaux.

Les épargnants ne doivent pas céder à la panique. **Les établissements financiers français figurent parmi les plus solides d'Europe.** Ils ont parfaitement réussi les stress-tests de la Banque centrale européenne et ont augmenté leurs fonds propres depuis la crise de 2008. **En l'état actuel, aucune menace sérieuse ne pèse sur l'épargne des ménages.** Si une banque ou une compagnie d'assurances était en difficulté, une solidarité de place pourrait s'imposer et *in fine* l'État serait sans nul doute amené à l'épauler en la nationalisant le cas échéant. Si malgré les différents pare-feu, un établissement était contraint à la faillite, des dispositifs de garantie existent.

UNE GARANTIE DE 100 000 € PAR CLIENT ET PAR BANQUE

Cette garantie relève du Fonds de garantie des dépôts et de résolution (FGDR). Cet organisme est chargé de l'indemnisation des déposants dans un délai de 7 jours ouvrables. Pour les anxieux ayant plus de 100 000 € sur leurs dépôts à vue et leurs livrets bancaires, la solution passe par l'ouverture de comptes dans plusieurs banques.

Cette garantie concerne notamment les comptes courants, les comptes de dépôt à vue ou à terme, les comptes sur livret (comptes ou livret d'épargne, livrets jeune, etc.), les comptes et plans d'épargne logement (CEL, PEL), et les comptes espèces des PEA, des PER bancaires ou équivalents ouverts auprès d'un établissement bancaire.

Ce que couvre la garantie des dépôts

- **Les particuliers,** qu'ils soient majeurs, mineurs, sous tutelle, ou représentés par un tiers.
- **Les entreprises de toute taille,** quel que soit leur statut (SA, SARL, EURL, EIRL par assimilation…).
- **Les associations, sociétés civiles, fondations,** et autres groupements de toute nature.
- **Les établissements publics, collectivités locales** et leurs propres établissements.

Cette règle des 100 000 € a été généralisée à l'ensemble de la zone euro avec comme garant en dernier ressort la BCE.

LE LIVRET A, LE LDDS ET LE LEP : DES PRODUITS AVEC UNE GARANTIE D'ÉTAT

Le livret A est un livret d'épargne à régime spécial, garanti par l'État. Il en est de même pour le livret de développement durable et solidaire (LDDS) et pour le livret d'épargne populaire (LEP) dont le capital est garanti par l'État.

LA PROTECTION DES DÉPÔTS EXCEPTIONNELS

Une garantie spécifique à certains dépôts a été instituée. Elle concerne des dépôts qui ont été encaissés moins de 3 mois avant la défaillance de l'établissement et qui proviennent :

- **de la vente d'un bien d'habitation** appartenant au détenteur des dépôts.
- **de la réparation en capital** d'un dommage subi.
- **du versement en capital** d'un avantage retraite, d'une succession, d'un legs, d'une donation.
- **d'une prestation compensatoire** ou d'une indemnité transactionnelle ou contractuelle consécutive à la rupture d'un contrat de travail.

La limite d'indemnisation de 100 000 € est alors relevée de 500 000 € supplémentaires pour chaque événement parmi les cas ci-dessus, sauf pour l'indemnisation des dommages corporels qui est sans limites de montant. Le client devra écrire au FGDR dans les deux mois de la réception de son indemnisation initiale pour exercer son droit, et fournir les justificatifs.

70 000 € DE GARANTIE POUR LES TITRES

Le FGDR assure également la garantie jusqu'à 70 000 € par personne et par établissement, pour les titres (actions, obligations, parts d'OPCVM) et autres instruments financiers que leur prestataire d'investissement ne pourrait pas leur restituer en cas de faillite, ainsi que pour les espèces associées.

Un compte-titres ne pouvant fonctionner qu'avec un compte espèces associé qui permet les achats, les ventes, l'encaissement des intérêts, des dividendes, etc., **le législateur a prévu que la garantie des titres couvre à la fois les titres eux-mêmes et les espèces associées au fonctionnement des comptes-titres.**

Tous les titres indisponibles et éligibles à la garantie présents dans tous les comptes titres d'un client sont évalués et additionnés pour déterminer la base de l'indemnisation plafonnée à 70 000 €.

Le FGDR indemnise les espèces associées aux comptes-titres :
• jusqu'à 70 000 €, si le prestataire de services d'investissement est uniquement une entreprise d'investissement (et pas une banque) ;
• en additionnant ces espèces avec l'ensemble des autres dépôts, jusqu'à 100 000 €, si le prestataire de services est une banque.

Ce que couvre la garantie des titres

- **Les particuliers,** qu'ils soient majeurs, mineurs, sous tutelle, ou représentés par un tiers.
- **Les entreprises de toute taille,** quel que soit leur statut (SA, SARL, EURL, EIRL par assimilation...).
- **Les associations, sociétés civiles, fondations** et autres groupements professionnels.
- **Les établissements publics, collectivités locales** et leurs propres établissements.

LES PRODUITS NON COUVERTS PAR LE FGDR

- Les contrats d'assurance-vie et les contrats de capitalisation souscrits auprès d'une compagnie d'assurances.
- Les plans d'épargne retraite (PER, PERP, PEP) souscrits auprès d'une compagnie d'assurances.
- Les plans d'épargne retraite collectifs (PERCO, PERCO-I, PERE).
- Les plans d'épargne d'entreprise et interentreprises (PEE, PEI).
- Les billets, pièces et objets confiés au service de coffre de votre banque.
- Les dépôts anonymes ou instruments non nominatifs au titulaire non identifiable.
- Les espèces sur support électronique et les cartes de paiement émises par un établissement de paiement ou un établissement de monnaie électronique (type Monéo ou compte Nickel).
- Les dépôts ayant le caractère de fonds propres (parts sociales).
- Les bons de caisse.
- Les cryptomonnaies.

LA GARANTIE DES CONTRATS D'ASSURANCE-VIE

Les fonds euros bénéficient d'une garantie en capital qui n'est pas remise en cause en cas de crise. En cas de faillite d'une compagnie d'assurances, le Fonds de garantie des assurances de personnes (FGAP) couvre jusqu'à

70 000 €, quels que soient les supports concernés. Ce plafond vaut pour un ou plusieurs contrats détenus au sein d'une même compagnie. En cas de cosouscription, ce montant est porté à 140 000 €.

Une garantie jusqu'à hauteur de 90 000 € est prévue pour les rentes de prévoyance (décès, incapacité et invalidité).

L'ÉTAT PEUT-IL PRENDRE L'ÉPARGNE DES MÉNAGES ?

De fausses informations circulent régulièrement sur les réseaux indiquant que l'État aurait l'intention de s'en prendre à l'épargne des ménages pour effacer la dette publique ou, par exemple, pour financer les dépenses de défense. Or, aucune ponction, aucun prélèvement, ou orientation obligatoire de l'épargne des ménages n'est prévu. **Pour effectuer un prélèvement sur l'épargne, l'État n'a comme seul moyen que de recourir à l'impôt ou aux prélèvements sociaux,** créés et autorisés par le Parlement. Une ponction directe de l'épargne serait, en outre, contre-productive, car elle créerait un mouvement massif de retraits rendant impossible le financement des déficits. Elle saperait la confiance en France et à l'étranger à l'égard de l'État. Sans confiance, il n'y a pas d'épargne !

QUE PEUT FAIRE LA LOI SAPIN II ?

À tort, des épargnants croient que la loi Sapin II permet à l'État de s'en prendre à leur contrat d'assurance-vie. **Or, cette loi au contraire vise à protéger ces derniers en cas de crise majeure.**

La loi Sapin II, adoptée en décembre 2016, comprend, en effet, un article majeur concernant l'assurance-vie, l'article 49, codifié à l'article L. 631-2-1 du Code monétaire et financier. Cet article permet de prévenir un risque systémique en cas de crise financière majeure qui entraînerait une vague massive de retraits sur les contrats d'assurance-vie, mettant en péril la stabilité financière des assureurs et du système financier français.

En cas de crise financière, le Haut conseil de stabilité financière (HCSF) – présidée par le ministre de l'Économie – a le pouvoir de prendre des mesures exceptionnelles et temporaires : limiter, retarder ou suspendre les versements, les rachats partiels ou totaux, les arbitrages sur les contrats d'assurance-vie, le paiement des avances. Et cela pour une période de trois mois, renouvelable explicitement avec motivation.

Chapitre 21

COMMENT RETROUVER DES PLACEMENTS PERDUS ?

L'argent peut se perdre dans les méandres informatiques des établissements financiers ou dans ceux de notre mémoire... En France, les sommes non réclamées provenant de comptes bancaires inactifs, de contrats d'assurance-vie en déshérence et d'autres produits financiers représentent un montant significatif.

Selon les données disponibles, fin 2022, environ 6,7 milliards d'euros étaient en attente d'être restitués aux titulaires ou à leurs ayants droit. Parmi ces fonds, près de 2 milliards d'euros proviennent de contrats d'assurance-vie non réclamés. Ces dernières années, plusieurs dispositions législatives ont été adoptées afin de permettre aux bénéficiaires de ces sommes de pouvoir en disposer plus facilement. La réglementation des avoirs en déshérence repose principalement sur la loi Eckert du 13 juin 2014 (entrée en vigueur le 1er janvier 2016), qui vise à renforcer la protection des épargnants et améliorer la gestion des fonds non réclamés.

Environ 6,7 milliards d'euros étaient en attente d'être restitués aux titulaires ou à leurs ayants droit.

QUELLES SONT LES RÈGLES POUR LES COMPTES BANCAIRES INACTIFS ?

Un compte bancaire (compte courant) ou un livret d'épargne (livret A, LDDS, livret jeune, PEL…) est considéré comme inactif quand il remplit simultanément les deux conditions suivantes :
• Absence d'opérations pendant 12 mois consécutifs (5 ans pour un compte-titres, un plan d'épargne entreprise).
• Absence de manifestation du titulaire ou d'un mandataire (retrait, versement, courrier…).
Cas particuliers : si le titulaire est décédé, l'inactivité est constatée après 12 mois sans opération à partir de la date de décès.

Les établissements financiers doivent informer le titulaire ou ses ayants droit avant le transfert des fonds. Après 10 ans d'inactivité (ou, en cas de décès du titulaire, 3 ans suivant son décès), les fonds sont transférés à la Caisse des dépôts et consignations (CDC). Passé un délai de 30 ans, les sommes non réclamées sont définitivement acquises à l'État.

COMMENT SONT GÉRÉS LES CONTRATS D'ASSURANCE-VIE EN DÉSHÉRENCE ?

Les assureurs ont une obligation légale de rechercher les bénéficiaires des contrats d'assurance-vie non réclamés. Cette obligation a été renforcée par la loi du 17 décembre 2007, qui oblige les assureurs à consulter le fichier national des décès (RNIPP – Répertoire national d'identification des personnes physiques).

La loi Eckert de 2014 leur a imposé des obligations de relance et de suivi par les assureurs. Si le bénéficiaire ne se manifeste pas dans les 10 ans suivant la prise de connaissance du décès de l'assuré, les fonds sont transférés à la Caisse des dépôts et consignations. Après 30 ans, ces fonds deviennent propriété de l'État.

QUELLE EST LA LÉGISLATION POUR LES PRODUITS D'ÉPARGNE RETRAITE ?

Les produits d'épargne retraite en déshérence sont des contrats dont les bénéficiaires ne réclament pas les droits, souvent par méconnaissance de leur existence. Cette situation concerne en premier lieu les produits d'épargne retraite collectifs. Certains assurés oublient leurs contrats souscrits des décennies plus tôt dans le cadre professionnel. En 2018, les contrats d'épargne retraite non liquidés passé l'âge de 65 ans représentaient 5,4 milliards d'euros d'encours[1].

Certains assurés oublient leurs contrats souscrits des décennies plus tôt dans le cadre professionnel.

Pour remédier à cette situation, la loi nº 2021-219 du 26 février 2021 relative à la déshérence des contrats de retraite supplémentaire a étendu les obligations en matière de déshérence aux contrats d'épargne retraite et impose aux gestionnaires de produits d'épargne retraite de transmettre annuellement au Groupement d'intérêt public (GIP) Union retraite les informations relatives aux titulaires de ces contrats. Ces données sont mises à disposition des assurés via le portail en ligne « Mon épargne retraite » sur le site info-retraite.fr, leur permettant ainsi de vérifier s'ils détiennent des produits d'épargne retraite supplémentaire. De plus, lorsqu'un salarié quitte l'entreprise, son employeur est dorénavant tenu de l'informer sur les contrats de retraite supplémentaire dont il est bénéficiaire, renforçant ainsi la transparence et la traçabilité de ces produits.

Ces données sont mises à disposition des assurés via le portail en ligne « Mon épargne retraite » sur le site info-retraite.fr.

Le GIP Union retraite a identifié en 2024 plus de 11 millions de contrats de retraite supplémentaire. La base des contrats recensés est améliorée progressivement.

[1] Rapport remis en 2018 au Parlement, par l'Autorité de contrôle prudentiel et de résolution (APCR).

QUELS SONT LES OUTILS DE RESTITUTION DES FONDS À LA DISPOSITION DES CITOYENS ?

Le service en ligne Ciclade de la Caisse des dépôts et consignations permet aux particuliers de rechercher et de récupérer les sommes issues de comptes bancaires, de livrets d'épargne, de plans d'épargne salariale et de contrats d'assurance-vie en déshérence, c'est-à-dire non réclamés après une période d'inactivité.

Toute personne pouvant justifier d'un droit à agir (titulaire, héritier, bénéficiaire d'une assurance-vie par exemple) peut effectuer, gratuitement, une recherche sur le site www.ciclade.caissedesdepots.fr. Il suffit d'entrer des informations comme le nom du titulaire du compte et sa date de naissance. Si la recherche aboutit, l'utilisateur doit fournir des justificatifs (pièce d'identité, acte de succession, preuve de la relation avec le titulaire, RIB, etc.). Une fois le dossier validé, la CDC procède au remboursement des sommes dues.

Une fois le dossier validé, la CDC procède au remboursement des sommes dues.

LUTTER CONTRE LES CONTRATS EN DÉSHÉRENCE

Les banques et assureurs doivent tenir un registre des comptes inactifs et des contrats en déshérence. **Ils doivent informer annuellement les titulaires de comptes inactifs** et effectuer des relances et démarches de recherche des bénéficiaires d'assurance-vie.
En cas de non-respect de ces règles et en cas de non-restitution des sommes dues, des sanctions financières peuvent leur être appliquées par l'Autorité de contrôle prudentiel et de résolution (APCR).

Chapitre 22

LES FRAUDES, ESCROQUERIES ET LES GARANTIES

Faux sites, livrets d'épargne fictifs aux rendements alléchants, hameçonnage, usurpation d'identité : les techniques de fraude à l'investissement se multiplient. Les escrocs exploitent les avancées technologiques, recourant notamment à l'intelligence artificielle pour produire de fausses vidéos ou des articles truqués mettant en scène des personnalités connues.

Le parquet de Paris évalue le préjudice global annuel à au moins 500 millions d'euros. Pour les onze premiers mois de 2024, l'AMF estime les pertes moyennes à 29 000 € par victime.

En 2021,
1,2 % ont été victimes d'arnaques à l'investissement.

En 2024,
3,2 % des Francais ont été victimes d'arnaques à l'investissement.

Selon une enquête BVA Xsight réalisée pour l'Autorité des marchés financiers (AMF).

DES TECHNIQUES MULTIPLES, DES CANAUX VARIÉS

Les fraudeurs utilisent tous les canaux disponibles : téléphone, courriels, publicités, réseaux sociaux (YouTube, Facebook, Instagram, TikTok, X), plateformes de rencontres, forums de jeux vidéo, etc. Ils peuvent se faire passer pour des influenceurs ou en utiliser pour abuser des internautes. Des escrocs échangent pendant plusieurs semaines, voire plusieurs mois, avec leurs victimes potentielles afin de gagner leur confiance et soutirer leurs économies.

L'HAMEÇONNAGE (*PHISHING*)

Il s'agit de la technique la plus répandue : **les fraudeurs envoient de faux e-mails, souvent accompagnés de logos officiels, pour inciter à divulguer des informations personnelles. Ils créent des sites factices imitant ceux de banques, d'assurances ou d'administrations.** Des publicités en ligne redirigent parfois vers des plateformes proposant des « super livrets », des actions, des cryptoactifs ou des NFT. L'explosion du bitcoin a aussi favorisé l'essor des escroqueries liées aux cryptoactifs, en forte hausse depuis fin 2023.

L'USURPATION D'IDENTITÉ

Via des virus informatiques ou des courriels frauduleux, les escrocs redirigent leurs cibles vers de faux sites publics ou bancaires. Certains se présentent comme des avocats ou représentants d'autorités financières, promettant de récupérer les sommes perdues... moyennant paiement. Une fois l'argent versé, les fraudeurs disparaissent.

LES PYRAMIDES DE PONZI

Inspirées du montage mis en place par Charles Ponzi dans les années 1920, **ces arnaques consistent à rémunérer les anciens investisseurs avec les apports des nouveaux.** Une première rémunération attire la victime, qui investit davantage… jusqu'à la disparition des fraudeurs. Le scandale Madoff (2008) illustre la dangerosité de ce système, qui s'écroule lorsque les retraits excèdent les nouveaux apports.

LA « TECHNIQUE DE LA BOUILLOIRE » (*BOILER ROOM*)

Des escrocs se présentent comme conseillers en investissement via de fausses sociétés de courtage. Ils promeuvent un actif en prétendant qu'il va fortement augmenter, en s'appuyant sur de fausses informations ou en dissimulant des conflits d'intérêts. Lorsque l'actif a atteint le prix voulu, ils revendent leurs parts, provoquant l'effondrement du cours. Les victimes subissent des pertes majeures.

PLACEMENTS ATYPIQUES : ATTENTION AUX PROMESSES

Les placements alternatifs (diamants, forêts, vin, voitures de collection, cryptoactifs, Forex, options binaires…) peuvent séduire des épargnants en quête de diversification. Mais ces investissements non régulés ne bénéficient pas des mêmes protections que les produits financiers classiques. **En cas de promesses irréalistes ou de biens fictifs, la frontière entre placement alternatif et escroquerie est vite franchie.**
Il est essentiel de consulter les listes noires publiées par l'AMF et la Banque de France pour repérer les offres frauduleuses.

SE PROTÉGER ET RÉAGIR

Avant toute souscription, **il est impératif de vérifier les autorisations de l'intermédiaire** en consultant :
- Le registre des agents financiers (REGAFI).
- Le registre des organismes d'assurance (REFASSU).
- La base GECO (pour les sociétés de gestion et OPC).
- L'extranet ROSA (remplaçant de GECO).
- Le site de l'ORIAS (Registre officiel des intermédiaires).

L'ACPR et l'AMF tiennent également à jour une liste noire des acteurs non autorisés, accompagnée d'un guide de prévention.

En cas de doute, il est recommandé de :
- Vérifier les agréments de l'intermédiaire sur les sites de l'AMF ou de l'ACPR.
- Se méfier des sites non agréés, hébergés hors de l'Union européenne.
- Ne jamais transmettre ses coordonnées bancaires sans garantie.

Une offre promettant des taux élevés doit éveiller la vigilance : tout investissement comporte des risques.
Les promesses de gains rapides et sûrs doivent susciter la méfiance.
Depuis la loi Pacte, les prestataires proposant des placements atypiques dans des biens tangibles doivent obligatoirement être enregistrés auprès de l'AMF.

QUE FAIRE EN CAS DE FRAUDE ?

Les victimes peuvent contacter :
- L'AMF : +33 (0)1 53 45 62 00.
- Assurance Banque Épargne Info Service (ACPR, AMF, Banque de France) : 34 14.
- Le portail SignalConso du ministère de l'Économie.

En cas de fraude, il faut prévenir sa banque, faire opposition aux prélèvements et déposer plainte :
- Pour un préjudice < 10 000 € : sur pre-plainte-en-ligne.gouv.fr
- Pour un préjudice > 10 000 € : auprès de la police, de la gendarmerie ou du procureur du tribunal judiciaire.

La plainte doit être aussi complète que possible (noms, sites, montants, échanges, justificatifs…). Il est également possible de signaler une tentative de fraude, même sans perte, sur la plateforme « Signal Spam ».

QUELLES GARANTIES EN CAS DE BANQUEROUTE ?

En France, en coordination avec la législation d'origine européenne, des mécanismes ont été institués en faveur des épargnants pour protéger tout ou partie de leur épargne en cas de difficultés au sein de leurs établissements financiers. Ces protections n'ont pas été actionnées ces dernières années. Les établissements financiers figurent parmi les plus solides de l'Union européenne. Ils font l'objet de contrôles réguliers de la part des autorités de tutelle. Les normes prudentielles ont été renforcées depuis la crise financière de 2008.

Les normes prudentielles ont été renforcées depuis la crise financière de 2008.

LES NORMES PRUDENTIELLES APPLICABLES AUX BANQUES ET AUX ASSUREURS

Les normes prudentielles sont des règles destinées à garantir la stabilité du système financier et à protéger les déposants, assurés et créanciers. **Elles visent à prévenir les faillites d'établissements financiers et à limiter les effets systémiques en cas de crise.**

En France, ces normes s'appliquent aux banques, aux établissements de crédit, aux entreprises d'assurance, et sont supervisées par des autorités nationales et européennes (ACPR, BCE, EIOPA…).

POUR LES BANQUES : LE CADRE DE BÂLE III
Les banques françaises sont soumises aux normes Bâle III, définies par le Comité de Bâle sur le contrôle bancaire, et transposées dans le droit européen via le règlement CRR et la directive CRD IV. Ces normes comportent des obligations de fonds propres, d'endettement, de liquidité et de ressources. **Les banques doivent pouvoir faire face à des crises financières. Des crash tests sont réalisés régulièrement.**

En zone euro, les grandes banques (comme BNP Paribas ou Crédit Agricole) sont supervisées directement par la Banque centrale européenne (BCE) dans le cadre du Mécanisme de supervision unique (MSU). Les autres établissements sont supervisés par l'Autorité de contrôle prudentiel et de résolution (ACPR), adossée à la Banque de France.

POUR LES ASSUREURS : SOLVABILITÉ II
Les assureurs sont soumis depuis 2016 au régime Solvabilité II, défini au niveau européen et supervisé en France par l'ACPR. **Ce régime vise une meilleure prise en compte des risques globaux supportés par les assureurs.** Cette réglementation comporte trois piliers
Pilier 1 : exigences quantitatives.
Pilier 2 : gouvernance et gestion des risques.
Pilier 3 : transparence et reporting.

Chapitre 23

À CHACUN SON PROFIL

L'épargne est une affaire personnelle. La constitution d'un patrimoine dépend de l'âge, des revenus, des charges familiales, des connaissances en matière financière et de l'appétence aux risques. Il est, de ce fait, difficile d'établir des profils pouvant englober un grand nombre d'épargnants potentiels.

Cas nº 1 : Guillaume

Guillaume a 30 ans. Il est célibataire et travaille depuis cinq ans dans une entreprise de la grande distribution. **Son salaire mensuel est de 2 200 €.** Il souhaite s'acheter prochainement un logement. **Il épargne 12 % de son revenu** soit environ 275 €/mois. Comment doit-il épargner ?

Guillaume doit se constituer une épargne de précaution pour faire face à d'éventuels coups durs. Il peut essayer de **placer sur son livret A 125 € par mois avec un objectif de 15 000 €**.

Guillaume a tout avantage à ouvrir un **contrat d'assurance-vie** qui lui permettra progressivement de constituer son apport pour l'acquisition de sa future résidence principale. En y versant **150 € par mois, en 5 ans, près de 16 500 € capitalisés** sont mis de côté. Pour un apport en vue de la réalisation d'un projet immobilier de 200 000 €, il faut que celui-ci atteigne entre 10 et 20 % soit entre 20 000 et 40 000 €. Pour l'atteindre, Guillaume peut mobiliser l'épargne salariale dont il dispose le cas échéant dans son entreprise ou demander l'appui des proches soit sous forme de dons ou de prêts. Guillaume peut aussi mettre sur l'assurance-vie les primes et le 13e mois ainsi que les étrennes de fin d'année.

En parallèle, Guillaume peut ouvrir un **plan d'épargne en actions** afin de pouvoir bénéficier de son régime fiscal attractif au bout de 5 ans.

Placement	Montant/mois	Montant/an	Objectif
Livret A + LDDS	125 €	1 500 €	Épargne de précaution
Assurance-vie (profil prudent/ équilibré)	150 €	1 800 €	Placement à horizon 5 ans ou +, diversification
Total mensuel	275 €	3 300 €	Soit 12 % du revenu net

Cas nº 2 : Aurélia et Jérôme

Aurélia (35 ans) et Jérôme (37 ans) sont mariés depuis 7 ans. Ils sont propriétaires de leur résidence principale. Ils ont **deux enfants** Gabriel et Laeticia de 4 et 6 ans. **Leurs revenus mensuels sont de 6 000 €.** Leur taux d'épargne est de 16 % soit 960 € par mois.

Leurs objectifs sont la sécurisation du présent, l'éducation des enfants et la retraite tout en ayant en tête un projet d'un investissement immobilier locatif.
Aurélia et Jérôme doivent se fixer un **objectif d'épargne de précaution de 12 000 à 18 000 € en versant 200 € par mois** sur leur livret A et sur leur LDDS.
Pour leurs projets à horizon 5-10 ans comme le financement d'un projet immobilier, ils pourraient placer **300 € par mois sur un contrat d'assurance-vie** avec 50 % en fonds euros et 50 % en unités de compte. Compte tenu de leur taux d'imposition faible, taux marginal de 11 %, ce couple a peu d'intérêt à ouvrir maintenant un plan d'épargne retraite. Ils doivent plutôt **privilégier l'assurance-vie et le plan d'épargne en actions ou un compte-titres**. Ils peuvent y placer 200 € par mois. Pour les enfants, ils peuvent affecter 260 € sur un contrat d'assurance-vie en vue des études.

Répartition mensuelle de l'épargne - Famille avec 2 enfants

Objectif	Montant mensuel	Horizon	Supports conseillés	Finalité
Fonds d'urgence équivalent à 3-6 mois de dépenses	200 €	0-2 ans	Livret A, LDDS	Constitution d'un matelas de sécurité rapidement mobilisable
Projet immobilier	300 €	5-10 ans	Assurance-vie	Financement de projets familiaux de moyen terme
Capitalisation pour études, permis, logement étudiant, enfants	260 €	10-15 ans	Assurance-vie au nom des enfants	Anticipation des dépenses liées à la vie étudiante et à l'autonomie future
Épargne de long terme	200 €	30 à 35 ans	Compte-titres, PEA	Préparation de la retraite avec avantage fiscal

Cas nº 3 : Anne

Anne est une femme de 60 ans, divorcée, ayant **deux enfants majeurs. Elle est propriétaire** et loue un appartement qu'elle possède. Elle dispose d'une **entreprise valorisée à 700 000 €.** Elle souhaite préparer sa succession et céder son entreprise à sa fille. **Ses revenus sont de 5 500 € par mois** et son taux d'épargne est de 18 %. **Elle dispose par ailleurs de 80 000 € d'épargne financière** placée à court terme à réallouer.

Anne peut recourir à un **pacte Dutreil** (article 787 B du CGI) pour réduire drastiquement les droits de donation sur la société. Les membres du pacte doivent prendre l'engagement collectif de conservation des parts sociales au moins 2 ans suivi d'un engagement individuel de conservation par les donataires pendant 4 ans. Un des donataires (sa fille) doit exercer une fonction de direction pendant au moins 3 ans. Un abattement de 75 % sur la valeur de l'entreprise est alors appliqué. **Sur 700 000 €, seuls 175 000 € seraient soumis aux droits.** Anne fait une donation en nue-propriété à sa fille (donation avec réserve d'usufruit si elle souhaite garder des revenus). Une donation compensatrice doit être faite pour le garçon ou il faudra prévoir un prélèvement compensatoire sur la succession pour rétablir l'égalité.

Anne peut donner 100 000 € à chacun de ses enfants tous les 15 ans, exonérés d'impôt. Elle peut envisager de démembrer ses biens immobiliers (donation de la nue-propriété à ses enfants) pour réduire la base taxable. Elle peut également faire des donations de somme d'argent (jusqu'à 31 865 € supplémentaires en franchise d'impôt si le donateur a moins de 80 ans et le donataire plus de 18 ans).

Anne peut redéployer 30 000 € sur une assurance-vie, redéploiement à réaliser avant 70 ans afin de bénéficier au moment de la succession des dispositions fiscales spécifiques à ce produit.

Répartition conseillée des 80 000 € à redéployer

Usage	Support	Montant approximatif	Horizon/Objectif
Liquidités sécurité	Livret A/LDDS	20 000 €	Sécurité, imprévus
Complément retraite/souplesse	Assurance-vie en euros	30 000 €	Stable, transmissible
Dynamisation long terme	Assurance-vie en unité de compte	30 000 €	Rendement

Cas nº 4 : Emmanuelle et Éric

Emmanuelle (54 ans) et Éric (52 ans) sont ensemble depuis une trentaine d'années. Ils sont propriétaires de leur résidence principale. Ils ont choisi de se pacser. **Ils ont deux enfants qui sont désormais majeurs** et qui ne sont plus à charge. **Leur revenu mensuel est de 10 000 €.** Leur **taux d'épargne** est supérieur à la moyenne, il **atteint 22 %.**

Ils ont réussi ces dernières années à se constituer une épargne de précaution, mais ils ont tardé à prendre des produits d'épargne de long terme car ils ont dû financer les études des enfants et ont réalisé quelques voyages. Ils souhaitent une allocation d'épargne plus optimale en profitant du départ des enfants de la maison familiale.

Éric et Emmanuelle peuvent consacrer **870 € par mois pour l'assurance-vie en souscrivant deux contrats.** Ils peuvent placer 50 % en fonds euros avec la garantie en capital et 50 % en unités de compte (ETF actions mondiales, fonds équilibrés, ISR). Avec l'assurance-vie, ils peuvent ainsi organiser le financement d'un éventuel projet d'investissement immobilier locatif, tout en préparant la transmission.

Ils peuvent ouvrir chacun un plan d'épargne en actions et y placer **550 € par mois**. Ils peuvent également ouvrir un compte-titres pour acquérir des titres non européens voire des SCPI, ces dernières pouvant générer du revenu de manière récurrente.

Ils peuvent aussi penser à ouvrir chacun un plan d'épargne retraite en y versant 560 €/mois. Ce produit est intéressant car leur taux marginal d'imposition est de 30 %.

Leurs versements sont sous certaines conditions déductibles du revenu imposable. Ils préparent ainsi leur retraite.

Leurs livrets A et les LDDS étant saturés, le couple peut opter afin de financer un projet de court terme pour des contrats à terme ou des super livrets. À défaut de projet, il peut reverser sur les contrats d'assurance-vie.

En épargnant régulièrement 2 200 € par mois et en diversifiant judicieusement, ce couple peut espérer constituer un **capital net de plus de 300 000 € en 10 ans**, tout en optimisant leur fiscalité à court terme (via le PER) et en conservant des marges de manœuvre pour des projets ou une retraite active.

Placement	Montant versé (10 ans)	Capital final net estimé	Gain net estimé	Commentaire
Assurance-vie	104 400 €	~114 600 €	~+10 200 €	Fonds euros (1,4 % net) + UC (4,2 % net), avec rachats partiels.
PEA/CTO/SCPI	66 000 €	~86 000 €	~+20 000 €	PEA net d'impôt, CTO soumis à flat tax
PER (hors avantage IR)	67 200 €	~77 500 €	~+10 300 €	Fiscalité à la sortie (flat tax sur les gains)
Avantage fiscal PER	–	–	+52 800 €	Économie d'impôt : 5 280 €/an pendant 10 ans (TMI 30 %).
Liquidités	26 400 €	~27 500 €	~+1 100 €	Comptes à terme ou super livrets à 0,7 % net.
TOTAL	264 000 €	~305 600 €	~+41 600 € (+52 800 € fiscaux)	Gain global ~94 400 € avec avantage fiscal du PER inclus.

Cas nº 5 : Henry

Henry se fixe un objectif 1 000 € de revenus mensuels à sa retraite grâce à ses placements de PER. Avec une espérance de vie de 25 ans, à la retraite, en puisant dans son patrimoine, **Henry a besoin de 200 000 € à 64 ans pour atteindre son objectif.**

Conditions pour atteindre cet objectif :

- Retraits pendant 25 ans (64 à 89 ans).
- Taux de rendement net moyen du capital non liquidé : 3 %.
- Inflation modérée intégrée dans le rendement réel.
- Sortie en capital fractionné.
- Le calcul prend en compte deux taux marginaux d'imposition : 30 ou 41 %.

Pour garantir **1 000 € net par mois pendant 25 ans** à partir de 64 ans, en sortie de capital programmée avec un rendement de 3 %, **Henry doit viser environ 209 000 € à 64 ans**. L'effort annuel varie entre 5 050 € (bruts) s'il commence à 35 ans, et 17 000 € s'il attend 55 ans. Si Henry préfère une sortie en rente qui lui sera versée jusqu'à sa disparition, il devra constituer un capital de 300 000 à 350 000 €.

Âge de départ	Durée des versements	Épargne brute/an	Net avec TMI 30 %	Net avec TMI 40 %
35 ans	29 ans	5 050 €	3 535 €	2980 €
45 ans	19 ans	8 150 €	5 705 €	4 809 €
55 ans	9 ans	17 000 €	11 900 €	10 030 €

TMI : taux marginal d'imposition à l'impôt sur le revenu.

Cas nº 6 : Sonia

Sonia s'est fixé un **objectif de 200 000 € de capital pour sa retraite.**
Comment peut-elle y arriver ?

L'effort d'épargne pour la constitution d'un patrimoine de 200 000 € via un PER **dépend de l'âge et du taux d'imposition.** Les épargnants qui commencent tôt et qui sont fortement imposés ont un effort moindre que ceux qui commencent tard et qui sont faiblement imposés.

Dans le cas type ci-dessous, il est supposé que le montant des versements est identique sur la durée, ce qui est rarement le cas car, en règle générale, les capacités d'épargne augmentent avec l'âge. Il est supposé également que le rendement des placements est de 4 %. Un souscripteur d'un PER qui **verse 172 € brut par mois débourse sur 40 ans 83 000 €**. Par le jeu de la capitalisation, **il a à sa retraite un capital de 200 000 €**. À 55 ans, du fait d'une période de capitalisation plus faible, le montant à verser est de près de 1 400 € pour atteindre le même objectif. Après déduction fiscale liée au PER, l'effort d'épargne est fortement réduit.

Âge de départ	Durée des versements	Épargne mensuelle brute	Effort net à TMI 30 %	Effort net à TMI 40 %
25 ans	40 ans	172,26 €	120,58	101,63 €
35 ans	30 ans	291,86 €	204,3	172,19 €
45 ans	20 ans	549,69 €	384,78	324,32 €
55 ans	10 ans	1 363,36 €	954,36	804,38 €

TMI : taux marginal d'imposition à l'impôt sur le revenu.

Cas nº 7 : Mickaël

Mickael a 65 ans et sans héritier. Il possède **une maison de 800 000 €** et **500 000 € d'épargne financière** placée en assurance-vie et PEA. Comment peut -il optimiser son patrimoine et préparer sa succession pour améliorer ses revenus ?

Mickaël peut vendre sa maison. Il peut alors soit acheter un logement plus petit ou louer tout en plaçant tout ou partie de l'argent de la vente de sa maison dans un contrat d'assurance-vie. Avec l'argent ainsi placé, il pourra payer son loyer.

Si Mickaël place 800 000 € à 4 % en assurance-vie, **le gain annuel sera de 32 000 € soit 2 700 € par mois.** Il peut opter pour un viager occupé. Il peut percevoir **un bouquet initial**, par exemple 200 000 € et une **rente** mensuelle à vie de 1 500 € par mois. Il peut décider de garder l'usufruit et rester dans sa maison. En cas de besoin ponctuel (voyage, soins, travaux), il peut effectuer des rachats dans son assurance-vie sans tout déstructurer.

Pour préparer sa succession, **il doit rédiger un testament** et désigner des amis ou des membres de sa famille. Le montant des droits sera élevé. De ce fait, **il doit privilégier l'assurance-vie** qui permet avec la clause bénéficiaire de désigner les héritiers de son choix et leur faire profiter de l'abattement de 152 500 € (par personne si les versements ont lieu avant 70 ans). À défaut, il peut opter pour des associations d'utilité publique ou fondations (exonérées de droits). Il peut aussi décider de créer un fonds de dotation ou rejoindre un programme de mécénat abrité (via la Fondation de France ou autre).

Mickaël peut aussi anticiper la dépendance en souscrivant un contrat dépendance dédié.

Cas nº 8 : Louise et Rachid

Rachid (38 ans) et Louise (33 ans) sont mariés depuis un an. Chacun a eu un enfant d'une précédente union et ils ont un enfant en commun. **Rachid gagne 2800 €** par mois et **Louise a un travail qui lui rapporte 3 200 €** par mois. Ils ont une petite capacité d'épargne de 14 %.

Ils occupent l'appartement de Louise. Ils veulent sécuriser l'avenir de leurs enfants. Comment doivent-ils gérer leur épargne ?

En matière d'épargne de précaution, **Rachid et Louise doivent se fixer un objectif de 18 000 à 20 000 €** avec des versements sur leurs livrets A et LDDS respectifs.

Pour protéger leurs enfants, **ils peuvent leur ouvrir des contrats d'assurance-vie** en plus des livrets A qui sont alimentés par les grands-parents. Sur l'assurance-vie, ils peuvent prévoir de verser l'équivalent de **100 € par mois par enfant** en panachant fonds euros et unités de compte. Cette épargne pourra être utilisée pour le financement des études supérieures ou pour l'acquisition de logements.

Pour leur protection, **chacun des conjoints ouvre un contrat à son nom** avec des clauses bénéficiaires spécifiques afin de protéger les enfants de leur première union ainsi que celui qu'ils ont eu ensemble. Ils peuvent verser également une centaine d'euros par mois sur chacun des contrats. **L'objectif est la protection du conjoint sans évincer les enfants, la préparation de la transmission hors succession** tout en bénéficiant d'une fiscalité allégée.

Louise qui a des revenus plus élevés peut souscrire un **plan d'épargne en actions en y versant 150 € par mois.** L'ouverture d'un plan d'épargne retraite n'est pas fondamentalement utile compte tenu du faible taux d'imposition. Pour sa retraite, elle a tout avantage à placer son argent sur son contrat d'assurance, par exemple 200 € par mois.

Cas nº 9 : Kessie

Kessie a 35 ans et une petite fille de 5 ans, Fatoumata, qu'elle élève toute seule. **Kessie gagne 2 000 €** par mois. Elle a un **livret A de 7 000 €.** Sa fille en a un également avec 2 500 € dessus.

Kessie devrait ouvrir un **livret d'épargne populaire** et y verser une partie de l'épargne de son livret A, par exemple 6 000 € qui seront rémunérés à 3,5 % (avril 2025). Elle gagnera plus en intérêt qu'avec son livret A dont le taux est de 2,4 % (avril 2025). Kessie avec un enfant à charge est éligible, en effet, au LEP, son revenu annuel étant inférieur au revenu fiscal de référence.

Kessie devrait chaque mois essayer de **dégager 100 € pour les placer sur son LEP** jusqu'à atteindre le plafond de 10 000 € et de verser **50 € par mois sur un contrat d'assurance-vie.**

Cas nº 10 : Ryan

Rayan, 55 ans, bénéficie d'un **héritage** en provenance d'un de ses parents à hauteur **de 300 000 €.**

Que peut-il en faire ? En attendant de déterminer précisément l'usage de cette somme, Rayan peut la répartir sur des placements liquides, bénéficiant d'une garantie en capital et offrant un minimum de rémunération. À cette fin, **il sature son livret A et son LDDS.** Il peut **verser le reste sur des contrats à terme** en prenant une durée courte (3 mois par exemple) ou **sur des SICAV monétaires.** À défaut, il peut opter pour des livrets bancaires mais c'est faiblement rémunéré.

Si Rayan n'est pas propriétaire de sa résidence principale, il peut décider d'en acquérir une. Il habite Marseille. Avec 300 000 €, il peut s'offrir un studio dans les quartiers prisés du Roucas-Blanc, Bompard ou Endoume. Dans des secteurs comme Vauban, Périer, Sainte-Anne ou Saint-Barnabé, il peut s'offrir un appartement de 60 m².

Après réflexion, Rayan n'est pas disposé à acheter un bien immobilier. **Il préfère sécuriser son capital.** Il peut ainsi opter pour un **contrat d'assurance-vie** en y affectant 60 % de son héritage. **Il décide de placer 70 % de la somme en fonds euros** et **30 % en unités de compte.** Il demande une gestion sous mandat car il n'a pas envie de s'embarrasser de la gestion de son contrat. Avec le reste, il décide de mettre **100 000 € sur un plan d'épargne en actions** et d'investir essentiellement dans des ETF qui retracent les indices. Le solde de 20 000 € lui permet de financer un voyage au Chili.

LEXIQUE

A

ACPR
Autorité de contrôle prudentiel et de résolution, l'autorité administrative indépendante qui assure la supervision du secteur bancaire et de l'assurance. Elle est adossée pour son fonctionnement à la Banque de France, qui lui procure ses moyens, notamment humains et informatiques. Elle dispose d'un pouvoir de contrôle et de sanction à l'encontre des établissements dépendant de sa sphère de compétences.

Actif sous-jacent
Un actif sous-jacent à un produit d'épargne est un élément de référence (actions, panier d'actions, indice, obligations, matières premières) qui sert au calcul de la valeur et du rendement produit d'épargne concerné.

Action
Titre de propriété représentant une partie du capital d'une société. Elle confère logiquement à son détenteur des droits comme celui de voter en assemblée générale et de recevoir des dividendes qui sont fonction des résultats annuels de l'entreprise.

Action cotée
Action qui peut être achetée ou vendue sur un marché réglementé appelée également « bourse ». Le prix est fonction de l'offre et de la demande. Les entreprises cotées en bourse en contrepartie de pouvoir faire appel à l'épargne publique sont soumises à des règles précises de transparence.

Action non cotée
Action d'entreprises non cotée sur un marché réglementé. La liquidité et les obligations de transparence sont moindres que pour les actions cotées.

Actionnaire
Détenteur d'une ou plusieurs actions d'une ou plusieurs entreprises

Adhérent à un plan d'épargne
Personne physique ou morale ayant adhéré à un contrat d'assurance de groupe établi entre une association et un organisme d'assurance et prévoyant l'instauration d'un supplément d'épargne retraite.

AGIRA
L'Association pour la gestion des informations sur le risque en assurance est un organisme professionnel en charge des demandes des bénéficiaires potentiels des contrats d'assurance-vie et des plans d'épargne retraite. Toute personne physique ou morale peut demander à AGIRA si elle est

bénéficiaire d'un contrat d'assurance-vie ou d'un PER. Ce dispositif vise à résoudre le problème des contrats non réclamés.

AMF
L'Autorité des marchés financiers est une autorité publique indépendante qui est chargée de veiller à la protection de l'épargne investie en produits financiers, à l'information des investisseurs et au bon fonctionnement des marchés.

Arbitrage
Opération visant à vendre des titres financiers (actions, unités de compte) et d'en racheter d'autres que ce soit sur un compte-titres, un contrat d'assurance-vie ou un plan d'épargne retraite.

Arrérages
Somme d'argent versée périodiquement à une personne, appelée crédirentier, au titre d'une rente ou d'une pension. Au moment de la liquidation de la rente, des frais d'arrérages peuvent être demandés.

Assurance de groupe
Contrat d'assurance établi entre une personne morale (association, entreprise) et un organisme d'assurance en vue de l'adhésion d'un ensemble de personnes répondant à des conditions définies au contrat, pour la couverture d'un certain nombre de risques. La particularité de l'assurance de groupe tient à son aspect tripartite.

Assurance-vie
Les assurances-vie sont des contrats souscrits auprès d'un organisme d'assurance garantissant le versement d'un capital ou d'une rente au souscripteur ou aux bénéficiaires désignés dans le contrat. L'assurance-vie bénéficie d'une fiscalité spécifique tant pour l'assuré que pour les bénéficiaires en cas de décès du premier.

Assuré
Personne physique sur la tête de laquelle repose le risque dans le cadre d'un contrat d'assurance.

Avance (assurance-vie)
Opération en vertu de laquelle l'assureur peut mettre à la disposition du souscripteur ou de l'adhérent une somme d'argent pour une durée déterminée. Cette avance est remboursable avec intérêts et est plafonnée à un pourcentage de la valeur des sommes placées dans le cadre du contrat d'assurance-vie.

B

Bénéficiaire
Personne physique ou morale désignée par le souscripteur pour recueillir les prestations décès issues d'un contrat d'assurance-vie.

Bitcoin
Contraction des mots anglais bit (unité de mesure binaire) et coin (pièce de monnaie), c'est le cryptoactif le plus connu. Il s'agit d'un actif virtuel dont la création dépend d'un algorithme.

Bourse
Marché sur lequel s'échangent, de manière réglementée, des titres financiers, dont les actions, des matières premières, des produits agricoles ou des produits énergétiques.

C

Clause bénéficiaire
Clause du contrat d'assurance-vie dans laquelle le souscripteur, pour les contrats individuels, ou l'adhérent, pour les contrats collectifs, mentionne le ou les bénéficiaires en cas de décès de l'assuré. La désignation ou la modification des bénéficiaires peut s'effectuer à tout moment par modification directe de la clause bénéficiaire ou par d'autres moyens, comme par testament.

Comité social et économique
Instance représentative du personnel qui succède progressivement depuis le 1er janvier 2018 aux anciennes instances représentatives suivantes : délégués du personnel, comité hygiène sécurité et conditions de travail et comité d'entreprise.

Commission
Frais prélevés lors de certaines opérations financières (achats, arbitrages, ventes, etc.).

Compte courant bloqué
Compte institué dans le cadre de l'épargne salariale au profit des salariés. Seules les sommes provenant de la participation peuvent être versées sur un compte courant bloqué qui est institué par accord d'entreprise. Les sommes versées sur ce type de compte sont mises à la disposition de l'entreprise, le salarié effectuant une avance à son entreprise en contrepartie duquel il reçoit un taux d'intérêt défini dans l'accord d'entreprise.

Compte à terme (CAT)
Compte d'épargne sur lequel les sommes sont bloquées pour une période déterminée avec en contrepartie le versement d'intérêts.

Compte épargne logement (CEL)
Produit d'épargne réglementé. Il prend la forme d'un compte sur livret permettant de se constituer une épargne et d'obtenir le cas échéant un prêt destiné à financer l'achat d'un logement ou la réalisation de travaux dans un logement.

Compte épargne temps (CET)
Il permet au salarié qui en bénéficie d'accumuler des droits à congé rémunéré ou de bénéficier d'une rémunération, immédiate ou différée, en contrepartie des périodes de congé ou de repos non prises ou des sommes qu'il y a affectées. Le CET peut notamment financer un PERCO ou un PERECO.

Compte-titres
Compte auprès d'un établissement financier permettant de gérer des valeurs mobilières comme les actions, les obligations, les bons de souscription, les parts d'OPC, de SCPI, etc. sur les marchés français, européens ou internationaux.

Contrat de capitalisation
Produit d'épargne permettant de capitaliser les produits des sommes qui y sont placées. Il s'apparente à l'assurance-vie mais à la différence de ce dernier il ne repose pas sur la couverture d'un risque.

Contrat en euros diversifié
C'est un contrat d'assurance-vie en euros dont une partie du capital est placée en unités de compte.

Contrat Madelin
Produit d'épargne retraité institué par la loi relative à l'initiative et à l'entreprise individuelle du 11 février 1994, réservé aux travailleurs indépendants non agricoles. Ce produit n'est plus commercialisé depuis le 1er octobre 2020, ayant été remplacé par le plan d'épargne retraite.

Contrat multisupport
Contrat d'assurance-vie permettant de répartir les sommes qui y sont versées entre deux types de supports, un support euros sécurisé, investi majoritairement sur les marchés obligataires, et des unités de compte dont la valeur évolue en fonction de l'offre et la demande.

Coupon
Revenu perçu par le détenteur d'une obligation (intérêt) ou d'une action (dividende). Par extension, il désigne les revenus distribués aux actionnaires d'une SICAV ou aux porteurs de parts d'organismes de placement collectif.

Crowdfunding
Appelé également financement participatif, il permet, au moyen d'une plateforme Internet, d'acquérir des actions ou des obligations d'une entreprise, de prêter de l'argent ou de participer à une opération de promotion immobilière.

Cryptomonnaie
Appelée également cryptoactif, c'est un actif financier dont la création et la gestion sont indépendantes des réseaux traditionnels bancaires. Ils sont liés à des systèmes informatiques de cryptages et recourent pour la grande majorité d'entre eux à la blockchain. Le bitcoin est la cryptomonnaie la plus connue.

D

Démembrement
Il permet de partager les attributs du droit de propriété entre deux personnes distinctes, le nu-propriétaire et l'usufruitier, pendant une période définie contractuellement. Le démembrement est utilisé dans des opérations de gestion patrimoniale et notamment dans le cadre de la préparation de successions.

Dividende
Il représente le revenu versé par l'entreprise à ses actionnaires une ou plusieurs fois par an (certaines sociétés versent un acompte sur dividende). Le montant du versement est proposé par le conseil d'administration en assemblée générale ordinaire et voté par les actionnaires.

Donataire
Bénéficiaire d'une donation.

Donateur
Auteur d'une donation.

Donation
Acte juridique par lequel une personne appelée donateur transfère définitivement la propriété d'un bien à une autre personne appelée donataire qui accepte l'opération.

Droit de garde
Montant des frais prélevé par un intermédiaire financier pour la tenue des comptes-titres. Le montant de ces frais doit être communiqué au moment de l'ouverture du compte et doit être mentionné annuellement à son détenteur.

Droit de mutation
Impôts à acquitter en cas de cession ou de transfert d'un capital. Des droits de mutation peuvent être exigés dans le cadre d'une succession (droits de succession), d'achat d'un logement. Les droits de mutation comprennent les droits d'enregistrement et la taxe de publicité foncière. Ces droits sont dus lorsqu'un bien immobilier change de propriétaire.

Droit préférentiel de souscription (DPS)
Droit accordé aux actionnaires existants de participer à une augmentation de capital.

E

Épargne handicap
Contrat d'assurance-vie conçu pour les personnes handicapées. Ce contrat est associé à une réduction d'impôt spécifique. L'épargne handicap est un contrat d'assurance-vie conçu pour les personnes handicapées qui jouit d'avantages fiscaux spécifiques.

Épargne retraite
Épargne destinée au financement de compléments de retraite et dont la liquidation est censée, sauf exception, intervenir au moment de la retraite. Le plan d'épargne retraite est un produit d'épargne retraite.

Épargne salariale
Épargne constituée à partir de la participation, de l'intéressement et des abondements versés par les employeurs.

ESG
Les critères environnementaux, sociaux et de gouvernance sont utilisés pour mesurer la durabilité (soutenabilité) et l'impact éthique d'un investissement dans une société ou dans un domaine économique. Ils constituent les trois piliers de l'analyse extrafinancière.

ETF ou tracker
Les Exchange Traded Funds, ou trackers, sont des instruments financiers. Ce sont des OPCVM indiciels qui permettent de répliquer les variations d'un indice boursier comme le CAC 40 ou les variations sur des matières premières (or) ou des devises (dollar).

Eurocroissance
Les fonds eurocroissance créés en 2014 sont accessibles dans les contrats d'assurance-vie. Ils correspondent à des engagements donnant lieu à la constitution d'une provision de diversification ouverte sur des actifs financiers susceptibles d'offrir des rendements plus élevés que les fonds euros.

F

FCP
Les fonds communs de placement font partie, avec les SICAV, de la famille des organismes de placement collectif. Les FCP fonctionnent sur le modèle de la copropriété. À la différence des SICAV, il n'y a pas de création de personnalité morale avec la mise en place d'un FCP.

FCPE
Les fonds communs de placement d'entreprise sont des organismes de placement collectifs en valeurs mobilières (monétaires, obligataires ou actions), réservés aux salariés d'une entreprise ou d'un groupe d'entreprises, et destinés à recevoir leur épargne salariale. Tous les FCPE sont agréés par l'AMF.

FCPI
Le fonds commun de placement dans l'innovation est un organisme de placement collectif en valeurs mobilières (OPCVM) de droit français agréé par l'AMF. Il a vocation à favoriser le renforcement des fonds propres des PME françaises dites innovantes.

FPCI
Le fonds professionnel de capital investissement est un produit financier de placement dont l'objet est d'investir dans le non coté ou « private equity ». Ces fonds doivent être investis à 50 % minimum dans des PME françaises ou de l'Union européenne non cotés.

FCPR
Le fonds commun de placement à risque est un produit financier prenant la forme d'un organisme collectif collectant des capitaux auprès d'investisseurs, qui sont ensuite réinvestis dans des opérations de capital risque. La constitution d'un FCPR est conditionnée à l'obtention préalable d'un agrément de la part de l'AMF.

FIA
Le fonds d'investissement alternatif est un fonds (OPCVM) qui investit ses actifs dans des produits qui ne sont pas des valeurs mobilières. Ce peut donc être dans la pierre, les œuvres d'art, les forêts, etc.

FIP
Le fonds d'investissement de proximité (FIP) est un véhicule financier visant à financer les PME dans un cadre régional. Les FIP sont des fonds dont l'actif est constitué pour au moins 70 % de titres de société non cotés répondant à la définition communautaire de PME.

Fonds à formule
Le fonds à formule est un OPCVM garantissant à leurs souscripteurs la réalisation d'un objectif financier défini dans le contrat (capital initial protégé à l'issue d'une certaine durée, performance fondée sur des indices afin de profiter des potentiels de hausses de la bourse, etc.).

Fonds diversifié
C'est un fonds investi dans différentes classes d'actifs, actions, obligations, monétaires, etc.

Fonds en euros
Support d'investissement spécifique aux contrats d'assurance-vie et de capitalisation ainsi que des plans d'épargne retraite assurances. Il bénéficie d'un effet cliquet, chaque année, les intérêts sont définitivement acquis et s'ajoutent au capital garanti.

Fonds ISR
Un fonds d'investissement dit socialement responsable est un véhicule financier dont la politique d'investissement prend en compte des critères financiers et extrafinanciers de type environnemental, sociaux et de gouvernance (ESG).

Fonds structuré
Véhicule d'investissement pouvant être souscrit en direct ou en contrat d'assurance-vie qui associe plusieurs produits financiers (obligations, actions, swap, etc.) avec comme objectif la recherche d'un rendement optimum tout en garantissant le capital investi (en totalité ou en partie).

FOREX
Abréviation pour Foreign Exchange, le marché sur lequel des investisseurs s'échangent des devises.

Frais
Frais prélevés par les organismes financiers en contrepartie des services réalisés pour le compte de leurs clients (tenue de comptes, gestion de l'épargne, etc.). Les frais sont également appelés « droits ».

G

Gestion déléguée

Service proposé par les établissements financiers permettant de confier la gestion des placements financiers à des professionnels qui selon des objectifs fixés par avance réalisent des opérations de cession, d'arbitrage et d'achats des différents actifs . La gestion déléguée peut concerner les contrats d'assurance-vie, les PEA, les PER ou les compte-titres.

Gestion pilotée

Mode de gestion d'un placement qui a comme objectif la sécurisation progressive du capital investi au fur et à mesure que le souscripteur s'avance vers l'âge de la retraite. Ce mode de gestion est proposé par exemple dans le cadre des plans d'épargne retraite.

Gestion profilée

Méthode de gestion qui prend en compte le degré d'aversion au risque de l'investisseur. Le profil peut être prudent, équilibré ou dynamique. Dans cette méthode de gestion, l'investisseur délègue ce rôle à un gérant.

GFV

Le groupement foncier viticole est une forme de groupement foncier agricole, non exploitant, dont l'objectif est de détenir collectivement la propriété d'un domaine viticole (vignes et propriétés immobilières) et dont les parts peuvent être souscrites par des épargnants.

H

HCSF

Le Haut conseil de la stabilité financière est un organisme chargé de veiller à la stabilité financière et de définir la politique macroprudentielle qu'il convient de conduire pour limiter les risques.

I

IFI

L'impôt sur la fortune immobilière est l'impôt qui a remplacé l'ISF (impôt de solidarité sur la fortune) qui a pour assiette les biens immobiliers du contribuable (l'IFI est acquitté par les contribuables dont le patrimoine immobilier net taxable dépasse 1,3 million d'euros).

Immobilier Malraux
La loi Malraux est un dispositif de défiscalisation immobilière qui permet au propriétaire qui engage des travaux de rénovation sur un bien ancien à caractère historique, situé dans certaines zones, de déduire le coût de la réhabilitation de ses impôts.

Instrument financier
Ensemble des titres qui comprennent les actions, les titres de créances (dont les obligations), les parts ou actions d'organisme de placements collectifs (voir OPCVM) et les contrats financiers.

Intéressement
Un des dispositifs de l'épargne salariale qui permet de verser aux salariés en bénéficiant une prime proportionnelle aux résultats ou aux performances de leur entreprise.

Intérêt
Rémunération d'un prêt, d'un produit financier comme les livrets d'épargne, les obligations ou les fonds euros de l'assurance-vie. L'intérêt est calculé en pourcentage du montant prêté ou investi. Il est, en règle générale, calculé de manière annuelle.

Investissement immobilier Girardin
Dispositif d'incitation fiscale en faveur de l'investissement immobilier dans l'outre-mer. Les personnes physiques peuvent défiscaliser entre 18 % et 48 % d'un montant plafonné pour l'acquisition d'un bien immobilier neuf outre-mer.

Investissement immobilier Pinel
Dispositif d'incitation fiscale en faveur de l'investissement immobilier locatif. L'investissement donne sous certaines conditions à une réduction d'impôt. Ce dispositif a pris la succession des dispositifs Pinel, Robien ou Méhaignerie.

ISR
L'investissement socialement responsable est un placement (comptes courants, comptes à fort rendement, livrets d'épargne, unités de compte, fonds, etc.), pour lesquels les gestionnaires intègrent dans leur gestion des critères environnementaux, sociaux et de bonne gouvernance, sans négliger aucunement les objectifs nécessaires en matière de risques et de rentabilité financière.

L

Liquidité
Caractéristique d'un produit financier aux côtés de la rentabilité et de la sécurité. Un actif financier (actions, obligations, etc.) est dit liquide quand il peut être acheté ou vendu rapidement sans que cela n'ait d'incidences majeures sur son prix. Plus un actif financier peut s'échanger rapidement, plus il est liquide.

Livret A
Livret d'épargne réglementé le plus diffusé en France. Il bénéficie d'une garantie en capital, d'une liquidité totale et d'une absence de prélèvements obligatoires. Son taux de rémunération est fixé deux fois par an et dépend de l'inflation et des taux des marchés monétaires. L'épargne collectée sert notamment au financement du logement social.

Livret avenir climat
Livret d'épargne destiné aux jeunes de moins de 18 ans et qui a vocation à participer au financement de la transition énergétique. Ce livret plafonné à 23 000 € bénéficie d'une exonération d'impôt et de prélèvements sociaux.

Livret B
Compte d'épargne rémunéré proposé exclusivement par les Caisses d'épargne. Il est destiné aux personnes physiques majeures ou mineures ainsi qu'aux personnes morales à but non lucratif (les associations).

Livret bancaire
Compte d'épargne géré par un établissement bancaire.

LDDS
Le livret de développement durable et solidaire est un livret d'épargne créé en 1983 sur le modèle du livret A. Il est plafonné à 12 000 € et bénéficie du même taux de rendement que le livret A. Il est exonéré de tous les prélèvements obligatoires. L'épargne collectée doit financer en priorité les entreprises qui investissent en faveur de la transition énergétique ou les entreprises qui interviennent dans le secteur de l'économie solidaire.

LEP
Le livret d'épargne populaire est un livret d'épargne défiscalisé dont le taux de rémunération dépend de l'inflation et qui est réservé aux épargnants dont les revenus ne dépassent pas un certain montant. Ce sont essentiellement les épargnants non imposables à l'impôt sur le revenu qui peuvent y souscrire.

Livret jeune
Livret d'épargne destiné aux jeunes de moins de 25 ans. Comme pour le livret A, il est exonéré de tous les prélèvements. Son taux ne peut pas être inférieur à celui du livret A.

Livret d'épargne réglementée
Produit d'épargne dont les conditions de fonctionnement sont fortement encadrées par les pouvoirs publics. Ces produits bénéficient de règles spécifiques, en particulier sur le plan fiscal, leur taux de rémunération étant fixé par ailleurs par les pouvoirs publics. Figurent dans cette catégorie le livret A, le LDDS, le livret d'épargne populaire, le livret jeune, le compte d'épargne logement et le plan d'épargne logement.

LMNP
Loueur en meublé non professionnel est un statut fiscal permettant à un propriétaire de louer un bien meublé en bénéficiant d'un régime d'amortissement. Cette activité de location est réalisée de manière non professionnelle mais à titre accessoire.

LMP
Loueur en meublé professionnel est un statut fiscal permettant à un propriétaire de louer des biens meublés. Ce statut est réservé aux contribuables dont la principale activité est la location. La principale différence entre LMP et LMNP réside dans la possibilité offerte par la première formule de reporter les déficits de location sur le revenu global sans limitation de montant, et hors amortissement, pendant 6 ans. Les biens loués n'entrent pas par ailleurs dans l'assiette de l'impôt sur la fortune immobilière.

M

Minage
Processus de création d'unités de cryptomonnaie en ayant recours à la blockchain et à des algorithmes.

Minefi
Abréviation du ministère de l'Économie et des Finances.

Moins-value
Perte en capital en cas de revente d'un bien meuble ou immeuble (actifs financiers ou logement) à un prix inférieur par rapport à celui de l'achat. La moins-value est dite latente tant que l'actif n'est pas vendu.

N

Nue-propriété
Fait de posséder un bien immobilier ou financier sans disposer de la jouissance du bien et des revenus qu'il produit.

O

Obligation
Valeur mobilière émise par des collectivités publiques (États) ou des entreprises prenant la forme d'une créance sur son émetteur. Elle correspond à une dette financière. Elle donne lieu à une rémunération prenant le nom d'intérêts. Le taux peut être fixe ou variable, indexé ou pas. Les conditions de durée et la rémunération sont fixées à l'émission.

OPCVM
Les organismes de placement collectif en valeurs mobilières sont des intermédiaires financiers qui donnent à leurs souscripteurs la possibilité d'investir sur des marchés financiers auxquels ils n'auraient que difficilement accès autrement. L'activité principale des OPCVM consiste à collecter des fonds en émettant des titres financiers auprès de divers agents (particuliers, sociétés, etc.) en vue d'acquérir des actifs financiers.

Or
L'or a perdu officiellement son statut d'étalon en 1976. Il demeure néanmoins une valeur refuge recherchée surtout en période de crise.

Ordre de bourse
Requête permettant d'acheter ou de vendre des actions en bourse. Ordre donné par un client à son intermédiaire financier d'acheter ou de vendre un instrument financier comme des actions. Les opérations peuvent se faire désormais par Internet en ayant recours à des comptes en ligne.

P

Part sociale
Titre de propriété sur le capital d'une entreprise comportant plusieurs associés.

Participation aux bénéfices/participation aux résultats
En assurance-vie, la gestion par l'assureur des cotisations versées par les souscripteurs/adhérents/assurés produit des bénéfices techniques et

financiers. Pour les contrats en euros, les entreprises d'assurance doivent distribuer une partie importante de ces bénéfices aux adhérents/souscripteurs/assurés.

Participation
Un des dispositifs de l'épargne salariale.

PEA
Le plan d'épargne en actions est un plan dans lequel l'adhérent peut loger des actions européennes ou des parts de fonds investissant dans des actions européennes et qui bénéficie d'un régime fiscal incitatif (exonération des revenus et des plus-values) sous réserve de ne pas céder des actions avant cinq ans après son ouverture.

PEA-PME
Le plan d'épargne en actions PME est un plan d'épargne proposant des actions de PME ou des parts de fonds investis principalement dans des PME.

PECA
Le plan d'épargne climat avenir est un plan d'épargne créé dans le cadre de la loi sur l'industrie verte destiné aux jeunes de moins de 21 ans et bénéficiant d'un régime fiscal incitatif.

PEE
Le plan d'épargne entreprise est un plan pouvant recueillir les sommes provenant de l'épargne salariale (intéressement, participation) et l'abondement des employeurs ainsi que les revenus qui en sont issus. Le PEE sous certaines conditions de durée bénéficie d'un régime fiscal incitatif.

PEEI
Le plan d'épargne interentreprises est un plan d'épargne salariale commun à plusieurs entreprises.

PEL
Le plan d'épargne logement est un contrat d'épargne réglementé dont l'objectif initial était la constitution d'une épargne en vue de l'acquisition d'un bien immobilier ou de la réalisation travaux immobiliers. L'épargne accumulée permet d'obtenir un prêt et pour les plans antérieurs à 2018 à une prime d'État. Les PEL sont également utilisés comme produit d'épargne de manière indépendante à la réalisation d'un projet immobilier.

PEP
Le plan d'épargne populaire est un produit d'épargne de long terme créé en 1983 et dont la commercialisation a été arrêtée en 2003. Il bénéficie d'un régime fiscal attractif.

PER
Le plan d'épargne retraite est un produit d'épargne retraite créé par la loi Pacte en 2019 et qui a remplacé des produits comme le PERP, les contrats Madelin, le Préfon, le contrat UMR, le PERCO ou les contrats article 83.

PERCO
Le plan d'épargne retraite collectif est un produit d'épargne retraite créé par la loi Fillon sur les retraites de 2003 et associé aux produits d'épargne salariale.

PERECO
Le plan d'épargne retraite entreprise collectif a été créé par la loi Pacte et a remplacé le PERCO.

PERI
Le plan d'épargne retraite individuel est un produit d'épargne retraite ayant vocation à recevoir des versements individuels effectués soit par des particuliers ou soit par des professionnels indépendants

PERO
Le plan d'épargne retraite obligatoire est un produit d'épargne retraite collectif ouvert aux salariés des entreprises ayant souscrit ce type de produit. Le PERO a été créé par la loi Pacte et a, en ce qui concerne les nouvelles souscriptions, été remplacé par les contrats articles 83.

PERP
Le plan d'épargne retraite populaire est un produit d'épargne retraite individuel créé par la loi Fillon sur les retraites de 2003. Il a été remplacé, pour les nouvelles souscriptions, depuis le 1er octobre 2021 par le PERI.

PFU
Le prélèvement forfaitaire unique est un impôt proportionnel français créé en 2018 concernant les revenus issus des biens mobiliers du patrimoine des personnes physiques. Ce prélèvement de 12,8 % est appliqué par défaut, les contribuables pouvant opter pour l'imposition au barème de l'impôt sur le revenu.

Plus-value
Gain financier réalisé entre l'achat et la vente d'un actif lié à une hausse de son prix sur le marché, sans qu'aucune modification n'ait été apportée à l'actif.

Portefeuille
Ensemble d'actifs financiers détenus par un agent économique (particuliers, entreprises, etc.).

PRIIPS
Packaged Retail Investment and Insurance Products est une réglementation européenne ayant comme objectif de garantir des informations claires, transparentes et comparables sur les caractéristiques et les coûts des produits d'investissement, afin d'aider les particuliers à prendre une décision éclairée.

Prime
Somme payée par un assuré dans le cadre d'un contrat d'assurance en contrepartie de garanties définies par le contrat. La prime est la somme de toutes les cotisations versées par l'assuré au cours de l'année. Les deux termes sont parfois confondus.

Private equity
Le private equity, signifie « capitaux propres privés » ou « capitaux non cotés ». Il consiste pour un investisseur à acheter des actions d'entreprises non cotées en Bourse. Le private equity est également appelé capital investissement.

Produit à formule
Produit financier dont la valeur de la part à l'échéance dépend de l'évolution d'un ou plusieurs sous-jacents et dont le rendement dépend de la réalisation de formules prédéfinies. Ces produits peuvent être à capital garanti à l'échéance.

Produit indexé
Produit financier dont la performance et le niveau de valorisation vont dépendre en tout ou partie de l'évolution d'un sous-jacent (action, panier d'actions, matière première, indice,).

PSS
Le plafond de la sécurité sociale correspond au montant maximal des rémunérations ou gains à prendre en compte pour le calcul de certaines cotisations, principalement les cotisations d'assurance-vieillesse de base. Il sert également de référence pour la définition de l'assiette de certaines contributions et le calcul des droits sociaux.

R

Rachat
En assurance-vie, acte permettant à un assuré/souscripteur/adhérent de récupérer tout ou partie des sommes capitalisées.

Réduction d'impôt pour souscription au capital de sociétés non cotées
Dispositif créé par la loi Madelin de 1994 permettant aux contribuables qui souscrivent au capital de certaines sociétés de bénéficier, sous conditions, d'une réduction de leur impôt sur le revenu égale à 18 % (25 % pour les versements réalisés à compter du 18 mars 2022) des sommes investies soit lors de sa constitution, soit lors d'une augmentation de capital.

Rendement
Correspond aux revenus issus d'un produit financier. Calculé en règle générale sur un an et exprimé en pourcentage pour 100 €.

Rente viagère
Rente versée jusqu'au décès du bénéficiaire

S

SCPI
La société civile de placement immobilier, est une société d'investissement ayant vocation à partir de l'épargne collectée auprès des personnes ayant acquis des parts de gérer (acheter, rénover, entretenir) des biens immobiliers (logements, bureaux, commerces, centres de logistiques, etc.).

SICAV
Les sociétés d'investissement à capital variable sont des sociétés anonymes dont le capital varie en proportion des apports (et des retraits) des épargnants. Ces derniers détiennent des parts qui peuvent donner lieu à rémunération en fonction des résultats de la SICAV. Les SICAV constituent une catégorie des OPCVM.

SOFICA
Les sociétés de financement de l'industrie cinématographique et de l'audiovisuel ont été créées par la loi du 11 juillet 1985. Elles visent à collecter de l'épargne pour le financement de la production cinématographique et audiovisuelle.

SRRI
Le Synthetic Risk and Reward Indicator, en français, indicateur synthétique de risque et de rendement permet de comparer la volatilité d'un investissement par rapport à ceux de la même famille et d'apprécier le risque par rapport à une autre classe d'actifs. Cet indicateur est intégré aux documents d'information remis aux souscripteurs de produits (OPC par exemple). Cet indicateur prend la forme d'une échelle comprise entre 1 et 7 étalonnée en fonction du risque.

Super livret
Livret d'épargne proposé par des établissements financiers qui bénéficie de taux de rémunération plus élevé que la moyenne des autres livrets. Ce taux peut être conditionné à des montants minimum ou maximum, à des durées des dépôts et peut être limité dans le temps.

Swap
Un *swap* (« échange ») est un contrat établi entre deux parties afin d'échanger un flux financier contre un autre flux, selon un échéancier fixé à l'avance. Des swaps peuvent être pratiqués sur des taux, des devises, des actions, des matières premières ou des créances diverses.

T

Taux de rendement actuariel
Taux qui permet d'égaliser la valeur actuelle d'un titre avec la somme des flux futurs perçus.

Titre de créance
Titre représentant un droit de créance du détenteur sur l'émetteur du titre. Ce titre est émis pour représenter une dette/un emprunt de l'émetteur. Le détenteur du titre dispose ainsi d'un droit à être remboursé du montant du titre et à percevoir une rémunération (des intérêts). Les obligations sont des titres de créance.

Tracker
Également dénommé ETF, fonds coté en bourse comme des valeurs mobilières et permettant de répliquer un indice boursier (actions, matières premières) comme le CAC 40 ou le Nasdaq.

U

UES
L'unité économique et sociale est un regroupement en une unité de plusieurs entreprises juridiquement distinctes présentant des liens étroits : activités communes ou complémentaires, unité de direction, communauté de travailleurs ayant des intérêts communs.

Unité de compte
Nom donné aux différents supports d'investissement utilisés dans un contrat d'assurance-vie « multisupport ». À la différence des fonds euros, le capital n'est pas libellé en euros mais en parts dont la valeur fluctue en fonction des marchés boursiers. Les unités de compte peuvent représenter

divers supports (actions de sociétés cotées ou pas, obligations d'État ou Corporate, parts d'OPCVM, parts de SCPI, ETF.

Usufruit
Droit d'utiliser un bien et d'en percevoir les revenus, sans en être propriétaire.

V

Valeur liquidative
Elle correspond à celle des actifs nets d'un OPCVM divisés par le nombre de parts ou d'actions en circulation, une fois ajoutés ou défalqués les droits d'entrée ou de sortie.

Viager immobilier
Il consiste à vendre un bien immobilier à un tiers en échange du versement d'une rente viagère périodique (mensuelle, trimestrielle ou annuelle). Cette rente peut s'accompagner d'un bouquet, c'est-à-dire une somme d'argent versée comptant au moment de la signature de l'acte de vente.

W

Wall Street
Rue de New York où se situe la principale bourse des États-Unis.

TABLE DES MATIÈRES

10 adages financiers

Achetez la rumeur, vendez la nouvelle.
Les marchés anticipent souvent les événements avant leur annonce officielle.

Les arbres ne montent pas jusqu'au ciel.
Une action ne peut pas grimper indéfiniment sans correction.

Il faut acheter au son du canon et vendre au son du clairon.
Les meilleures opportunités d'achat se trouvent en période de crise, tandis que les sommets sont souvent atteints en période d'euphorie.

Ne pas mettre tous ses œufs dans le même panier.
La diversification permet de réduire les risques.

La tendance est votre amie jusqu'à ce qu'elle se retourne.
Même si suivre la tendance est souvent gagnant, il faut rester attentif aux retournements.

Acheter bas, vendre haut.
Principe fondamental de la spéculation, mais plus facile à dire qu'à faire !

Ce n'est pas la sortie qui pose problème, c'est la bousculade.
En cas de crise, tout le monde veut vendre en même temps, ce qui amplifie les baisses.

Mieux vaut une petite perte qu'une grande ruine.
Couper ses pertes rapidement est une règle d'or en bourse.

Tant que vous n'avez pas vendu, vous n'avez pas perdu.
Les pertes ne sont effectives qu'après la vente d'un actif.

Le marché peut rester irrationnel plus longtemps que vous ne pouvez rester solvable. (John Maynard Keynes)
Il est dangereux de spéculer en comptant sur un retour rapide à la rationalité des marchés.

Remerciements

À Sarah Le Gouez qui a consacré du temps et de l'énergie aux recherches de données et aux relectures.

Crédit photographique
Couverture et p. 6 : Florence Brochoire.

Direction : Didier Férat
Direction éditoriale : Corinne Cesano
Édition : Iris Odier
Collaboration éditoriale : Ninon Le Bourhis
Conception graphique : Marina Delranc
Fabrication : Camille Friquet et Stéphanie Lascar-Gris

Cet ouvrage a été réalisé par Le Livre d'Après pour les Éditions Solar
Mise en pages : Sophie Greloux

© 2025, Éditions Solar, un département d'Edi8
92 avenue de France – 75013, Paris
01 44 16 09 00
info@lisez.com
www.lisez.com

ISBN : 978-2-263-19179-4
Code éditeur : L19179/01
Dépôt légal : septembre 2025
Imprimé en France par Pollina